LIJANA KAGGWA

mit Bettina Rackow-Freitag

»DU VERDIENST DEN TOD!«

Aufgrund der besseren Lesbarkeit haben wir uns in diesem Buch gegen das Gendersternchen entschieden. Dafür verwenden wir abwechselnd und ausgewogen sowohl die weibliche als auch die männliche Form, um anzuzeigen, wie wichtig uns ein diverses Bild unserer Gesellschaft ist. Anderweitige Geschlechteridentitäten werden dabei ausdrücklich mitgemeint.

Originalausgabe
1. Auflage 2023
Verlag Komplett-Media GmbH
2023, München
www.komplett-media.de
ISBN: 978-3-8312-0624-7
Auch als E-Book erhältlich

Lektorat: Katharina Theml, Wiesbaden
Korrektorat: Redaktionsbüro Diana Napolitano, Augsburg
Umschlaggestaltung: FAVORITBUERO, München
Umschlagmotiv: © Lars Ternes
Illustration: illuform.de/ mwi.one (S. 47)
Layout: Heike Kmiotek, Düsseldorf
Satz: Daniel Förster, Belgern
Druck & Bindung: GGP Media GmbH, Pößneck
Gedruckt in Deutschland

Dieses Werk sowie alle darin enthaltenen Beiträge und Abbildungen sind urheberrechtlich geschützt. Jede Verwertung, die nicht ausdrücklich vom Urheberrecht zugelassen ist, bedarf der vorherigen schriftlichen Zustimmung des Verlags. Das gilt insbesondere für Vervielfältigungen, Bearbeitungen, Übersetzungen, Mikroverfilmungen und die Speicherung und Verarbeitung in elektronischen Systemen sowie für das Recht der öffentlichen Zugänglichmachung.

LIJANA KAGGWA

mit Bettina Rackow-Freitag

»DU VERDIENST DEN TOD!«

Wie Cybermobbing Menschen und die Gesellschaft zerstört und wie wir wieder Respekt ins Netz bringen

KOMPLETTMEDIA

INHALT

EINLEITUNG 6

KAPITEL 1: »DIE NÄCHSTE BITTE!« 10
Was die Generation GNTM ausmacht und wie das
Millionengeschäft mit den Emotionen funktioniert

**KAPITEL 2: »DU BIST DER GRÖSSTE FICKFEHLER
VON ALLEN!«** 30
Wie sich der Hass im Netz multipliziert und warum
Menschen und Familien daran zerbrechen können

KAPITEL 3: »DU HAST ES DOCH VERDIENT!« 48
Wie digitale Gewalt die Seele und den Körper krank
macht und warum es so wichtig ist, sich Hilfe zu
suchen

KAPITEL 4: LASS DICH NICHT VON JEDEM PFEIL TREFFEN! 66
Warum Hoffnung so wichtig ist und wie Betroffene
ihr Schutzschild stärken können

KAPITEL 5: ICH BIN EINE UNTER MILLIONEN! 86
Wie Cybermobbing jeden treffen kann und warum
wir Diversity besser verstehen und leben müssen

KAPITEL 6: »DAS IST NUR SPASS, DAS BRINGT MIR LIKES!« 108
Wer die Cybermobber sind und warum
Aufmerksamkeit und Applaus ihr Antrieb sind

KAPITEL 7: »TÄTER KONNTE NICHT ERMITTELT WERDEN!« 126
Warum die Strafverfolgung so schwer ist und was
wir alle dafür tun können, damit die Hater vor
Gericht kommen

KAPITEL 8: DAVID KANN GEGEN GOLIATH GEWINNEN!   154
Warum es sich immer lohnt, für die Wahrheit zu
kämpfen, und wie Netzwerkbetreiber vor Gericht in
die Knie gehen

KAPITEL 9: »DAS IST DOCH NUR MEINE MEINUNG!«   178
Warum die Stimme Jugendlicher mehr zählen muss
und wie politischer Hatespeech unsere Demokratie
gefährdet

KAPITEL 10: »DU FÄRBST AB!«   200
Wie gefährlich es ist, Rassismus zu ignorieren, und
warum wir auf rechten Hass im Netz reagieren
sollten

KAPITEL 11: ES GEHT NICHT NUR UM MEDIENKOMPETENZ   218
Warum Prävention an Schulen viel wichtiger sein
sollte und wieso Eltern Verantwortung übernehmen
müssen

KAPITEL 12: LOVE ALWAYS WINS! DER WEG NACH VORN   248
Warum wir nur gemeinsam den Kampf gegen
Cybermobbing gewinnen und wie Selbstliebe ein
Schlüssel dafür sein kann

EPILOG   258

AUFKLÄREN, BERATEN, HELFEN: 264
Anlaufstellen für Cybermobbing

GLOSSAR   267

DANK   269

ANMERKUNGEN   270

EINLEITUNG

Ich wurde in den vergangenen Jahren oft gefragt, warum ich ausgerechnet im Finale von »Germanys Next Topmodel« freiwillig ausgestiegen bin, so nah am Ziel. Woche für Woche hatte ich mich in der Castingshow von Heidi Klum vor einem Millionenpublikum gegen die anderen Teilnehmerinnen durchgesetzt, um dann eben nicht die Chance auf eine Modelkarriere zu ergreifen. Was die meisten Zuschauerinnen und Zuschauer nicht wussten: Ich hatte Monate der tiefsten Verzweiflung hinter mir. Nie war ich weiter von mir und meinem Traum entfernt als in dieser Zeit. Mich hatte etwas getroffen, das ich mir nie hätte vorstellen können.

Abgrundtiefer Hass.

Ich war ein Opfer von Cybermobbing geworden, und das vor laufender Kamera. Ein wütender Mob fiel im Netz über mich her. Auch wenn mich die Hasswelle überrollt und mitgerissen hat, sie hat mich nicht zerstört. Doch was ich erlebt habe, ist kein Einzelfall. Millionen anderer Menschen in Deutschland passiert es täglich.

Mein Ausstieg aus GNTM war aber alles andere als ein Rückzug, ein Einknicken vor den gesichtslosen Angreifern aus dem Netz. Es war ein Befreiungsschlag, der mein Leben verändert hat. Ich wollte ein Zeichen setzen gegen Cybermobbing. Ich habe den schweren Mantel der Häme, den ich auch auf diesem Buchcover trage, im Finale abgelegt, um zu zeigen, dass Hass besiegbar ist.

Meine Geschichte soll allen Betroffenen Mut machen und zeigen, dass es einen Weg aus der Spirale gibt. Aber sie ist auch ein Weckruf.

Nach GNTM habe ich mich in den vergangenen Jahren auf den Weg gemacht, um zu verstehen, wie gefährlich Cybermobbing wirklich ist, was es mit dem einzelnen Menschen, aber auch mit unserer Gesellschaft macht. Wir brauchen mehr Awareness. Mich trifft es schon nicht, denken die meisten.

In diesem Buch begebe ich mich auf eine Reise quer durch Deutschland, führe Gespräche mit Betroffenen, anderen Cybermobbing-Aktivistinnen, Influencern, Expertinnen, Psychologen und Politikerinnen, denn Cybermobbing ist ein Problem mit vielen Facetten, das nur ganzheitlich gelöst werden kann. Längst zeigt sich die zersetzende Wirkung an den Pfeilern unserer Demokratie. Die Zeit der Pandemie wirkte dabei wie ein Brandbeschleuniger.

Wenn wir die perfiden Mechanismen hinter diesem digitalen Hass-System erkennen, können wir gemeinsam dagegen angehen. Das Netz ist keine virtuelle Welt, sondern es ist real und greift direkt in unser Leben ein. Genau das müssen wir alle endlich begreifen.

Es ist Zeit für eine Gegenbewegung. Dies ist ein Buch der Hoffnung. Lasst uns alle laut sein gegen Hass im Netz.

GERMANYS NEXT TOPMODEL, STAFFEL 2020, FOLGE 1[1]

SZENE I

Julia (17) steht hilflos in der Garderobe und wartet auf Anweisungen.
»Ich hatte noch nie was mit so einer Fashion Show zu tun (...) das war alles so Neuland.«

Kurz vor der Show erklärt Julia dem Modedesigner Julien Macdonald, dass sie noch kein Kleid bekommen hat.
»Sometimes I am afraid to say – models are not the most intelligent of creatures.« (Tut mir leid, das zu sagen, aber manchmal glaube ich, dass Models nicht die intelligentesten Kreaturen sind.)

SZENE II

Nina-Sue läuft wackelig über den Catwalk und rutscht in den High Heels. Eine bekannte Hollywoodschauspielerin sitzt im Publikum neben Heidi Klum:
»She needs to stop it, otherwise she is going to hurt herself.« (Sie muss aufhören, sie wird sich noch selbst verletzen.)

Heidi Klum:
»I am not supposed to laugh but I don't know what to do. Och, die Arme!« (Ich darf nicht lachen, aber ich weiß nicht, was ich sonst tun soll.)

Nina-Sue kommt zurück in den Backstage-Bereich.
Nikeata Thompson:
»Da ist Öl auf deinen Füßen, Schatz. Das geht nicht. Leute, ihr dürft eure Füße niemals einölen.«

Nina-Sue im Interview:
»Ich hoffe natürlich, dass die Jury weiß, dass das irgendwie an den Schuhen gelegen hat.«

Heidis Stimme:
»Ausreden zählen heute nicht, es gilt zu überzeugen.«

Bei der Entscheidung stehen Lijana und Nina-Sue vor Heidi Klum.
»Also, es war ganz schlimm, nicht zu lachen, man will ja auch nicht lachen, weil ich fühle ja auch mit dir. Aber das war wie so eine ulkige Comedyshow.«

KAPITEL 1: »DIE NÄCHSTE BITTE!«

WAS DIE GENERATION GNTM AUSMACHT UND WIE DAS MILLIONENGESCHÄFT MIT DEN EMOTIONEN FUNKTIONIERT

»Du wusstest doch, worauf du dich einlässt.« Diesen Satz habe ich ständig gehört, so oft, dass ich es kaum noch zählen kann. Habe ich es wirklich gewusst? Noch heute denke ich an den Sommermorgen, als ich in den kleinen weißen Fiat mit dem roten Dach gestiegen bin. Meine Mutter saß aufgeregt hinter dem Steuer, um mich zum ersten Casting zu fahren. Germanys Next Topmodel. Davon träumen doch jedes Jahr Millionen junge Mädchen und junge Frauen, und keine von ihnen empfindet dabei Angst und Schrecken. Ganz im Gegenteil. Ich war hoffnungsvoll und auch voller Vorfreude und Neugier. Dass mir in wenigen Monaten tausendfach der Tod an den Hals gewünscht werden sollte, war in diesem Moment außerhalb meiner Vorstellungskraft. Und hätte es meine Mutter nur im Ansatz geahnt, wäre sie postwendend nach Kassel zurückgefahren.

Ich gehöre zur Generation GNTM. Wie eine Bombe schlug damals »Germanys Next Topmodel« in unsere Kinderzimmer ein. Ich war keine zehn Jahre alt, als die erste Staffel lief. Cinderella war out, meine Tagträume galten dem Laufsteg. Täglich plünderte ich den Kleiderschrank meiner Mutter, schlüpfte in übergroße Pullis und Klamotten. Vor dem Spiegel machte ich eine Drehung, stolperte über die zu großen High Heels, konzentrierte mich aber aufs Posen. »Auch wenn du umknickst, nichts anmerken lassen«, das hat doch Heidi immer ihren »Meedchen« eingeprägt. Schmerzen muss man ertragen lernen. Ich erinnere mich noch, wie Lena Gercke damals gewonnen hat. Mit ihren kurzen blonden Haaren im knappen weißen Westchen zum Minijeansrock knallte sie damals vom quietschgelben Cover der Cosmopolitan der Welt entgegen und läutete so eine neue Ära ein. Was Lena war, wollten plötzlich alle sein: ein GNTM. Yvonne Schröder und Jennifer Wanderer holten in den Jahren danach den Titel. Wie Lena waren sie allesamt 17 Jahre alt. Also kaum älter als ich. Meine kindlichen Augen saugten alles ein, hinterfragten nichts. So sehen Siegerinnen und moderne Prinzessinnen aus, dachte ich nur. Sie alle drei sind berühmt geworden, einfach nur durch das, was und wie sie sind, davon war ich überzeugt.

Nach Los Angeles, New York, Berlin oder in die Karibik jetten, die neuesten Kreationen berühmter Modedesigner tragen, erschien mir als das große Los. Und GNTM war ansteckend. Auf Klassenfahrten haben wir Catwalks und Challenges inszeniert. Selbst die Jungs in meiner Klasse hatten keine Scheu, mitzumachen. Ich war mir sicher, das ist keine Traumwelt, sondern eine Chance auf Ruhm. Warum darauf warten, dass sich ein Modelscout nach Kassel verirrt und mich auf der Straße oder im Club entdeckt, wenn man doch nur zu einem Casting hinfahren muss? Heidi hatte für uns das bisher Unmögliche greifbar gemacht. Nebenwirkungen waren damals nicht zu erahnen.

Mit dem Startschuss von GNTM begann noch eine andere Revolution. Denn in dem Jahr, als Lena das erste GNTM-Model wurde, kam das iPhone auf den Markt. Es eröffnete intuitiv per Touchscreen ein neues Universum der Bilder, Videos und kurzen Worte. Schon 2008, ein Jahr danach, warnten Apple-Investoren in einem offenen Brief vor der Sogkraft dieses Smartphones und der Social-Media-Nutzung auf Jugendliche.[2] Damals interessierte es kaum jemanden. Warum auch? Social Media versprach ein Riesengeschäft. In der Zeit, als Marc Zuckerberg mit Facebook an die Börse ging, für eine Milliarde Dollar den Fotodienst Instagram und wenig später auch WhatsApp aufkaufte, schalteten regelmäßig rund drei Millionen Zuschauer ein, wenn GNTM wöchentlich im Fernsehen lief.[3] Und ich war auch immer dabei. Irgendwann hatte jeder Teenie ein Handy mit Kamera, mit der jedes Mädchen seine GNTM-Show drehen und in die digitale Welt posten konnte. Stylen, Schminken, Shooten und Selfies für Snapchat, Insta und TikTok sind seitdem fest in unseren Alltag zementiert.

Ich war 17 Jahre alt, als ich endlich durchstarten wollte. Ich stach schon damals mit meinen 1,80 Meter aus der Masse heraus, war immer die Größte. Sportlich, schlank, eine wilde dunkle Lockenmähne, sprich gute Voraussetzungen, um entdeckt zu werden. Und so meldete ich mich spontan bei einer Misswahl an. Da stand ich nun auf einer Bühne mit rotem Teppich, mitten in einem fünfstöckigen Einkaufszentrum in Kassel. Menschen hasteten mit vollen Einkaufstüten vorbei, Eltern beruhigten auf der Rolltreppe ihre weinenden Kinder, während wir in Bademäntel eingehüllt vor einer Reihe von Spiegeln geschminkt wurden.

Auch wenn es nicht die Bretter der Welt waren, war ich fest davon überzeugt, jetzt geht es um was.

Jede von uns Teilnehmerinnen hatte einen Zettel mit einer Zahl bekommen. Ich hielt ihn fest in meiner Hand. Die Nummer »12« war für mich wie die Eintrittskarte zu etwas Neuem und Aufregendem. Der Choreograf, ein Mittvierziger in Lederblouson, wies uns forsch ein: »Alle ungeraden Zahlen bitte nach links, wer eine gerade Zahl hat, der geht nach rechts.« Die junge Frau neben mir schaute hilflos umher. »Was ist denn eine gerade oder ungerade Zahl? Woran merke ich das«, fragte sie schüchtern. Der Mann schaute sie nur ratlos an und sagte knapp: »Wie? Steht da doch.« Ich erklärte ihr leise, wenn sie eine Zahl durch zwei teilen könne, dann sei es eine gerade Zahl. Sie bedankte sich. Erst da verstand ich, dass sie diese einfache mathematische Grundregel wirklich nicht kannte. Sie kam nicht aus Kassel, sondern gehörte zu den vielen jungen Frauen, die jeden Frühling umherreisten, von Stadt zu Stadt, um an Misswahlen teilzunehmen. Monatelang zog sie wie eine Nomadin im Tüllkleid dem Komitee hinterher, getrieben von der unbestimmten Hoffnung, endlich als Erstplatzierte ein glitzerndes Krönchen tragen zu dürfen.

Wir liefen eine nach der anderen den Laufsteg vor einer vierköpfigen Jury auf und ab, jede von uns musste ihren Plan fürs Leben in zwei Sätze packen. Als die Kandidatin neben mir dran war, verschwand ihre Unsicherheit auf Knopfdruck, sie lächelte mit ihren gebleachten Zähnen und sprach mit fester Überzeugung: »Ich will Medizin studieren und Leben retten.« War das wirklich die junge Frau, die ungerade von geraden Zahlen nicht unterscheiden konnte? Ich war perplex und verstand, hier geht es gar nicht um die Wahrheit. Das hier war Show. Und alle wollten mindestens den Weltfrieden herbeiführen oder den Hunger auf der Welt abschaffen.

Neben ihr machte ich eher eine unglückliche Figur und kam mir wie in einer Sitcom vor. Die Stylistinnen hatten sich an meinen Locken ausgetobt und mir eine absurde Frisur mit drei roten Zacken verpasst, die mit Tonnen Haarspray fixiert worden waren. Ich fühlte mich wie ein Alien zwischen den ganzen Glamourgirls und zupfte ständig an meinem zu engen Kleid herum. Umso überraschter war ich, als ich zur Siegerehrung auf die Bühne kommen sollte. Ich? Vize-Miss-Kassel? Ich war ganz außer mir. Meine Mutter jubelte mir aus der ersten Reihe zu, als ich die royalblaue Scherpe umgelegt bekam. Auf der Treppe zum Podest fragte mich eine der anderen Siegerinnen: »Du hast ja eine schöne Bräune. In welches Solarium gehst du?« Ich war völlig irritiert, denn das war sicher die letzte Frage, mit der ich in diesem Moment gerechnet hatte. »Ich habe noch nie ein Solarium von innen gesehen«, entgegnete ich lachend. »Mein Vater kommt aus Uganda.« Und erst als ich diese Worte sagte, fiel mir auf, dass ich die einzige dunkelhäutige Teilnehmerin war, ich war eine Schwarzhaarige unter lauter Blondinen und Brünetten.

Als Zweitplatzierte hatte ich mich automatisch für die Miss-Hessen-Wahl qualifiziert. Und so fand ich mich ein paar Monate später auf einem roten Teppich in einem Einkaufszentrum wieder, diesmal in Wiesbaden. Hier war nichts mehr freundlich, es herrschte ein scharfer Ton zwischen den Bewerberinnen. Keine gönnte der anderen die Butter auf dem Brot, denn die Gewinnerin zog in den Wettbewerb für »Miss Germany« ein. Der Ehrgeiz stand jeder auf die Stirn geschrieben. Eine schicke Brünette ergatterte schließlich den ersten Platz. Sie hatte die ganz Zeit vor ihrem Auftritt stocksteif hinter der Bühne gesessen. Vor Aufregung lief ihr der Schweiß herunter, und sie hatte sich in der Not Papiertaschentücher unter die Achseln geklemmt. Kurz vor ihrem Auftritt schmiss sie diese gekonnt in den Müll und lief strahlend locker auf die Bühne. Ich war damals die Jüngste unter den zwölf Anwärterinnen und wieder die Einzige mit dunkler Hautfarbe. Den ganzen Tag musste ich grinsen, Bühne rauf und runter. Vor lauter aufgesetztem Lachen zitterte bereits mein Gesicht, und ich hatte einen Tag später Wangenschmerzen. Ich wusste gar nicht, dass man auch an diesem Köperteil Muskelkater bekommen kann. Danach beschloss ich, nie wieder zu einem Schönheitswettbewerb zu gehen. Denn Persönlichkeit zu zeigen, war wohl eher unerwünscht.

Erst Jahre später, ich studierte bereits Mathe und Deutsch in Kassel, war ich auf einer dieser angesagten GNTM-Partys. Jeden Donnerstag traf man sich, trank Cocktails, aß Quiche und lästerte über die »Meedchen« und Heidi. Thomas Gottschalk war damals Gastjuror, und als Heidi den »Wetten, dass ...«-Moderator fragte, was er vom Finale halte, sagte er nur knapp: »Das ist doch alles Kinderfasching.«[4] Er tat uns leid. Das einzig Erstaunliche an diesem Abend war, dass diejenige, die am meisten während der Staffel einstecken musste, zu Germanys Next Topmodel gekürt wurde. Simone Kowalski, auch Simi genannt, wurde monatelang von ihren Mitbewerberinnen gemobbt. Gegenüber der Presse gab sie später zu, dass mit allen Mitteln gegen sie geschossen wurde. »Ich weiß bis heute nicht, wie ich das ausgehalten habe.«[5] Später erst erzählte sie mir, dass sie in dieser Zeit psychisch und physisch am Ende war. »Ich kam gesund in die Show und wurde krank«, postete Simone in ihren Instagram-Account. Außer ein paar unterstützenden Worten von Heidi Klum wäre vom Sender nicht viel gekommen.

Doch damals beim Finale war mein erster Gedanke nur: Heute Abend ist ein junger Modelstar geboren. Ich fand Simi mit ihren wilden Locken nicht nur bildschön, ich hatte auch enormen Respekt vor einer Frau, die trotz starker Dauerschmerzen und Dauermobbing eisern durchgehalten hatte. Ich gönnte ihr den Triumph. Denn was hatte sie schon getan? Sie war ehrgeizig. Und? Das ist doch definitiv noch kein Grund, sie auszugrenzen oder zu beschimpfen. Starker Wille wird doch normalerweise belohnt. Ist das nicht das Prinzip unserer Leistungsgesellschaft?

Damals war Simis Story keine Warnung, sondern eine Heldinnengeschichte. Und so dachte ich mir nichts, als ich wenige Monate später in den Fiat stieg. Wenn nicht jetzt, wann dann, dachte ich mir. Und so setzte ich mich mit nassen Haaren, im Jogginganzug, ungeschminkt und mit einer Tasche voll Büchern zum Lernen auf die Hinterbank und büffelte während der Fahrt Formeln für eine Matheprüfung. Es fühlte sich eher wie ein Sonntagsausflug an. Erst kurz vor der Ankunft zog ich mich um und verwandelte mich auf den viel zu engen Rücksitzen in ein Model in spe.

Wir waren fast die Letzten. Hunderte hübscher junger Frauen standen in einer Linie vor mir. Immer wieder hatte Heidi im Fernsehen betont, dass man doch möglichst neutral zu einem Casting kommen solle. Doch das hatte ich wohl verdrängt. »Lijana, du siehst so anders aus als die anderen«, meinte meine Mutter ganz nervös. Und so stand ich in einem kurzen Schwarzen, bauchfrei und mit High Heels in einer ewig langen Schlange mit jungen Frauen, die fast ausnahmslos Jeans mit weißen T-Shirts trugen. Das sind die Momente, wo man noch nicht weiß, ob man sich wohl oder unwohl fühlt. Ich bin zumindest aufgefallen, so wie ein schwarzer Elefant zwischen lauter blauweißen Zebras.

Es wurde Nachmittag. Die Schlange wurde langsam kürzer, die meisten kamen nach nur wenigen Minuten wieder aus dem Hotel heraus, einige fingen an zu weinen. Ermutigend war das nicht. Langsam rückte ich vor, und wir gingen schließlich in einer Fünferreihe in den Castingraum, wo hinter einem weißen Tisch zwei Frauen und zwei Männer saßen. »Hallo, ich bin Anna«, sagte das junge Mädchen rechts außen mit schüchterner Stimme. »Danke, Nächste bitte«, sagte eine der beiden Frauen und legte eine Akte beiseite. Dann kam ich dran. »Ich heiße Lijana.« Ich erzählte einfach drauflos, von meiner Patchworkfamilie, der Misswahl und meinem Hund. »Lijana nach rechts, alle anderen können gehen«, unterbrach mich eine der Frauen.

Ich verstand sofort. Mir blieben nur wenige Momente, um sie komplett von mir zu überzeugen. Also legte ich los mit allem, was mir interessant erschien. Während ich erzählte, blickte ich in vier starre Gesichter. Ihre Blicke wanderten von oben nach unten, zwischendurch machten sie Notizen. »Wenn man die Jüngste von fünf Geschwistern ist, lernt man, laut zu sein, damit man gehört wird«, sprudelte es aus mir heraus. Es war nur ein leises Zucken im Mundwinkel, ein schiefes Lächeln, das ich erst viel später richtig verstehen sollte. »Wo warst du all die Jahre?«, meinte einer der beiden Männer. In dem Moment war mir klar, ich bin weiter.

Danach folgten stundenlange Telefongespräche. Ich wurde genau ausgefragt, durchleuchtet. Mit welchen Typen kommst du nicht zurecht? Warum würdest du dich mit anderen streiten? An welchen Stellen wirst du laut? Wen mochtest du gar nicht in den letzten Staffeln? Wann bist du richtig zickig? Ich fragte mich die ganze Zeit, was das eigentlich mit Modeln zu tun hat. Es klang eher so, als ob man ein Psychogramm von mir erstellen wolle. Es ging nicht nur um meine Ex-Freunde oder ob ich Angst vor Kakerlaken habe, sondern um meine Verhaltensmuster. »Ich fange an zu streiten, wenn ich Ungerechtigkeiten sehe«, antwortete ich. Zu der Zeit glaubte ich ernsthaft, dass ich die Rolle der großen Schwester zugewiesen bekomme, die anderen hilft.

Einen Monat später stand ich mit gefühlt tausend jungen Frauen bei elf Grad und Regen im Münchener Olympiastadion. Manche bibberten in bauchfreien T-Shirts vor sich hin. Wieder einmal sollten wir in Fünferreihen zum Ausmustern auf den Laufsteg auf Heidi Klum und den Modedesigner Julien Macdonald zulaufen. Sie saßen auf diesen berüchtigten Castingstühlen. Interessanterweise war Heidi für mich der normalste Mensch in der ganzen Menge. Sie erschien mir nicht wie der Star, den wir seit zig Jahren über den Bildschirm verfolgt hatten, sondern eher wie eine freundliche Tante, mit der ich mich zu Kaffee und Kuchen treffen könnte. Sie hatte Falten wie jede andere Endvierzigerin auch, versprach sich ab und zu und saß auch im Nieselregen wie wir alle. Es fühlte sich schon da wie eine Parallelwelt an, als sie schließlich zu mir sagte: »Dann sehen wir uns morgen zur Entscheidungsshow.« Ab da war es wie ein Sog, der mich in die GNTM-Welt hineinzog. Wir waren 38 junge Kandidatinnen, die am nächsten Abend zum ersten Mal gegeneinander antraten. Am Set schwirrten zig Menschen um uns herum. Kamerateams, Aufnahmeleiter, Lichttechniker, Stylisten. Überwiegend Männer. Saß ich gestern noch mit meinen Kommilitoninnen im Hörsaal, hatte ich heute die Hand von einem Tontechniker im Dekolleté, der mich verkabelte. Gefühlt waren überall Männerhände. Darauf war ich nicht vorbereitet. Und Zeit zum Nachdenken gab es auch nicht. Auf Knopfdruck musste ich meine Scham abstellen, als ich mich vor Macdonald bis auf die Unterwäsche auszog, um mich in eine schillernde Figur zu verwandeln. Ich musste für ihn wie eine leere Leinwand sein. Er, der doch als weltbekannter Designer ansonsten nur Stars vor Augen hat.

Das hatte nichts mehr mit den Misswahlen im Einkaufszentrum zu tun. Jetzt war ich drin in dieser Glitzerwelt. In mir stieg ein Gefühl von Überforderung auf. Denn ab da klebten Kameras im wahrsten Sinne an meinem Arsch. Ich kann mich nicht mehr erinnern, dass wir jemals gebrieft wurden. Die Kamera ging einfach an, und wir mussten auf das reagieren, was gerade passierte. Jedes Mal, wenn mir klar wurde, dass alles, was ich jetzt mache, später Millionen Menschen sehen, stieg Nervosität in mir auf. Doch ich selbst musste am Eingang mein Handy abgeben, damit ich nichts filmen oder aufnehmen konnte. Aber ich war auch abgeschnitten. In dieser Blase dreht sich alles nur um eins: GNTM! Es existiert nichts anderes. Am Set durften wir nicht einmal auf Toilette, ohne zu fragen.

Der Ausschnitt des weißsilbrigen Bodys ging mir bis zum Bauchnabel. Extrem viel nackte Haut, dachte ich nur kurz. Ein Zurück gab es aber eh nicht mehr. Wir standen auf der Treppe, die zum Catwalk hochführte. Das war kein

Casting wie gestern, sondern da saß Publikum, alles wurde gefilmt und dokumentiert. Die Kandidatinnen waren extrem angespannt, mir schlug das Herz bis zum Hals. Ausgerechnet jetzt kamen noch einmal mehrere Stylisten und cremten einigen Kandidatinnen die Füße ein. Wir waren so mit uns beschäftigt, dass wir dem Vorfall erst keine Aufmerksamkeit schenkten. Später im Gerichtsverfahren wird es heißen: »Das war nur Bräunungscreme.«[6] Wir dachten, das müsse so sein. Zu mir kam niemand. Als ich hinaustrat, traf mich das gleißende Licht der Scheinwerfer, es war so, als ob du ins Fernlicht eines Autos reinschaust und nicht sehen kannst, was links und rechts ist. Ich lief los und dachte an nichts, hatte nur Angst, das Ende des Laufstegs zu verpassen.

Eine der Teilnehmerinnen mit den eingecremten Füßen war Nina-Sue. Sie hatte einen Traum in Schwarz an und High Heels mit Silber. Als sie auf den Laufsteg ging, konnte sie kaum einen Schritt vor den anderen setzen, so wenig Halt fand sie in ihren Schuhen. Es tat weh, ihr zuzuschauen, wie verkrampft ihre Füße Halt suchten und wie sie versuchte, nicht auszurutschen. Heidi konnte sich ein Lachen nicht verkneifen, während ihre Sitznachbarin, eine bekannte Hollywood-Schauspielerin, Angst hatte, dass sich Nina-Sue verletzen könnte. Die Kameras hielten direkt auf Nina-Sues Füße. Und Millionen Menschen vor dem TV-Bildschirm sollten genau diese Szene in ein paar Monaten sehen. Doch Nina-Sue blieb standhaft, zog es durch, stakste unelegant, aber tapfer über den Catwalk. Innen drin hätte sie nur tiefe Scham empfunden, erzählte sie mir später. Ich dachte nur, das hätte auch mit Schmerzen enden können.

Es war zwei Uhr nachts, als Nina-Sue und ich nach einer gefühlten Ewigkeit zur Entscheidung vor Heidi antreten sollten. Nina-Sue war sehr niedergeschlagen, hatte das Gefühl, sich vor ganz Deutschland blamiert zu haben. Trotz allem war ich froh, weiterzukommen. Ich dachte, ich muss mich doch glücklich schätzen. Dabei wurde ich nur zu einem Teil einer lukrativen Traumfabrik, eines Bombengeschäfts einer Werbetrommel für die Mode- und Kosmetikbranche. Wenn man den veröffentlichten Zahlen glauben darf, kassiert der Fernsehsender Pro 7 rund vier Millionen Euro mit den fast 90 Werbeclips während einer Sendung. Eine Staffel spült angeblich bis zu acht Millionen Euro auf das Konto von Heidi Klum.[7] Teilweise pilgerten in den Jahren zuvor bis zu 15 000 Frauen und Teenager zu den bundesweiten Vorcastings, angetrieben von der Hoffnung auf eine Modelkarriere. Doch wenn die Träume junger Menschen das Kapital dieser Sendung sind, warum wird nicht mehr in den Schutz der Teilnehmerinnen gesteckt? Ein Gärtner schaut doch auch auf seine Blumen, deckt das Beet ab, um es vor Ungeziefer zu schützen. Wir waren ja nicht nur im Fernsehen, sondern sind auch dauerhaft im Internet präsent. Jede Szene ist abrufbar, selbst heute kann ich mir Lena Gerckes Sieg beim Frühstücken auf YouTube anschauen. Nur Lena hatte damals noch keinen Instagram-Account. Heutzutage bekommt jede, die es bis auf den GNTM-Laufsteg geschafft hat, auch ein GNTM-Profil auf unterschiedlichen Social-Media-Kanälen. Der direkte Draht zum Zuschauer ist zeitgleich ein Barometer für die Beliebtheit der angehenden Models.

Damals habe ich mir keine Sorgen gemacht, wohin das führen könnte. Doch heute beschäftigen mich viele Fragen. Sollte man nicht schon vor dem ersten Walk die Teilnehmerinnen mental vorbereiten? Bräuchten sie mehr Zeit zum Überdenken? Wer klärt sie über Mobbinggefahren wie bei Simi und mir auf? War ich vielleicht nur ein Kollateralschaden? Diese Gedanken schwirren mir jedes Mal durch den Kopf, wenn wieder eine neue Staffel von GNTM anläuft. Doch um Antworten zu finden, muss ich mehr über die Mechanismen von Realityshows wissen. Als ich mit der Medienwissenschaftlerin Claudia Töpper spreche, wird mir bewusst, dass hinter diesem Format eine eigene Logik steckt, ein Geschäft mit den Gefühlen der Teilnehmerinnen und der Zuschauer. Töpper hat ihre Doktorarbeit über »Affektökonomie« am Beispiel von GNTM im Rahmen eines Sonderforschungsprojekts an der FU Berlin geschrieben und dafür die GNTM-Staffel von 2016 analysiert. Ich will von ihr wissen, wie die Wechselwirkung zwischen der Sendung und den Zuschauerreaktionen im Netz ist:

» Was ist genau unter Affektökonomie bei Casting-Shows wie GNTM zu verstehen?

Im medienwissenschaftlichen Kontext verstehen wir unter Affekt etwas, das zwischen Fernsehsendung und Zuschauenden entsteht und sie körperlich berührt. Fernsehsendungen wie GNTM können sehr unterschiedliche körperliche Empfindungen wecken, wie beispielsweise Ekel oder Gänsehaut. Durch das Zusammenspiel bestimmter filmischer Mittel – also zum Beispiel Musik, Großaufnahmen, Dialoge –, können beim Publikum körperliche Reaktionen entstehen. Das bedeutet nicht, dass alle Zuschauenden gleich reagieren. Vielmehr wird ihnen damit ein Interpretationsangebot gemacht. Ob man sich dann tatsächlich ekelt oder beispielsweise gruselt, hängt mit individuellen Erfahrungen zusammen. Sendungen wie GNTM versuchen also nicht nur, Emotionen auszustellen, sondern auch beim Publikum zu erzeugen und es körperlich zu bewegen, beispielsweise damit Zuschauende auch über die Sendung hinaus in sozialen Medien über die Sendung reden. Dabei geht es dann vor allem um Bewertungen des Gesehenen. Die Inhalte werden mit bestimmten Attributen auf- oder abgewertet. Das führt wiederum zu Interaktion in sozialen Medien. Je mehr Bewertungen vorgenommen werden, je mehr die Inhalte geklickt und geteilt werden, desto mehr Aufmerksamkeit und Profit wird generiert. Auf diese Weise entsteht etwas, das wir als »mediale Affektökonomie« bezeichnen.

>> **Was ist das Konzept von GNTM, und wie werden Gefühle der Teilnehmerinnen vermarktet?**

Die Zuschauer sehen 13 Wochen lang zu, wie sich junge Frauen in Models verwandeln. Es ist ein offenes Geheimnis, dass eine Show wie GNTM ohne Konflikte langweilig ist. Entsprechend sorgen unterschiedliche dramaturgische Mittel dafür, dass die Sendung für Zuschauende spannend bleibt. So leben die Kandidatinnen für die Show beispielsweise räumlich abgeschottet in einer Villa. Dort müssen sie sowohl miteinander kooperieren als auch konkurrieren. Das erzeugt Stress und Druck. Ziel ist es, möglichst starke emotionale Ausdrücke und

Verhaltensweisen der Kandidatinnen zu provozieren. Im besten Fall münden diese dann in sogenannten »money shots«. Der Begriff kommt eigentlich aus der Pornografie, bedeutet aber nichts anderes, als dass Kandidatinnen möglichst emotional zusammenbrechen, ihnen die körperliche Kontrolle entgleiten und Tränen fließen sollen. Dahinter steckt ein ökonomisches Kalkül, denn diese Szenen lassen sich als »Affektgeneratoren« wiederum über soziale Medien vermarkten.

>> **Wie werden die Emotionen der Teilnehmerinnen für die Dramaturgie der Show genutzt?**

GNTM lebt von der Inszenierung und Erzählung der Transformation. Um Models zu werden, müssen die Kandidatinnen unterschiedliche Aufgaben bewältigen. Diese sind jedoch bewusst paradox angelegt. So sollen die Teilnehmerinnen beispielsweise einerseits selbstbewusst und mutig sein, aber nicht zu viel. Sie sollen freizügig sein, aber nicht zu sexy. Diese Paradoxien sind es, die dazu führen, dass die Zuschauer die Kandidatinnen genau beobachten, wie sie sich in diesen unvereinbaren Widersprüchen verhalten und damit auseinandersetzen. Dabei geht es auch um Regeln des Emotionsausdrucks und des emotionalen Verhaltens. Vor allem verhandelt werden dabei die Emotionen Scham, Neid, Enthusiasmus und Angst. In der Staffel 2016 und auch 2020 wurde besonders Neid thematisiert. Innerhalb der Wettbewerbslogik von GNTM ist Neid ein Garant für Konflikte. Denn trotz des enorm hohen Konkurrenzdrucks soll man den anderen jeden Erfolg gönnen. Dies führt jedoch zu unauflösbaren Widersprüchen. Diese nicht zu vereinbarenden Anforderungen stellen nicht nur ein dramaturgisches Erzählprinzip der Sendung dar, sondern sollen auch Zuschauende bewegen, das Verhalten der Kandidatinnen zu bewerten.

» **Wie ist der Zusammenhang zwischen der Darstellung der Kandidatinnen und den Kommentaren im Netz?**

Im Rahmen meiner Analyse hat sich gezeigt, dass vor allem die Inszenierung von »Spielverderberinnen« viele Reaktionen in sozialen Medien hervorruft. Wenn sich Kandidatinnen zum Beispiel nicht den für das Format festgelegten Spielregeln und Emotionsregeln entsprechend verhalten, werden sie als »Spielverderberinnen« wahrgenommen und auch so bewertet. In der Staffel, die ich untersuchte habe, gab es zum Beispiel eine Muslima, die sich nicht vor der Kamera ausziehen wollte. Damit stellte sie die für das Format festgelegten (Spiel-)Regeln infrage. Doch wenn man in GNTM für seine Haltung einsteht wie diese junge Frau, kann es passieren, dass man als »Spielverderberin« dargestellt wird. Wiederkehrend werden dabei manche Kandidatinnen als diejenigen inszeniert, die die Regeln nicht einhalten, lustlos sind oder überambitioniert. Interessant ist, dass die für das Format geltenden Regeln von den Zuschauenden bei ihren Reaktionen auf Facebook überwiegend übernommen werden. Die Kommentierenden mögen es also gar nicht, wenn eine Kandidatin nicht den festgesetzten GNTM-Regeln wie beim Nacktshooting oder

Umstyling folgt. Das Verhalten der »Spielverderberin« wird dann abgewertet.

>> **Was haben Sie bei der Analyse der Kommentare unter den geposteten Sendungsausschnitten auf Facebook feststellen können, und welche Dynamiken sind erkennbar?**

Es gab in Staffel 2016 eine Szene, in der der Freund einer Kandidatin schockiert auf die neue Kurzhaarfrisur nach dem Umstyling reagiert hat. Auf Facebook haben sich die Zuschauenden über ihn lustig gemacht und ihn verspottet. Das wiederholte sich, und die Kommentierenden sorgten so für eine Verbreitung der Sendungsinhalte. Auch wenn es sich nicht um Hasskommentare handelt, aber Spott ist abwertend und wirkt extrem negativ. Die User werden so zu Kommentatoren und Co-Produzenten der Show, die das Bild einer Kandidatin festigen.

Doch warum schauen wir uns Jahr um Jahr wieder GNTM an? Was macht die Faszination aus, frage ich mich. Ein Radio-Interview mit Professorin Margreth Lünenborg bringt es auf den Punkt: ›Wie der Zoff zwischen denen wohl ausgeht?‹ ›Ob die da noch mal so giftig reinspritzt?‹ ›Wie kann die sich das erlauben?‹ Alles das sind Reaktionen, die wir auf Seiten der Zuschauenden erleben«, erklärt die Kommunikationswissenschaftlerin. »Es geht also um das Ausleben der eigenen Gefühle.« Manchmal würden die Zuschauer sogar schon losjubeln, bevor die Models auf dem Bildschirm es tun. Es sei wie eine tiefe Prägung bis hinein in unsere Körper.[8] Was das System GNTM mit meinen Emotionen und denen der Zuschauer macht und welche fatalen Folgen das haben kann, sollte mir in den Wochen danach erst richtig bewusst werden.

Lijana hat ein Gesicht wie ein Gaul.

Dich sollte man mal vermöbeln.

DICH KANN MAN NUR HASSEN!

DU WIDER- WÄRTIGER MENSCH!

> Wenn ich dich mal auf der Straße treffe, werde ich dir ins Gesicht schlagen.

Egoistisches Schwein.

ICH SCHLAGE DIR IN DIE FRESSE, DU HURE!

> Deine ganze Familie gehört in Therapie.

Bring dich einfach nur um!

Hasskommentare aus allen Social-Media-Kanälen, Nachrichten usw. und DM (Direct Message), die Lijana bekommen hat.

KAPITEL 2: »DU BIST DER GRÖSSTE FICKFEHLER VON ALLEN!«

WIE SICH DER HASS IM NETZ MULTIPLIZIERT UND WARUM MENSCHEN UND FAMILIEN DARAN ZERBRECHEN KÖNNEN

Stell dir vor, du machst dein Smartphone an, und nichts ist mehr so, wie es vorher war. »Ich habe noch nie einen so ekelhaften Menschen wie dich gesehen«, war der erste Kommentar, den ich las. Ich las ihn, aber verstand ihn gar nicht. Es war so, als ob dir jemand einfach so eine Ohrfeige gibt und du erst mal realisieren musst, dass du gerade geschlagen worden bist.

Zehn Stunden hatte der Flug nach Jamaika gedauert. Die Staffel war Anfang März abgedreht, und als Einstimmung auf die letzte große Show sollte ein Magazinbeitrag für die Sendung RED gedreht werden. Ich konnte es kaum glauben, ich gehörte zu den vier Finalistinnen. Vier Monate war ich in der GNTM-Blase versunken. Die letzten zwei Monate hatte ich nichts mehr von der Außenwelt mitbekommen. Ich hatte kein Handy, kein Internet, keine Nachrichten. Während ich in den Wolken unterwegs war, flimmerte in Deutschland die vierte Folge über die Bildschirme, und die Redaktion hatte einen neuen Post auf meinem

Instagram-Kanal veröffentlicht. Jetzt stand ich mitten in der Nacht in einem verlassenen Flughafen, fühlte mich wie ein Stern, der vom Himmel gefallen und am Boden in Millionen Teile zersplittert ist, und schaute wie erstarrt auf das Smartphone. Es waren Tausende Meldungen. Ob Instagram, Twitter, Facebook, TikTok – aus allen Kanälen schoss gefühlt nur noch Häme und regelrecht Hass auf mich ein. Und ich wusste nicht, warum.

Zwei Wochen zuvor war meine Schwester noch am Set in L. A. gewesen, sie wurde extra für einen inszenierten Überraschungsbesuch bei GNTM eingeflogen. »Lijana, du bist momentan die Beliebteste in der Staffel, du bekommst nur positives Feedback. Mach weiter so«, hatte sie mich noch ermutigt. Warum war ich plötzlich beim Publikum in Ungnade gefallen? Im Kopf ging ich immer wieder die Filmaufnahmen für diese Folge durch, die vor drei Monaten gedreht worden war. Ich rief völlig verwirrt bei meiner Familie an. Sie erzählten mir, dass es eine Antwort von mir auf die Frage der Redaktion gewesen sein musste. Meine Mitkonkurrentin Maribel war dabei nicht gut rübergekommen. Viele Zuschauer hatten sich darüber aufgeregt. Meine Familie hatte den Eindruck, als hätten wir nur Streit in der Villa. Die Inszenierung der Szene transportierte eine Dramatik, die es hinter den Kulissen so aber gar nicht gab. Noch heute verstehe ich mich übrigens sehr gut mit Maribel, erst kürzlich waren wir gemeinsam auf einer Geburtstagsparty. Doch die Zuschauerinnen ergriffen danach zusehends Partei, und die Stimmung polarisierte sich. Auch die Formulierungen in den Kommentarleisten der GNTM-Accounts wurden ab jetzt zunehmend verletzender. Mit jeder weiteren Ausstrahlung der Staffel wurden die

Worte derber. Je heftiger die Beleidigungen waren, umso mehr Likes gab es, und umso stetiger drehte sich auch die Niveauspirale nach unten.

Etliche Influencer äußerten sich ebenfalls. An einem Tag postete Nathan Goldblat in seiner Story einen Screenshot mit Hasskommentaren von meinem Account mit dem lapidaren Kommentar »Die liebe Lijana ist ja richtig beliebt mit ihrer Art. Lachsmiley«. Dazu stellte er die Verlinkung zu meiner Instagramseite. Ich habe ihn nie gefragt, ob er es bewusst gemacht hat, aber wie viele andere auch in dieser Zeit profitierte er vom gemeinsamen Lästern und den richtigen Hatern. Es war ein Interview mit meiner Konkurrentin Maribel, das er zur gleichen Zeit auf seinem YouTube-Kanal postete, das das Fass zum Überlaufen brachte. Auch ich war darin ein Thema. »Warum ist Lijana so asozial«, fragte er meine Konkurrentin und sagte lachend in die Kamera »Digga, ich würde ihr einen Kackhaufen auf den Kopf setzen, Junge«.[9] Ein Fernsehsender hätte das rausgeschnitten. Für Nathan zahlte sich das 16-minütige Video jedoch aus. Diesmal hatte er mehr als eine halbe Million Klicks, es war eines seiner erfolgreichsten Videos. Tatsache ist, ein Influencer verdient an jedem Klick, er bekommt Geld für die eingespielte Werbung, und deshalb ist jede Interaktion Gold wert. Letztens habe ich mir sein neuestes Video mit dem Titel »meine ERSTE Wohnung – 50.000 Euro Einrichtung« angeschaut, in dem er einen Teil seiner Möbel hinterher verkauft oder verschenkt hat.[10]

Doch was für mich viel folgenreicher war: Ein Influencer wie Goldblat hat mehr als drei Millionen Follower auf Social Media, und ein Post kann eine Lawine auslösen, die die Stimmungslage gegen einen Menschen potenzieren kann.

Seine Fangemeinde vertraut ihm. Gerade unter Teenagern haben diese Meinungsbilder eine enorme Sogkraft und aktivieren Mitläufer, die Hasskommentare mit Daumen hoch bewerten. Diese Dynamik wirkt direkt auf mein Leben zurück.

»More hated than Corona« – 5.400 Likes.
»KEINER MAG DICH!« – mehr als 10.000 Likes.
»Wie kann man so unangenehm sein.« – mehr als 5.600 Likes.

Das allein geschah innerhalb der ersten drei Stunden nach der Veröffentlichung des Interviews auf seinem Kanal. Das ist so, als ob zehntausend Zeigefinger gleichzeitig auf dich gerichtet sind, und alle rufen, dass du es nicht wert bist, geliebt zu werden. Die Klatschpresse im Web sprang ebenso auf den Zug auf und machte Stimmung mit Überschriften wie »GNTM-Aufreger: Alle hassen Lijana« – »Halte einfach deinen Mund, das ist besser für alle!«[1] Das heizte den Kessel weiter auf.

Es war die klassische Dramaturgie eines Shitstorms. Die Hater fühlten sich unangreifbar und sicher. Postete nur ein Follower ein Lob oder verteidigte mich, stürzten sich Hunderte auf ihn und rangen ihn mit noch mehr Hasskommentaren nieder. Alles Positive ging im Lärm des Hasses unter. Zeitgleich bildeten sich HaterPages mit Tausenden Anhängern. Sie hatten Profilnamen wie *alle.hassen.lijana* oder *we.hate.lijana.gntm2020* oder *hater.page.lijana* mit der Bio »Hier wird vielleicht etwas gehatet, aber hey, sie is doch auch scheisse«. Irgendwann kamen die ersten Morddrohungen und Androhungen von Vergewaltigung. Auf einer

Haterseite wurden meine tägliche Joggingroute in Kassel und meine Adresse veröffentlicht und dazu aufgerufen: »Vergewaltigt diese schwarze Hure und knüpft sie im Wald an den nächsten Baum auf!« Manche Hater schraubten sich in ihren Beleidigungskaskaden hoch, geilten sich immer weiter auf, gingen täglich auf mein Profil, um mich mit noch heftigeren Bedrohungen zu treffen. Es fühlte sich so an, als wären sie alle eine große Familie mit unendlich vielen Mitgliedern, die nur eins vereint: eine tiefe Abscheu gegen mich. Auf Twitter war die Hetze am heftigsten. Tweeds wie »Heute wär ich wohl der Erste, der Lijana und Larissa schon hart vermöbelt hätte« animierten schließlich Menschen, mich auf der Straße anzupöbeln, mir aufzulauern und mir Schläge anzudrohen. Vier Jugendliche standen eines Tages vor meiner Haustür und schrien, wenn ich rauskomme, prügeln sie mich windelweich. Sie waren der verlängerte Arm derjenigen, die im Netz nur zu Gewalt aufrufen, ohne sich selbst die Finger schmutzig zu machen. Plötzlich waren das keine virtuellen Sprachblasen mehr, der Hass stand vor meiner Haustür, in meinem Garten und überall, wo ich hinging. Denn gefühlt jeder in meiner Heimatstadt kannte mich aus dem Fernsehen, der Lokalzeitung oder Social Media.

Ich war alarmiert. Wenn ich aus dem Haus ging, fühlte ich mich unwohl – ob beim Einkaufen, an der Bushaltestelle oder auf dem großen Parkplatz vor meiner Haustür. Schauten mich wirklich alle komisch an? Ist das auch jemand, der einen Hasskommentar geschrieben hat?

Als ich eines Tages mit meinem Hund im Wald spazieren ging, kamen wir wie jeden Tag an einem alten Bunker vorbei. Darauf stand eine Clique mit sieben Jugendlichen. Ich hatte schon wie die Tage zuvor die Kapuze tief ins Gesicht gezogen und die Kopfhörer auf, um mich von meiner Außenwelt abzuschotten. So nahm ich nicht wahr, wie sie sich formierten, mir etwas entgegenschrieen. Als ich genau unterhalb des Bunkerdachs entlanglief, schaute ich hoch, und etwas Warmes und Nasses traf mich im Gesicht. Sie spuckten alle auf mich herunter. Es traf mich mitten auf die Stirn, und die Spucke rann meine Wange hinab. Sie liefen lachend fort, und ich blieb gedemütigt zurück. Die Tränen kamen mir hoch. Ich hatte Panik, Angst, Wut. Jetzt spucken sie noch, was machen sie beim nächsten Mal? An anderen Tagen war mein weißer Fiat unter Müll begraben, auf dem Gehsteig wurde ich von vorbeilaufenden Menschen laut beschimpft, oder ich wurde im Supermarkt erkannt und verfolgt. Dann traf es meinen Hund. Ich hatte ihn an der Leine, als er mich in unseren Gemeinschaftsgarten zog und etwas aus dem Gebüsch holte. Zum Glück spuckte er mir den Giftköder direkt vor die Füße. Jetzt war mir klar, alles, was mir lieb ist, ist in Gefahr.

War erst nur ich im Visier, so weitete sich die Angriffsfläche schnell aus. Inzwischen war in der GNTM-Staffel viel über meine Familie in Homestorys berichtet worden und wie wichtig sie für mich ist. Zeitgleich sahen die Zuschauer in mir die aggressive, ehrgeizige und unsympathische Kandidatin. Plötzlich standen auch meine Geschwister und meine Mutter am Pranger. Das traf mich noch viel extremer als die Beleidigungen gegen mich. Ein Teil der Hater analysierte meine Psyche und die Gründe für meinen Ehrgeiz. Es wurde gemutmaßt, dass meine Mutter mich so unter Druck setzen würde, dass ich Ärger bekäme, wenn ich nicht das GNTM werde. Dabei ist meine Mutter stolz auf jedes ihrer fünf Kinder und erzählt es jedem, der es nicht hören will. Ich hatte immer die Freiheit, alles zu tun, und sie machte alles mit, drehte selbst TikTok-Videos von mir mitten in der Innenstadt. Sie ist der liebste Mensch in meinem Leben, das Zentrum unserer großen Familie. Umso mehr brach mir dieser Hass das Herz. Andere wiederum sahen in mir eine Narzisstin und Nichtsgönnerin. Ein schräger Blick, ein falsches Wort in der GNTM-Staffel, und schon wurden absurde Theorien entwickelt. Langsam begann es, sich bei mir im Kopf zu drehen. Ich fing an, meine eigene Persönlichkeit und meinen Charakter zu hinterfragen.

Nachdem meine gesamte Familie in einer Homestory von GNTM gezeigt worden war, war eine neue Jagd eröffnet. Meine Eltern und Geschwister mussten sich plötzlich gegenüber anderen rechtfertigen, warum sie mich so unter Druck setzen. »Die muss in Therapie mit der ganzen Familie«, hieß es. Dann begann das Hating gegen meine Schwester auf den Social-Media-Kanälen. Sie ist 21 Jahre älter als ich, viele dachten sogar, sie sei meine Mutter. Manche User meinten, mich sogar in Schutz nehmen zu müssen. »Die arme Lijana kann ja nichts dafür, wenn man in so einer Familie aufwächst.« Besonders hart traf es meine Mutter. Sie sei schuld daran, dass ich so schräg sei, hieß es immer wieder. Sie solle sich schämen, so einen Menschen wie mich auf die Welt gebracht zu haben, schrieben die Hater. Auch ihr Erziehungsstil wurde in vielen Kommentaren als »falsch« oder »nicht hart genug« beurteilt. »Es hätte Lijana gutgetan, sie mal zu schlagen«, meinten die einen. Andere bespuckten sie mit Wörtern. »Deine Mutter ist eine Hure, weniger wert als ein Hund, sonst hätte sie einen anständigen Menschen erzogen.« Es quälte mich. Was hatte ich den liebsten Menschen in meinem Leben da angetan?

Ich fühlte mich für all das verantwortlich, aber nicht wegen meines Verhaltens, sondern weil ich überhaupt bei GNTM teilgenommen hatte. Auch wenn ich jeden Tag sah, wie meine Mutter litt, so hat sie mir erst viel später erzählt, wie es in ihr wirklich aussah und wie sie diese schwere Zeit für uns alle wahrgenommen hat:

> »Jedes Mal, wenn ich Lijana im Fernsehen sah, freute ich mich. Wir waren stolz auf sie und unfassbar glücklich über die Chance auf eine Modelkarriere. Damit kann sie vielleicht sogar ihr Studium finanzieren, dachten wir. Ab der vierten Folge veränderte sich aber alles. Auf einmal erkannte ich in der Person, die ich auf dem Bildschirm sah, nicht mehr meine eigene Tochter wieder. Ich fragte mich jede Woche aufs Neue, was macht Lijana da, sie ist doch gar nicht so. Mir kam es vor, als ob sie eine Rolle wie in einem Theaterstück spielt. Ob Kollegen, Freundinnen oder meine Kunden, viele von ihnen schauten jede Woche GNTM. Auf einmal wurde ich auf der Straße angesprochen, immer wieder fiel der Satz ›Was hast du für eine schreckliche Tochter?‹. Erst war ich überzeugt, dass das schon wieder aufhören und sich alles wieder zum Guten wenden wird, spätestens dann, wenn Lijana es bis ins Finale schaffen sollte.
>
> Mit der Zeit bemerkte ich jedoch eine Veränderung in unserem Umfeld. Bekannte, die mich sonst immer gegrüßt haben, schauten schnell zur Seite, sobald ich sie auf der Straße traf. Das bilde ich mir nur ein, dachte ich anfangs. Doch ich hatte das Gefühl, die ganze Stadt wusste Bescheid und hatte ein Urteil gefällt. Lijana wurde von Woche zu Woche bekannter, der Schneeball

wurde immer größer und schneller. Mein Schwiegersohn ist Trainer und wurde sogar bei einem Fußballspiel auf seine ›missratene‹ Schwägerin angesprochen. Nicht nur die Lokalpresse schrieb negativ über Lijana, sondern auch große Zeitungen. Mein Schwager wandte sich an eine Autorin, die einen besonders reißerischen Artikel über Lijana verfasst hatte. Die Kolumnistin antwortete nur lakonisch: ›So ist nun mal die Zeit.‹ Irgendwann waren wir nur noch traurig, ratlos und erschüttert. Eines Tages nahm ich mir ein Herz und ging auf meine Nachbarin zu, denn ich wusste, sie schaut gern GNTM, und fragte sie: ›Warum schreibst du nicht mal einen positiven Kommentar unter Lijanas Bilder, du kennst sie doch von Kindesbeinen an.‹ Obwohl sie sich in der Kirchengemeinde in einer Mobbing-Gruppe engagiert, traute sie sich nicht, etwas zu schreiben. Ihre Angst, selbst zur Zielscheibe zu werden, war zu groß. Als der Shitstorm über unsere Familie herzog und immer schlimmer wurde, verkroch ich mich. Ich habe mich gar nicht mehr aus meiner Wohnung herausgetraut. Ich lag vier Wochen im Bett, manchmal wusste ich gar nicht mehr, ob Tag oder Nacht war. Anfangs habe ich nur meinen Schmerz und mein Mitleid wahrgenommen. Dann erst sah ich meine Tochter. Als sie mir sagte, dass sie sich an einem Baum aufhängen wolle, war das der absolute Tiefpunkt. Es war ungefähr so, als ob ich auf einem riesigen Kreuzfahrtschiff mitten auf dem Ozean treibe und mein Kind sehe, das unter mir im Wasser schwimmt. Ich stehe mit einem Rettungsring an der Reling, aber ich kann nicht helfen. Stattdessen muss ich zuschauen, wie es ertrinkt. Mein Herz schrie laut in dieser Zeit, aber keiner konnte es hören. Und das alles nur wegen einer Fernsehshow. ›Sie ist doch selbst daran schuld‹, sagte meine Nachbarin nur. Damals war mein erster Gedanke, die Hater sind überall, sie wohnen um uns. In dieser schwierigen Phase fanden wir kaum noch Verständnis. Keiner meiner Freunde und Bekannten wollte es mehr hören. Sie waren genauso überfordert wie wir auch. Ich habe oft den Psychologen des Senders angerufen, der die GNTM-Teilnehmerinnen betreut, und ihn angefleht, meiner Tochter zu helfen. Ich wusste nicht mehr ein, noch aus.

Das Gift wirkte aber auch nach innen. Bis dahin hatten wir uns in der Familie immer alles erzählt. Doch die Geheimhaltungsklausel im Vertrag von GNTM führte dazu, dass es auf einmal Geheimnisse zwischen uns gab. Ich wollte einfach den Traum meiner Tochter nicht zerstören, und ich hatte große Angst, dass etwas so Wichtiges kaputtgeht, und so hielt ich still. Der Druck war enorm, und ich fühlte mich zwischen allen Stühlen. Für meine anderen erwachsenen Kinder war es schwer, die innere Zerrissenheit nachzuvollziehen und zu verstehen, dass wir uns auch juristisch auf dünnem Eis bewegen, wenn ich irgendetwas sage. Mit den Wochen wurde der Keil zwischen uns allen immer tiefer. Wir haben schließlich gar nicht mehr über GNTM geredet. Daran wäre beinahe die Familie zerbrochen. Dass es so weit gekommen ist, macht mich heute noch wütend.

Neben der unfassbar großen Hilflosigkeit und Ohnmacht bekam noch ein anderes Gefühl die Oberhand. Scham, tiefe Scham. Aber wofür? Wir hatten gegen kein

Gesetz verstoßen, haben niemanden beleidigt und keiner Seele etwas angetan. Trotzdem schämten wir uns. Es hat lange gedauert, bis wir uns davon lösen konnten und die Einsicht wuchs, dass meine Tochter und wir nichts verbrochen haben, das uns peinlich sein müsste. Ich hatte großes Vertrauen in Heidi, die Modelmama. Ihre laute und schillernde Art hat mich an Lijana erinnert. Manchmal hätte ich gern Heidi angerufen. Sie hat ja wie ich eine Patchworkfamilie und dunkelhäutige Kinder. Gerade sie hätte doch besonders viel Verständnis für unsere Notlage empfinden müssen, auch weil es sich um rassistische Anfeindungen handelte. Ich hätte mir auch persönlich mehr Support gewünscht, besonders weil man mit meiner Tochter sehr viel Geld verdient hat.«

Gabriele Krappa, Lijanas Mutter

Als die Staffel von GNTM im Februar 2020 anlief, begann eine der größten Krisen der Nachkriegszeit. Wir selbst hatten aber in der Bubble in unserer Villa nichts mitbekommen. Als wir in Jamaika landeten, wunderten wir uns, warum alle Masken trugen. Das Wort Corona hatten wir bisher noch gar nicht gehört. Wir fielen aus der glitzerblauen GNTM-Wolke heraus, wo Covid-19 nie thematisiert wurde, und waren in einer Szene eines apokalyptischen Katastrophenfilms gelandet. Wenn ich heute mit Abstand auf diese Zeit schaue, glaube ich fest, dass Corona ein Brandbeschleuniger für das war, was mich in dieser Zeit getroffen hat. Die Teenies saßen während des Lockdowns daheim, gingen nicht zum Sport, konnten nicht ihren Hobbys nachgehen, hatten Angst um Familienmitglieder oder die eigene Gesundheit. Social Media war das Tor zur Welt und für viele der einzige Kontaktfaden mit anderen. Es gab kaum Ablenkung, aber es gab jeden Donnerstag GNTM, drei Stunden Stoff, um sich aufzuregen, abzureagieren und ein Ventil für die Dinge zu haben, die wir nicht ändern konnten.

Während die einen Berichte über Corona in der Tagesschau als »Lügenpresse«[12] deklarierten, nahmen andere Zuschauer die Inhalte von Reality-TV wie GNTM so ernst, dass sie sich eine Teilnehmerin rauspickten, um sie mit Hass zu bombardieren. Das Fatale war, dass die Hetze im Netz jede Woche neues Futter bekam, ohne dass ich es hätte beeinflussen können. Ich fühlte mich wie an einem mittelalterlichen Pranger angebunden, und das über Monate. Nach jedem Donnerstag kam die Meute vorbei und bewarf mich mit noch mehr Dreck als die Woche davor. Und ich wusste nicht, wo und wie es enden würde.

Auch wenn Studien zeigen sollten, dass Zuschauer wissen, dass Reality-TV kaum etwas mit der Realität, wie wir sie kennen, zu tun hat, braucht es meiner Meinung nach viel mehr Aufklärung. Als ich ein Interview mit Kai Tilgen hörte, da dachte ich nur, diese Shows funktionieren einfach nach klaren Gesetzmäßigkeiten, ein bisschen wie bei einem schlechten B-Movie, wo gezielt alle Stilmittel eingesetzt werden. Kai Tilgen war selbst lange Zeit Regisseur von »Deutschland sucht den Superstar« oder »The Biggest Loser«. Er hat ein Buch über den Bruch mit diesen Casting-Formaten geschrieben und kennt die Mechanismen hinter den Kulissen: »Du spielst ja immer mit der Enttäuschung oder auch mit der Bestätigung der

Erwartung. Und das kannst du ja mit beeinflussen. Auf alle Fälle. Also du hast Kameras, du hast Ton. Und ganz wichtig, du hast den Schnitt. Durch Hinzufügen und Weglassen erzählst du natürlich Geschichten. Du hast die Musik, das sind viele Sachen, die da einfach zusammenspielen – und die man im Schnitt zusammenmischen kann. Und beim Privatfernsehen erzählt man manchmal halt auch Geschichten, die es gar nicht gegeben hat. Oder die es mit diesem Ende nicht gegeben hat, oder die es mit der Konnotation nicht gegeben hat. Das kann man prima machen.«[13] Am Ende geht es schlicht auch darum, die Zuschauer über die ewig langen Werbeblöcke hinaus zu halten. Die Journalistin Mareike Fangmann kommentierte im *Stern* die GNTM-Staffel, an der ich teilgenommen hatte, und brachte es meiner Meinung nach sehr gut auf den Punkt: »Der Sender weiß genau, wie er Szenen zusammenschneiden muss, um eine klare Zicke auszumachen. Gut für die Quoten, gut für die Show. Aber was so etwas mit der gezeigten Person machen kann, hat nun das Drama um Lijana eindeutig gezeigt. Ihre Angst war so groß, dass die Polizei sie schützen musste. Und all das nur, weil sie in einer Unterhaltungsshow im TV unvorteilhaft gezeigt wurde. ProSieben hätte die Kandidatin vorher schützen müssen. Hätte zu ihrem Schutz Szenen weglassen können und damit weniger Hass schüren können.« Sie schlussfolgerte: »Sollte eine Castingshow so mit ambitionierten Mädchen umgehen? Sicher nicht.«[14] Nicht nur Journalistinnen wie Fangmann sahen meine Not und waren der Meinung, dass die Produktionsfirma und der Sender hätten eingreifen müssen. Ich sprach mit dem Cybermobbing-Experten Professor Herbert Scheithauer. Auch er bestätigte mir, dass man mich mehr hätte schützen müssen:

> »Wer schon lange im Showbiz ist, hat womöglich ein dickeres Fell, aber junge Menschen, die unbekümmert auf der Bühne von sich viel preisgeben, werden ins offene Messer laufen gelassen. Bei einem Shitstorm haben Betroffene das Gefühl, das hört ja nie auf. Es gibt keinen privaten Rückzugsort. Man ist 24 Stunden lang dem Geballer ausgesetzt, egal welches Medium man anmacht. Ein Shitstorm dieser Art ist schwer zu bewältigen und kann gefährlich werden. Da die Show schon gedreht war, konnten Sie selbst sich nicht mehr entscheiden, abzubrechen. Ich wünschte mir, dass man mit jungen, im Mediengeschäft unerfahrenen Menschen im Vorfeld sorgsam über die möglichen Gefahren spricht, bevor man sie ins Fernsehen bringt. Die Gefahr ist immer gegeben, dass die Stimmung kippt, auch in eine nicht erwünschte Richtung, die man nicht mehr kontrollieren kann. Hier haben die Medien eine Verantwortung. Man muss erklären, was passieren kann und wie der Plan aussieht, wenn es passiert. Das bereitet junge Menschen, die im Fernsehen auftreten, auf das vor, was kommen könnte. Ich könnte mir vorstellen, dass die mediale Aufmerksamkeit ein verkaufsträchtiges Argument sein kann. Was wäre eine Realityshow, wenn es keine Skandale und Auseinandersetzungen gäbe? Und wer würde sich das dann noch anschauen? Bei GNTM gibt es meines Erachtens ein Zielpublikum, das viel Zeit investiert, sich die Kandidatinnen genau anzuschauen und sie zu vergleichen. Letztendlich geht

es für die jungen Zuschauer vielleicht weniger darum, wer besser modelt. Sie beobachten die sozialen Beziehungen unter den Kandidatinnen und vergleichen, wer aus ihrer Sicht schöner ist oder von der Person her für sie sympathischer ist. Das gehört auch zu den wichtigen Themen von Jugendlichen in diesem Lebensalter. Das macht die Show so interessant für diese Zielgruppe. Was Ihnen passiert ist, kann deshalb Teil des Geschäftsmodells sein. Aber ein Shitstorm, der unkontrollierbar ist, kann Sie schädigen, und das darf meines Erachtens nicht Teil eines Geschäftsmodells sein. Realityshows wie diese können auch eine Art Circus Maximus sein, und Sie haben dabei eine Rolle gespielt, die auch in der Vorauswahl gegebenenfalls auf Sie so zugeschnitten war. Das sollten Zuschauer realisieren können. Deshalb gehört es zur Medienkompetenz, zu verstehen, dass diese TV-Formate keine Realität abbilden und dass man sich davon auch distanzieren kann. Doch das verstehen viele Kinder und Teenager noch nicht in Gänze. Wir erwarten das aber als selbstverständlich von den Jugendlichen, obwohl es selbst Erwachsenen schwerfällt. Das ist eine hohe Kompetenz, in der man gefördert werden muss.«

Hätte ich das alles vorher wissen können? Ich habe mich wissentlich auf den Laufsteg begeben. Aber ich habe nicht wirklich wahrgenommen, dass ich das Produkt einer Dramaturgie war. Ich konnte einfach nicht glauben, dass ich das Bild von mir in der Öffentlichkeit nicht mehr beeinflussen kann. Tatsächlich fühlte es sich aber so an, als hätte ich mit einer Unterschrift die Macht über die Darstellung meines Ichs auf meinem Social-Media-Account Fremden in die Hände gelegt. Und so wurde ich in der Zeit des Lockdowns zu einer Projektionsfläche für Wut, Zorn, Enttäuschung oder Ängste, ohne dass ich es hätte aufhalten können. Momentaufnahmen, halb erzählte Geschichten, dramatische Musik können in den Medien und auf Social Media Meinungsbilder erzeugen, sodass Follower und Zuschauer denken, sie würden alle Facetten eines Menschen kennen. Problematisch wird es, wenn die stummen Zuschauer nur zusehen, wie der Hass einen begräbt.

»Liebe Pap und Mam, ich wurde mein ganzes Leben lang verspottet, gemobbt, gehänselt und ausgeschlossen. Ihr seid fantastisch. Ich hoffe, dass Ihr nicht sauer seid. Auf Wiedersehen, Tim«

Abschiedsbrief von Tim Ribberink (20). Der Niederländer beging 2012 Selbstmord.[15]

Kenneth Weishuhn, 14 Jahre alt, wurde 2012 wegen seines Outings im Internet gemobbt und mit Handynachrichten terrorisiert, er nahm sich daraufhin das Leben.[16]

Rehtaeh Parsons wurde 2011 während einer Party vergewaltigt und fotografiert. Die Täter schickten die Bilder herum, wurden aber nicht gefasst. Anderthalb Jahre später erhängte sie sich im Badezimmer. Sie wurde 17 Jahre alt.[17]

Amanda Todd war 15 Jahre alt, als sie sich 2012 in ihrem Elternhaus in Port Coquitlam in Kanada erhängte.[18]

KAPITEL 3:
»DU HAST ES DOCH VERDIENT!«

WIE DIGITALE GEWALT DIE SEELE UND DEN KÖRPER KRANK MACHT UND WARUM ES SO WICHTIG IST, SICH HILFE ZU SUCHEN

Ich fühlte mich unfassbar allein, denn als der Shitstorm auf dem Höhepunkt war, begann auch der Lockdown. Auch innerhalb der Familie wurden alle Kontakte auf das Nötigste zurückgeschraubt, was meine Einsamkeit noch schlimmer machte. In meiner größten Krise fiel mein stärkster Anker weg. Ich wusste nicht, an wen ich mich noch wenden konnte. Der Ratschlag, doch einfach das Handy nicht einzuschalten, war nicht umsetzbar, denn es war die einzige Möglichkeit, überhaupt mit den engsten Menschen um mich herum in Kontakt zu bleiben. Ich spürte an den Reaktionen anderer, was im Netz passierte und wie schlecht es besonders meiner Mutter in dieser Situation ging.

Mit mir daheim auf dem Sofa habe ich mich in Gedankenspiralen verloren. Wie kann man das mit Menschen machen, fragte ich mich die ganze Zeit. Solange ich denken kann, habe ich mich sozial engagiert. Ich bin doch ein guter Mensch, oder nicht? Die Schere zwischen dem Bild, das von mir im Netz gezeichnet wurde, und meinem

Selbstbild ging sehr weit auseinander. Denn jeder Kommentar stellte alles infrage, was ich im Laufe meines kurzen Lebens erreicht hatte.

Meiner Familie ist es immer wichtig gewesen, der Gesellschaft etwas zurückzugeben. So lernte ich schon von Kindesbeinen an, mich zu engagieren. Bereits mit zwölf Jahren betreute ich Grundschüler in einem Ferienlager. Nach meinem Abitur arbeitete ich wie meine älteren Schwestern auch als Assistentin für Menschen mit Behinderung. Damals kümmerte ich mich täglich um ein zehnjähriges Mädchen, das kaum sprechen konnte. Ich wickelte sie mehrmals am Tag, weil sie keine Kontrolle über ihre Blase hatte. Jeden Morgen holte ich sie vom Schulbus ab und brachte sie in ihre Klasse. Wir konnten uns über ein elektronisches Pad verständigen. Irgendwann begann sie, wenn sie aus dem Schulbus stieg und mich sah, laut »Lilli« zu rufen, das einzige Wort, das sie gut rausbrachte. Über mehrere Jahre betreute ich eine 27-jährige Rollstuhlfahrerin mit Muskelschwund und begleitete sie auf dem Weg zur Arbeit. Ich war so etwas wie ihre Hände, Füße und ihre Muskelkraft. Schon das Hochheben einer Tasse Kaffee war ihr zu schwer. Zwischen uns entstand eine sehr schöne Freundschaft.

Ich habe mich eigentlich immer als hilfsbereite Person wahrgenommen, die andere Menschen mag. Doch als mir die GNTM-Redaktion zusammen mit dem Taff-Reporter Christian Düren in der fünften Sendung den #Fake verpasste, war es um meinen Ruf im virtuellen Raum gänzlich geschehen. »Ich finde, dass du mit diesen Fotos zeigst, dass du Fake bist«, hatte der Journalist in der Sendung zu mir gesagt. Danach ging ein Foto von mir durch die Presse, auf dem ich meinen Kopf in einen Bilderrahmen steckte, mit einer Leinwand, auf der #Fake gemalt war. Erst später konnte ich die Logik dahinter verstehen. Die Medienwissenschaftlerin Claudia Töpper hatte mir im Interview erklärt, wie am Anfang einer Staffel noch viele Facetten einer Kandidatin gezeigt werden, um im Laufe der Staffel bestimmte Züge zuzuspitzen. Dafür werden gern Extremsituationen aufgegriffen und zum Thema gemacht. Nicht umsonst gab es bei mir den Hashtag #Fake, denn es ist ein beliebtes Element, um so beim Zuschauer bewusst Reaktionen hervorzurufen. Die Follower sprangen auf das Buzzword an und übernahmen #Fake im Internet sofort in ihre Hasskommentare. Ob auf Insta, Facebook oder in der Show – egal, was ich machte, ich wurde als Fake-Mensch wahrgenommen. Habe ich mich 23 Jahre lang immer falsch gesehen? Ich hatte Angst, dass selbst meine Familie mich nicht mehr mögen könnte. Mit der Zeit fragte ich mich, ob ich vielleicht doch alles in meinem Leben aus Kalkül gemacht hatte, dass ich Behinderten nur geholfen habe, um anderen zu gefallen. Ich wusste plötzlich gar nicht mehr, wer ich wirklich bin, und ich entfernte mich immer weiter von mir selbst. Nicht einmal meine Gefühle konnte ich mehr deuten.

Dann fing ich an, mich immer mehr zurückzuziehen. Schon mittwochs entwickelte ich eine enorme Angst vor dem, was am Donnerstag wieder im Fernsehen zu sehen sein würde. Ab da habe ich keine Sendung von GNTM mehr geschaut, ich hatte mit der Staffel innerlich abgeschlossen. Jedes Mal dachte ich darüber nach, was es Schlimmes geben könnte, was ich vor drei Monaten während des Drehs gesagt hatte. Wenn ich morgens aufwachte, hatte ich Panik, dass mein gesamtes Umfeld sich endgültig von mir abwenden würde mit den Worten: »Jetzt erkennen wir es auch, Lijana hat uns immer nur etwas vorgespielt.« In meinen Albträumen hatte meine Mutter ein öffentliches Interview gegeben, dass sie sich von ihrer Tochter distanziere, sie sei wirklich so, wie im Fernsehen. Ich konnte mich in dieser Phase am nächsten Morgen an jeden Traum erinnern, so plastisch und real waren die nächtlichen Bilder.

Tagsüber habe ich viel geweint. Ich war in einer Blase gefangen, in die keiner eindringen konnte. Es fühlte sich so an, als ob sich alle um mich herum auf die andere Seite gestellt hätten. Larissa war die einzige Freundin in der Staffel, die fest zu mir hielt. Auch sie traf der Hass frontal. Ich hatte Schuldgefühle, weil sie zu mir gehalten hatte. Meine Albträume spitzten sich weiter zu, sodass ich sogar Angst hatte, abends einzuschlafen. Irgendwann konnte ich auch nichts mehr essen. Mir fehlte jegliche Kraft zum Aufstehen. An Aufräumen war nicht zu denken. Der Boden war bedeckt mit Kleidung, Essenskartons, Büchern und Dreck. Die Futterreste meines Hundes gammelten vor sich hin. Anfangs habe ich noch geduscht, irgendwann stellte ich auch das ein. Es war so, als hätte das Leben die Wohnung und mich verlassen. In und um mich herum war totale Leere.

Die Produktionsfirma kontaktierte mich eines Tages. Sie berichteten, so etwas Extremes hätten sie in der ganzen GNTM-Zeit noch nicht erlebt. Sie meinten, wenn die Ausstrahlung vorbei sei, dann höre auch der Shitstorm auf. Doch das beruhigte mich gar nicht, und so bettelte ich darum, nichts mehr von mir im Fernsehen zu zeigen, mich einfach rauszuschneiden. Oder aber ein besseres Bild von mir zu zeichnen. »Ich habe doch auch gute Momente gehabt, zeigt doch einfach die guten Bilder«, bat ich. Sie versprachen mir, die nächsten Folgen zu entschärfen. Ich war auch mit einem Psychologen des Senders in Kontakt, der die Folgen vorab anschaute und mich auf die nächste Ausstrahlung vorbereitete. Ich bin so schlimm, dass sie mich entschärfen müssen, dachte ich. Den Shitstorm entschärfte es jedoch nicht. Ganz im Gegenteil, ich wurde sogar unter Polizeischutz gestellt. Wie schlimm muss ich sein, dachte ich nur. Meine Selbstentfremdung wuchs.

Hatte ich anfangs noch jeden sechsten oder siebten Anruf angenommen, fehlte mir schließlich jegliche Energie, mein Handy an den Strom anzuschließen und wieder aufzuladen. Ich brach den Kontakt zur Außenwelt einfach ab. Mehr als zwei Wochen verharrte ich in diesem Zustand. »Es ist besser, wenn du dich umbringst.« Der Kommentar traf mich tief, und ich verinnerlichte ihn. Ja, dachte ich, dann könnten alle um mich herum, meine Familie und Freunde endlich wieder glücklich sein. Denn ich bin der Grund, warum es ihnen schlecht geht. Dann muss auch keiner mehr wegen mir leiden. Glaubenssätze wie diese übernahmen die Oberhand in meinen Gedanken.

Jetzt wurde es gefährlich. Rückblickend sehe ich, wie krank meine Psyche schon war. Es fällt mir schwer, darüber zu sprechen, wenn ich daran zurückdenke. Denn aus heutiger Sicht könnte ich mir niemals vorstellen, mir das Leben zu nehmen. Ich kann nur jedem in dieser Situation ans Herz legen, sich sofort Hilfe zu suchen. Meine Gedanken waren wie ein Tunnel, aus dem ich nicht mehr herausfand. Ich überlegte mir ernsthaft, wie und wann ich aus dem Leben gehen würde. Ich hatte nach Selbstmordmöglichkeiten gegoogelt. Dort las ich, Tabletten würden einen in den

Überlebenskampf treiben, auch Ertrinken war keine Option. So entschied ich mich für das Erhängen. Ich hatte zwar ganz rationale Gedankengänge, aber wie völlig fern vom Leben das alles war, verstand ich erst viel später. Stattdessen wurden die Bilder immer konkreter. Ich wollte es in der Natur machen, da, wo ich immer glücklich war, fern vom Hass der Menschen.

Beinahe wäre ich wegen einer Fernsehshow und Kommentaren von mir völlig fremden Menschen im Netz gestorben. Was für ein Irrsinn! Es dauerte noch sehr lange, bis ich erkannt hatte, dass nicht ich, sondern das Bild von mir im Fernsehen #Fake war. Aber damals erschien mir der Tod als der einzige Ausweg. Ich war der festen Überzeugung, eine Zeit nach GNTM könne es gar nicht geben.

Es war mal wieder ein Donnerstag. Meine Schwester wusste, dass es mir an diesem Wochentag immer besonders schlecht ging. Plötzlich stand sie mit ihrer Tochter vor meinem Haus und klingelte Sturm. Es dauerte eine Ewigkeit. Sie gab nicht auf. Ich wollte nicht aufstehen, mich nicht mehr bewegen, ich lag starr auf dem Sofa. Doch dann nahm ich meine Kräfte zusammen und drückte auf den Türöffner. Beide stürmten in die Wohnung, nahmen mich in den Arm und wollten mich einfach nicht mehr loslassen. So standen wir zu dritt im Flur, drei Frauen fest verschlungen. Da ist Körperkontakt, schoss es mir durch den Kopf. Dabei fiel die Anspannung langsam von mir ab. Meine Schwester drückte mich fest an sich und so lange, bis ich ihren Herzschlag spüren konnte. Er war schnell und stark. In dem Moment hat auch mein Herz wieder angefangen zu schlagen. Zu fühlen, ich bin nicht allein, brachte mich zurück ins Leben. »Wir wissen, wer du bist«, sagte sie nur leise. Als ich die Sorge in ihren Augen sah, ihre Angst, mich zu verlieren, da überkam mich die Erkenntnis, dass Selbstmord das Schlimmste gewesen wäre, was ich meinen Liebsten hätte antun können. Ab da ließ mich meine Familie trotz des Lockdowns nicht eine Minute mehr allein.

Jedes Mal, wenn ich Meldungen oder Artikel über Cybermobbing und Suizid lese, zucke ich innerlich zusammen. So auch bei einem Artikel über die Ex-GNTM-Teilnehmerin Kasia Lenhardt. Sie kam 2012 ins Finale und wurde Vierte. Die alleinerziehende Mutter arbeitete danach als Model und Schauspielerin. Als die Beziehung mit dem Nationalfußballspieler Jerome Boateng in einer öffentlichen Schlammschlacht endete, wurde sie nicht nur von der Boulevardpresse gejagt. Gehässige Posts auf Promi-Blogs und ein Shitstorm im Netz setzten der jungen Mutter enorm zu. Am sechsten Geburtstag ihres Sohnes nahm sie sich 2021 das Leben. Auch wenn von außen nicht ersichtlich ist, welchen Anteil die Häme aus dem Netz an ihrem Selbstmord hatte, so löste ihre Entscheidung für den Freitod eine der vielen öffentlichen Debatten um Cybermobbing aus.[19]

Der Druck einer großen Öffentlichkeit kann wie eine bleierne Decke über einem Menschen liegen. So war ich ebenfalls erschüttert über den Suizid von Lisa-Maria Kellermayr. Als ich im August 2022 in den Nachrichten über den Selbstmord der österreichischen Ärztin hörte, konnte ich nachfühlen, was sie in den Tod getrieben hatte. Sie war in den Fokus der Öffentlichkeit geraten, weil sie sich als Expertin für die Covid-19-Impfung ausgesprochen hatte. Danach verfolgten sie Impfgegner, aufgestachelt durch organisierte Telegram-Gruppen, auch im realen Leben. Einige drohten mit Mord, andere hatten sich als Patienten getarnt in ihre Praxis geschmuggelt, Videos gedreht, um sie später im Netz zu veröffentlichen. Kellermayr wurde schließlich tot in einem ihrer Behandlungsräume aufgefunden. Die Angst vor der Angst, die ohne fremde Hilfe schwer in den Griff zu kriegen ist, lässt sich schwer ertragen. Selbst die Medizinerin war nicht vor der Übermacht dieser Gefühlsspirale gefeit. Sie wusste genau, an wen man sich im Notfall wendet, konnte es aber für sich nicht umsetzen. Zum Glück passiert es nicht so oft, dass Menschen den Freitod wählen, wenn sie von digitaler Gewalt betroffen sind. Trotzdem: Das Bündnis gegen Cybermobbing zeigte in einer repräsentativen Umfrage unter 1500 deutschen Schülern, dass schon jeder oder jede fünfte Betroffene Selbstmordgedanken hegt. Andere Studien beschäftigten sich bereits vor zehn Jahren mit dem Zusammenhang zwischen Selbstmordgedanken und Cybermobbing. Hier zeigen sich sogar noch stärker Suizidgedanken als beim herkömmlichen Mobbing.[20]

Als 2012 diese Studien gemacht wurden, gingen etliche erschütternde Cybermobbingfälle durch die Weltpresse, die im Suizid endeten. Besonders bekannt ist die Geschichte von Amanda Todd aus Kanada. Ihre Geschichte berührte mich besonders, weil keiner ihren Hilfeschrei im Internet ernst genommen hatte. Sie war erst 15 Jahre alt, als sie sich erhängte. Heute wäre sie so alt wie ich. Ein fremder junger Mann hatte sie im Netz überredet, sich vor einer Webcam auszuziehen. Mit diesen Fotos erpresste er sie erst, dann veröffentlichte er die Bilder auf Facebook. Amanda wurde danach von ihren Mitschülern massiv gemobbt, auch ein Schulwechsel brachte nichts. Fremde Männer fragten sie auf der Straße, ob sie nicht mit ihnen schlafen wolle. In einem fast neunminütigen Schwarz-Weiß-Video auf YouTube erzählte sie auf handgeschriebenen Zetteln, die sie in die Kamera hielt, ihre Geschichte und schildert ihre dramatische Situation. Das Video ist mit Musik unterlegt. »I have nobody«, stand als stummer Schrei auf einem Blatt. Amanda zeigte am Ende ein erschütterndes Foto von ihren Selbstverletzungen am Arm.[21] Mehr als 14 Millionen Aufrufe hat das eindringliche Video bis heute. Im Sommer 2022 rückte Amandas Film wieder in die Diskussion, denn zehn Jahre nach ihrem Tod stand endlich der Mann, der sie damals fotografiert und dem Mob preisgegeben hatte, in Kanada vor Gericht. Der Niederländer ist heute in den Vierzigern.

»Wenn ich Amanda heute eine Botschaft sagen könnte, dann wäre es die, dass wir immer an sie geglaubt haben. Sie ist nicht mehr unter uns, aber vielleicht beobachtet sie uns jetzt irgendwo. Das ist heute ihr Moment«, sagte ihre Mutter beim Schuldspruch, obwohl es noch kein Strafmaß gab.[22]

In Europa wurde 2012 der Fall von Tim Ribberink aus den Niederlanden bekannt. Der 20-Jährige hatte sich erhängt, nachdem er von seinem Umfeld auch im Internet über lange Zeit gemobbt wurde. Die Eltern hatten eine Todesanzeige in ihrer Heimatzeitung geschaltet und darin auch den Abschiedsbrief ihres Sohnes abdrucken lassen. »Mama und Papa, seid mir nicht böse!« Wenn ich diesen Satz lese, erinnere ich mich immer wieder an die Schuldgefühle gegenüber meiner Familie. Diese extremen Beispiele verdeutlichen, wie gefährlich Cybermobbing werden kann. Es muss aber nicht so weit kommen. Inzwischen gibt es viele Anlaufstellen. Dazu gehören die Telefonseelsorge oder die »Nummer gegen Kummer« und karitative Einrichtungen vor Ort, die sich immer besser mit dem Thema Cybermobbing auskennen. Wenn jemand selbst nicht mehr die Kraft findet, sollten diese Aufgabe die Nächsten übernehmen. Doch warum hatte es mich so stark getroffen? Ich wollte mehr wissen und die Mechanismen verstehen, wie Cybermobbing in unsere Seele eingreift. Ich sprach deshalb mit Ira-Katharina Petras, Klinische Psychologin und wissenschaftliche Mitarbeiterin am Universitätskrankenhaus Bethel in Bielefeld an der Klinik für Kinder- und Jugendpsychiatrie und Psychotherapie. Petras hat ein Grundlagenbuch zum Thema »Cybermobbing im Kindes- und Jugendalter« zusammen mit Professor Dr. Franz Petermann geschrieben, der an der Universität Bremen unter anderem Gewaltpräventionsprogramme entwickelt hat. Sie weiß, was passieren kann, wenn die Möglichkeiten des Netzes missbraucht werden, und erzählte mir aus ihrem Arbeitsalltag:

> »Die Jugendlichen, die hier stationär auf die offene Therapiestation aufgenommen werden, sind zwischen 13 und 18 Jahre alt, und unsere Betten sind immer belegt. Wer den Weg hierhin findet, leidet zum Beispiel an Depressionen, an einer posttraumatischen Belastungsstörung, Zwangsstörungen oder Ängsten. Es gibt nicht die Diagnose ›Folgen durch Cybermobbing‹ oder eine Leitlinie für die Behandlung von Cyberbullying, aber öfters gehört digitale Gewalt zur Krankengeschichte vieler Jugendlicher. Trifft sie einen jungen Menschen in einer sensiblen Lebensphase, dann kann es schwerwiegende Folgen haben. Nicht selten wirkt sich das Erlebnis sogar auf das ganze weitere Leben aus. So können sich Glaubenssätze wie ›Ich bin nicht liebenswert‹ manifestieren.

Das kann später dazu führen, dass man in einer Partnerschaft oder im Beruf sich weniger zutraut oder auch Angst hat, etwas zu sagen, besonders wenn einem Unrecht widerfährt. Und das alles nur, weil sich jemand in der Jugend- oder Studienzeit ›einen Spaß‹ gemacht hat. Wie schwer der Cybermobbingvorfall jemanden trifft, wird von vielen Faktoren beeinflusst, wie die Dauer, Stärke oder auch die Größe der Gruppe, die von den Beleidigungen und Bloßstellungen Bescheid wusste. Während die einen es als besonders schlimm empfinden, die Cyber-Täter gar nicht zu kennen, ist für andere die Anonymität viel leichter zu ertragen. Cybermobbing wird teils auch als wesentlich bedrohlicher empfunden, wenn die Opfer die Täter kennen. Deshalb ist es für Jugendliche extrem dramatisch, wenn sie von jemandem aus der Clique oder in der Klasse gemobbt werden. Der ›Gemeinheitsgrad‹ wird demnach ganz individuell von einem Opfer wahrgenommen. Dabei spielt auch das Alter eine entscheidende Rolle. Während ein Jugendlicher noch nicht gelernt hat, sich abzugrenzen, haben Ältere andere Bewertungsmuster und auch andere emotionale Bewältigungsstrategien. Ab einem gewissen Alter können sich Menschen oftmals besser von einem Geschehnis distanzieren, nehmen Hasskommentare oder Verunglimpfungen weniger schlimm wahr. Wie gut ein Erwachsener mit digitaler Gewalt umgehen kann, hängt aber auch davon ab, wie und wann er persönliche Entwicklungsstufen durchlebt hat. Während die einen gelassen bleiben, andere panisch werden, gibt es auch Betroffene, die aggressiv reagieren, weil sie sich angegriffen und in die Ecke getrieben fühlen.

Die Verunsicherung und auch der Kontrollverlust über das eigene Leben führen dann zu einer inneren Kampfhaltung, man ist generell dünnhäutiger. Betroffene verharren zum Teil in einer Habachtstellung, weil sie denken, dass alle um sie herum über einen reden oder gar lachen. Geht das über einen längeren Zeitraum, führt das zu einem Gewöhnungseffekt. Wer digitale Gewalt erlebt hat, braucht deshalb viel Zeit, um innere Ruhe zu finden und wieder das Vertrauen zu Menschen aufzubauen. Manchmal kann das Jahre dauern. Ist die seelische Verletzung besonders tief, kann nur eine enge psychotherapeutische Begleitung den Opfern helfen.

Aber nicht jeder, der von Cybermobbing und digitaler Gewalt betroffen ist, muss automatisch zum Psychotherapeuten. Das ist von Fall zu Fall unterschiedlich. Es kommt auch ganz stark auf das Umfeld an. Wenn Eltern mit ihren Kindern mitleiden und selbst involviert sind, helfen Familiengespräche während der psychotherapeutischen Behandlung. Familienangehöre können sich an entsprechende psychologische Beratungsstellen wenden, wenn der Leidensdruck zu groß wird. Auch eine Pause vom Job kann entlasten.«

Wie wichtig die Rückendeckung durch Familie und Freunde ist, erlebt Petras in ihrer Arbeit immer wieder. Eine Patientin erzählte ihr einmal: »Ich wünschte, ich hätte Diabetes. Mein Umfeld würde mich dann wenigstens verstehen. Um mich herum denken alle, ich strenge mich gar nicht an oder ich sei faul. Das fühlt sich für mich wie ein weiterer Schlag ins Gesicht an.« »Ich finde es bedenklich, dass jemand sich lieber eine chronische Krankheit wünscht, um die entsprechende Zuwendung zu bekommen, weil dann das Leid einfach fassbarer ist«, sagte die Psychologin zu mir.

Auch ich kämpfe immer wieder mit diesem Unverständnis. Meine seelischen Narben sind für alle unsichtbar. Hätte ich mir einen Arm gebrochen, wäre es wahrscheinlich vielen leichter gefallen, mir zu helfen. Ich selbst habe den Shitstorm wie einen Mord an meinem Inneren wahrgenommen. Ich war innerlich tot, aber nach außen lebte ich. Die Studie des Neurobiologen Joachim Bauer, die ich gelesen habe, half mir dabei, eine Erklärung zu finden. Er hat nachweisen können, dass das Schmerzzentrum ebenso auf Ausgrenzung und Demütigung reagiert wie bei körperlichen Wunden.[23] Die Erkenntnis, dass sich psychische und körperliche Gewalt in unserem Gehirn ähnlich auswirken, erklärt, warum Cybermobbing so wehtut. Nur weil die Gewalt im virtuellen Raum entsteht, ist sie trotzdem real und wirkt sich in jeder Minute aus. Die ständige Unsicherheit, ob man von Menschen umgeben ist, die es womöglich nicht gut mit einem meinen, die Isolation und die fehlende Perspektive auf eine heitere Zukunft, das löste viele unterschiedliche Gefühlszustände in mir aus. Aber auch Angst vor Menschen, Einsamkeit, Hilflosigkeit, Aggression, Wut und Zorn überkamen mich.

Doch viel schwerwiegender ist, dass Cybermobbing tief ins System eingreift. »Die seelischen Wunden können eine Depression verstärken oder einen großen Anteil an der Entstehung beitragen«, erklärte mir Ira-Katharina Petras. Panikattacken oder Selbstverletzungen seien keine Seltenheit. In ihrem Buch finde ich dazu eine Metaanalyse von US-Forschern. Sie weist einen starken Zusammenhang zwischen Cybermobbing und Alkohol-, Tabletten- und Drogenkonsum auf.[24] Somatische Störungen wie Kopf- und Bauchschmerzen, Bruststechen oder Schlafprobleme sind demnach typische Begleitbeschwerden. Auch ich litt zeitweise darunter. In Studien konnte man bei Opfern zudem einen wesentlich höheren Cortisolspiegel nachweisen. Das Hormon aus der Nebenniere versetzt den gesamten Körper in Alarmbereitschaft. Und je länger die digitalen Mobbingattacken andauern, umso weitreichender sind die Folgen. »Das Stresserleben ist nachweislich höher. Langfristig neigt man dann zu mehr Entzündungen, wie zum Beispiel in der Blase oder im Hals. Cybermobbing macht einfach krank«, fasste Petras es in deutlichen Worten zusammen.

Auch wenn das Handy das technische Einfallstor für die Cyberattacken ist, will die Psychologin es nicht verteufeln. Social Media könne bei der Identitätsbildung und -findung sehr hilfreich sein. Bei der Therapie werden deshalb digitale Medien nicht ausgeschlossen. Das Forscherteam der Universitätsklinik, in dem auch Petras arbeitet, hat eine Therapie-App sowie eine Medienkompetenzgruppe für Jugendliche entwickelt, für die sich bundesweit Kliniken interessieren. Die App soll die Jugendlichen bei der Behandlung unterstützen. Doch Social Media ist auf der Station tabu. Wie wichtig das ist, zeigt sich im Klinikalltag immer wieder. Erst Letztens habe eine Patientin Petras eine Nachricht von einem ihrer Mobber gezeigt. »Hey, du bist doch gerade in der Klappse. Hast es doch nicht geschafft, dich umzubringen.« Ganz am Schluss kam noch der Einschub: »Mein Leben hier draußen ist viel schöner.« Ich war fassungslos. Selbst wenn man schon am Boden liegt, fehlt manchem Mobber jegliches Gefühl der Anteilnahme.

Ganz im Gegenteil. Solche Fußtritte in die Seele treffen dann noch härter.

Ich musste zwar nicht in eine Klinik, aber auch ich habe mir psychologische Hilfe geholt. Wenn ich jemanden neu kennenlernte, war ich erst einmal misstrauisch. Doch auf meine Familie und meinen stabilen Freundeskreis ist immer Verlass. Dieses Wissen war mein Glück. Seit dem Ausstieg im GNTM-Finale steht mir eine Psychologin zur Seite, denn die akute Belastungsreaktion hatte bei mir viel ausgelöst. Wir arbeiten nun in den Sitzungen unter anderem an meiner inneren Haltung. Wie gehe ich in Situationen hinein, und wie ist meine Erwartungshaltung gegenüber Menschen? Wie sehe ich mich selbst, und wer möchte ich sein? Ich erkenne die Stellschrauben, um mein Schutzschild stabil zu halten.

Ich kann mich bis heute nicht sicher fühlen, ob und wann meine Erlebnisse mich wieder einholen. Vergangenes Jahr war es noch extrem fragil. Der Shitstorm war schon Monate her, und ich hatte mich auf Social Media ruhig verhalten. Ich fühlte mich stärker und entschloss mich, ein Video zum Start der neuen GNTM-Staffel auf YouTube hochzuladen. Die Aufmerksamkeit war enorm, und der darauffolgende Rechtsstreit mit der Produktionsfirma von Heidi Klum brachte mich schlagartig zurück ins Licht der Öffentlichkeit. Obwohl ich überwiegend Zustimmung bekam, kam ich mit der positiven Rückmeldung auch nicht klar. Als plötzlich auf einem Festival eine junge Frau auf mich zukam, mich für meinen Mut lobte und sich vor mir verneigte, hätte ich mich eigentlich freuen müssen. Stattdessen stieg Panik in mir auf. Ich war wieder wie gelähmt. Eine Art Flashback erfasste mich. Ich suchte mir zusätzlich psychiatrische Hilfe und wurde auf ein Antidepressivum eingestellt, denn man hatte die Sorge, dass die Suizidgedanken wiederkommen könnten. Ich fühlte mich trotz aller positiven Ereignisse leer. Selbst wenn ich an glückliche Momente zurückdachte, konnte ich die Erinnerung an das Gefühl von Glück nicht abrufen. Heute weiß ich, dass das Cybermobbing nicht nur tiefe Spuren in mir hinterlassen hat. Es ist zu einem Teil von mir geworden.

MEINE REDE IM GNTM-FINALE

»Wie viele Menschen liebst du? Einen, zwanzig, hundert? Liebe ist etwas ganz Besonderes. Sie ist so mächtig und groß, dass wir sparsam mit ihr umgehen. Aber genauso mächtig ist auch der Hass. Wieso also gehen manche Menschen so viel großzügiger mit Hass um? Ich kann den Hass in mir groß machen, wenn ich ihm nur genug Futter gebe. Aber ich werde denn Hass nicht füttern! Ich kümmere mich nicht um den Hass. Ich wende mich der Liebe zu. In den letzten 16 Wochen habe ich meinen Traum erlebt. Ich habe gelacht, geweint und gekämpft, manchmal ein bisschen zu viel. Damit habe ich andere verletzt, und das tut mir aufrichtig leid. Die Wörter auf meinem Mantel sind nur ein Teil dessen, was mich traf. Den Beleidigungen folgten Bedrohungen und letztlich Taten. Gegen mich, gegen meine Familie, sogar gegen meinen Hund. Viele sind an solchen Taten schon zerbrochen. Aber wenn man genug Liebe in sich trägt, kann der Hass einfach nicht gewinnen. Ja, ich habe gelitten und war verzweifelt, aber ich habe auch gelernt und bin daran gewachsen. Ich habe wieder Vertrauen in mich selbst, mehr als jemals zuvor. Vor allem der Rückhalt meiner Familie hat mich aufgefangen. Ich danke euch so sehr dafür! Ich danke auch meinen Supportern und all denjenigen, die mir die Chance hierfür gegeben haben. Meinen Wert kann nur ich festlegen, und keine Hater, kein Hass, nicht von Menschen, die mich nicht kennen, Menschen, die mich nur verlieren sehen wollen. Ich habe schon gewonnen, denn ich habe mehr erreicht, als ich mir je erträumt habe. Ich werde nicht mehr das Futter sein für noch mehr Hass, denn ab jetzt höre ich nur noch auf mein Herz.

Und deswegen verzichte ich auf das Finale, denn

Love always wins!

Und mein Sieg ist Glückseligkeit.«

KAPITEL 4:
LASS DICH NICHT VON JEDEM PFEIL TREFFEN!

WARUM HOFFNUNG SO WICHTIG IST UND WIE BETROFFENE IHR SCHUTZSCHILD STÄRKEN KÖNNEN

In der heißen Phase bekam ich plötzlich Support von einer anderen Seite. »Peter Sommerhalter vom Bündnis gegen Cybermobbing«, meldete sich eine ruhige Stimme am anderen Ende. Meine Tante war bei ihren Recherchen auf den Verein gestoßen, der Betroffenen von Cybermobbing hilft. Peter arbeitete schon seit fast 20 Jahren an der Front und wusste, wie er mich durch die Situation lotsen musste.

Als mir Peter sagte, »Lijana, das ist Cybermobbing, das ist seelische Gewalt«, realisierte ich erst meine Situation. Es mag verrückt klingen, aber ich wusste anfangs wirklich nicht, was mich da heimsuchte. Ich hatte irgendwie kein Wort dafür. Selbst Fachleute haben bis heute keine eindeutige Definition für Cybermobbing, im Englischen auch Cyberbullying genannt. »Schikanieren, Diffamieren von Personen über das Internet«, steht lapidar im Duden, wo das Wort 2009 aufgenommen wurde. »Ein Mensch oder eine Gruppe von Menschen wird mit digitalen Hilfsmitteln über einen langen Zeitraum beleidigt, bedroht oder beschimpft«, lese ich auch häufig. Doch die Wissenschaft konnte sich bisher nicht auf klare Kriterien einigen. Das wundert mich nicht. Denn was ist eine Bedrohung? Wenn mir jemand ein Messer an die Kehle hält oder wenn mir jemand schreibt, er würde mir gern das Messer an die Kehle drücken? Und wie lange dauert ein längerer Zeitraum? Reden wir hier von Wochen oder mehreren Monaten? Viele Betroffene empfinden schon wenige Tage als unerträglich. Und wen es trifft, der will nur eins: Es soll sofort aufhören. Was ich anfangs erlebt habe, wird als Shitstorm bezeichnet, also lauter Scheiße, die auf einen herabregnet. »Lijana, dafür habe ich keinen Ausknopf. Ich kann nichts stoppen«, sagte Peter ruhig zu mir. Das Gute an einem Sturm sei hingegen, dass er irgendwann wieder aufhört. Fragte sich nur wann? Das konnte mir kein Wissenschaftler sagen.

Das Erste, was Peter aber gemacht hat, war, mich wieder aufzurichten und mich aus der Negativspirale herauszuholen. »Es stimmt überhaupt nicht, was die Menschen im Netz über dich sagen. Du bist ein liebenswerter Mensch. Du solltest es dir gar nicht zu Herzen nehmen, weil diese Leute dich gar nicht kennen. Sie fällen ein Urteil über dich, obwohl sie noch nie ein Wort mit dir gesprochen haben«, sagte er zu mir. Das wiederholte Peter in den folgenden Telefonaten immer und immer wieder. Es war wie ein Positiv-Mantra. Er sprach auch viel mit meiner Mutter und spiegelte mir zurück, wie sehr meine Familie mich liebt. »Sie wissen, dass du ein gutes Herz hast und lieben dich dafür. Wer so eine Familie hat, muss einfach ein sehr lieber Mensch sein.« In unseren ersten Gesprächen lenkten wir den Fokus nur auf das Positive.

Ich habe über die Zeit viele Ratschläge bekommen. »Meide die Öffentlichkeit, zeige dich doch einfach nicht mehr«, war ein Vorschlag. Andere zielten auf das Berufliche. »Hör doch einfach mit GNTM auf, wenn es dir nicht guttut« oder »Vielleicht ist es besser, nicht mehr zu modeln, wenn du deshalb gehasst wirst. Du wolltest doch eh Lehrerin werden«. Andere meinten, ich solle einfach umziehen, wenn die Hater bei mir vor der Tür stehen. Doch warum sollte ich das tun? Ich wohne seit Jahren in meiner Wohnung, und keiner kann mir garantieren, dass es mir in einer anderen Straße oder Stadt nicht genauso ergeht. So lieb die Ratschläge gemeint waren, sie konnten mir leider nicht helfen. Eins hatte mir nämlich GNTM gezeigt: Modeln machte mir nicht nur Spaß, es war wirklich eine Passion und Option für eine berufliche Zukunft. Und damals wollte ich das auf keinen Fall aufgeben. Ich wollte damit Geld verdienen. Die Flucht aus meiner Wohnung, meiner Heimat oder gar aus dem Internet kam für mich auch nicht infrage.

»Beim Cybermobbing kommen die Pfeile aus allen Richtungen, man weiß auch nicht woher. Man hält sein Schild hoch, versucht, sich zu schützen. Doch der Arm wird mit der Zeit immer schwächer. Spätestens, wenn man getroffen wurde und am Boden liegt, braucht es jemanden, der das Schild übernimmt, schützend über dich hält und dich erst mal unter ein sicheres Dach bringt«, erklärte mir Peter. Er kennt die perfiden Mechanismen beim Cybermobbing. Meine Mutter oder meine Geschwister, sie waren zu nah dran, denn sie waren selbst Betroffene.

»Auch wenn es schwerfällt, lies ab jetzt keine Kommentare mehr, keine Nachrichten, die du über Social-Media-Kanäle bekommst. Kappe am besten den Kontakt zu deinen Zuschauern«, empfahl mir Peter als Erstes. »Antworte auch nicht auf die Kommentare oder rechtfertige dich. Denn das gibt denjenigen, die dich zu hassen glauben, neues Futter.« Ignorieren, nicht reagieren, keine neue Provokation! Mit jedem Signal, das ich in die Öffentlichkeit sende, mit jeder Antwort unter einem Post von einem Hater, würde ich momentan nur weiter Öl ins Feuer gießen. Für jeden anderen Betroffenen wäre das ein absolut wichtiger erster Schritt gewesen. Aber bei mir funktionierte dieser Rat nicht. Auch wenn ich nichts machte, es tat ja jemand anderes für mich. Mit jeder GNTM-Ausstrahlung begann der Sturm aufs Neue. So kursierten immer neue Geschichten über mich. Es war wie ein Tsunami, der kommt und geht, und wo die Wellen gar nicht auslaufen können.

Es war eine Magazinsendung von RED, eine Promiklatschsendung, die jeden Donnerstag nach GNTM gesendet wird, welche den nächsten Pfeilregen auslöste. Für einen Beitrag sollte ich mir Boxhandschuhe anziehen und in die Kamera sagen: »Ich mache sie fertig, ich mache alles, um sie zu besiegen.« Gleich danach wurde die Geschichte meiner Konkurrentin Maribel erzählt, die mit 16 Jahren bei einem Autounfall ihre Eltern und Geschwister verloren und als Einzige überlebt hatte. Erst ich mit Boxhandschuhen, dann Schnitt, dann schwenkt die Kamera über das Grab von Maribells Familie. Schnitt. Maribel erzählte in die Kamera, wie sehr sie ihre Eltern und Geschwister vermisst. Eine Freundin von mir, die den Beitrag gesehen hatte, sagte mir hinterher: »Das ist ja pietätlos gegenüber Maribel. Die kennen ja gar keine moralischen Grenzen.« Die Boxkampfszene erzeugt allein in einer Competition ja keine schlechte Stimmung, doch die Kombination mit dem Folgebeitrag war fatal. Der Eindruck entstand, dass ich mich über alle menschlichen Grenzen hinwegsetze, selbst über das Schicksal meines Gegenübers, Hauptsache, ich gewinne. »Wie kannst du das arme Mädchen fertigmachen«, war der Tenor der Hassnachrichten. Peter erklärte mir danach immer und immer wieder: »Nicht du gehst über moralische Grenzen, sondern der Sender. Nicht du bist Fake, wie deine Hater schreiben, sondern der Sender.«

Ich musste mich wirklich abschotten, denn die immer neuen Wendungen setzten mir zu. »Vielleicht hast du jemanden, der dir nur die guten Nachrichten weiterleitet«, fragte mich Peter. »Wenn der Betroffene nicht weiß, dass 5000 Hassnachrichten eingetroffen sind, können die Pfeile ihn erst mal nicht treffen.« Für mich war es jetzt also wichtig, dass mir mein Umfeld nicht ständig davon erzählte, was im Netz über mich kursierte, und so übernahmen meine Mutter und meine Tante das Zepter. Auch Peter schickte mir nur die guten Posts wie: »Kommt es euch nicht komisch vor, dass sie in den ersten Folgen so lebensfroh und positiv dargestellt wird, und jetzt auf einmal nicht«, schrieb mir eine Userin. Es gab also da draußen Menschen, die auch, ohne mich persönlich zu kennen, mein Innerstes sehen konnten. Ich brauchte diese Bestätigung von außen, damit ich wieder erkannte, wer ich bin und sein kann. Ich erinnerte mich langsam wieder an den Menschen, der ich vor GNTM mal war.

Peter erklärte mir aus seiner Arbeit, wie wichtig es ist, erst mal wieder Hoffnung zu entwickeln, denn oft stecken die Opfer in den starken Mechanismen des Cybermobbings fest. Der Schlüssel für die Tür da raus liege letztendlich aber in jedem selbst:

»Die meisten Menschen, die ich in der Hotline berate, erfahren erstmals in ihrem Leben Gewalt, die nicht enden will und unberechenbar ist. Das macht Cybermobbing so perfide. Opfer von häuslicher Gewalt erleben Ähnliches. Egal, wie sehr sie sich anstrengen, um den Täter zu besänftigen, sie werden immer weiter geschlagen. Sie entwickeln eine eigene Form der Logik nach dem Motto: Sicher habe ich nicht gut gekocht, deshalb hat er mich verprügelt, dann muss ich nur besser kochen, dann hören auch die Schläge auf. Das ist ein innerer Schutzmechanismus, eine Art Überlebensstrategie. Doch wenn die Opfer erkennen, dass sie Teil eines Teufelskreises geworden sind, indem sie stetig versuchen, den Täter von sich zu überzeugen, umso mehr breitet sich die Hoffnungslosigkeit aus, und die Ohnmacht gewinnt die Oberhand. Diese Abwärtsspirale muss man aufhalten.

In dem Moment, wo die Opfer für sich denken, das Leben werde sich nicht mehr ändern und sei kaum noch aushaltbar, kontaktieren sie uns. Meine erste Aufgabe ist es dann, ihnen das Gefühl zu geben, dass es ab jetzt auf jeden Fall besser wird. Wir bieten an, sie auf dem Weg zurück ins Leben zu begleiten. Der Rat, nichts mehr zu posten und dann wird es besser, klingt auf den ersten Blick lapidar. Aber das gibt Betroffenen eine gefühlte Kontrolle. Meine Botschaft ist in dem Moment Hoffnung. Auch wenn es anfangs schlimm erscheint, es wird besser, versprochen. Das Leben ist nicht zu Ende. Ich kann zwar hier vom Telefon aus nicht verhindern, dass ein Mob über dich herfällt. Du kannst aber etwas ändern, indem du dir bewusst machst, wie du mit den

Angriffen umgehst, wie sie dich beeinflussen. Gehe einen Schritt zur Seite, wenn die Pfeile anfliegen. Lass sie einfach an dir vorbeigehen!«

Peter war in dieser Zeit wie ein Lebensretter. Nachdem er mich gestärkt hatte und mir einfach beiseite stand, zeigte er im nächsten Schritt, dass ich nicht ständig die Schuld bei mir suchen darf. »Das lag nicht an dir, wie du in GNTM gezeigt worden bist. Die Redaktion hätte jede andere Frau nehmen können. Du warst nur ein Spielball«, sagte Peter. Er hatte schon andere Cybermobbingopfer betreut, die an anderen Realityshows teilgenommen hatten. Er wusste, wie er mich langsam aus dieser Zweifelskaskade herausholen konnte. Die Erkenntnis, dass ich nur benutzt wurde, war ein entscheidender Wendepunkt. Niemand anderes kann mich schützen, nur ich mich selbst, wurde mir klar. Weder der Sender, die Produktionsfirma oder irgendjemand von GNTM würde mich in Zukunft schützen können, auch wenn ich ständig um Hilfe betteln sollte. Eines Tages sagte Peter einen entscheidenden Satz. »Es ist schrecklich, was dir passiert, aber du bist stark und auch stark genug, damit du dich nicht zum Hassobjekt machen lassen musst.« Das hat mir schließlich die Kraft zurückgegeben, um aufzustehen und mir mein Leben zurückzuholen.

»Lijana, niemand hat die Macht darüber, was andere über einen sagen. Aber du hast die Macht, zu entscheiden, wer du bist und was du wert bist«, versuchte Peter mir danach zu erklären. Wenn ich den anderen überlasse, wie ich mich fühle, dann kann ich nicht ich selbst sein. Für meine Gedanken bin ausschließlich ich verantwortlich und niemand sonst. Die Entscheidung, was ich mit diesen Pfeilen mache, lag also in meinem Kopf und meinem Herzen. Langsam habe ich das Schild wieder in die Hand genommen und über mich gehalten. Es war ein Prozess, der auch jetzt noch nicht abgeschlossen ist. Aber er bewirkte schon in den Wochen bis zum Finale, dass ich stark genug wurde, um die ersten aufrechten Schritte zu gehen.

Neben Peters Unterstützung half mir der Polizeischutz. Fünf- bis sechsmal fuhr die Streife täglich an meinem Haus vorbei. Ich saß in dieser Zeit oft auf meiner Fensterbank und habe zu den Polizisten runtergewunken, wenn sie vorbeifuhren. Einmal kam die Streife vorbei, als das Filmteam von RED vor der Tür stand. Die Redakteure packten gerade das Mikrofon und die Kamera aus dem Auto. Sie wollten wieder eine Homestory mit mir machen. Eigentlich hatte ich kein Vertrauen mehr in die Medienmacher, denn das Magazin war mitverantwortlich für meine Misere. Erst hatte ich abgesagt, doch dann überzeugte mich der Psychologe des Senders, dass es wichtig sei, ein neues Image aufzubauen. Wir machten einen Deal. »Ich gebe euch die Homestory, dafür sendet ihr zumindest diesen einen Satz, dass ich mich in Wirklichkeit gut mit meiner Konkurrentin Maribel verstehe.« Gebracht hat es mir nichts, weil die Hater so in ihrem Tunnelblick gefangen waren. Ob ich Kindern helfe, einen Kopfstand mache oder Wunder bewirke – ich hätte alles tun können, doch es hätte mir zu der Zeit keiner geglaubt. Die Polizei hielt neben dem Wagen an, sie ließen sich die Pässe zeigen und nahmen die Personalien des Kameramanns und der Redakteurin auf und fragten nach, ob ich mit ihrem Besuch einverstanden wäre. Ich beobachtete die Szene von oben. Mir hat es ein Gefühl von Sicherheit gegeben. Kaum hielt ein Auto in der Nähe der Haustür, war sofort die Polizei zur Stelle. Das Gute daran war, dass seitdem keiner mehr bei mir unterm Fenster stand, um mich anzupöbeln.

Es gab noch einen wichtigen Punkt, der mich wieder aufbaute. Meine besten Freunde standen in dieser Zeit fest an meiner Seite, sie nahmen GNTM nicht ernst. Wenn ich mit ihnen zusammen war, erschien mir alles so wie immer. In diesen Stunden waren die Show und der Shitstorm kein Thema. Nach dem Lockdown trafen wir uns, spielten Karten oder Wii-Konsole. Dabei konnte ich alles um mich herum vergessen. Egal, was passiert, dachte ich, auch wenn ich von der ganzen Welt gehasst werde, sie stehen zu mir. Seit acht Jahren bin ich in dieser Clique. Wir lieben es, in der Natur zu sein, und gehen viel spazieren, oder wir besuchen liebend gern Escape-Rooms. Diese Unbeschwertheit hat mich durch die schweren Tage getragen. Aber es gab auch Rückschläge. In dieser Zeit verlor ich den Kontakt zu meiner besten Freundin. Als der Shitstorm über mich hinwegfegte, fragte ich sie, warum sie mich nicht verteidigt. Sie war sehr distanziert, fast schon emotionslos. Vielleicht war es ihr unangenehm, dass Kollegen und Bekannte auf sie zugekommen waren und sie auf mich ansprachen. Irgendwann fühlte ich mich in ihrer Gesellschaft wie ein Alien, es tat uns einfach nicht mehr gut, uns zu treffen. Zehn Jahre lang kannten wir uns, doch mit einem Schlag waren die vertrauten Bande weg. Das war unfassbar traurig. Aber in meiner GNTM-Freundin Larissa hatte ich wiederum jemanden an der Seite, der mitfühlt. Larissa war wie ich betroffen und konnte mit mir zusammen weinen. Dieser Austausch tat mir extrem gut, auch weil ich nicht weiter den Freundeskreis und meine Familie belasten wollte.

Jetzt kann ich nachvollziehen, warum Selbsthilfegruppen eine so wertvolle Stütze sein können.

Das Finale rückte näher, und ich fühlte mich langsam stärker. Der Sender und die Produktionsfirma wollten partout nicht, dass ich erzähle, wie es mir ergangen war. Sie hatten Angst, dass es Nachahmungstäter geben könnte und es dann nur noch schlimmer werden würde. Doch ich hatte Zweifel an dieser Einstellung. Alle Ratschläge von GNTM hatten bei mir leider bisher immer das Gegenteil bewirkt. Deshalb entschied ich mich, mit meiner Geschichte an die Öffentlichkeit zu gehen. Es war nur eine Story auf meinem Instagramaccount, die nach 24 Stunden nicht mehr zu sehen war. Doch die Klatschpresse hatte meinen Kanal im Visier. Es waren mehrere hunderttausend Besucher, die innerhalb dieses einen Tages das Video schauten. Obwohl ich gar nicht so viele Follower hatte, entfachte die Story einen Dominoeffekt. In kurzen und klaren Worten erzählte ich in die Kamera, was mir widerfahren war, und zeigte anonym Hasskommentare. Ich war auf alles gefasst. Für viele aber war die Geschichte mit dem Giftköder, den mein Hund beinahe gefressen hatte, der ausschlaggebende Wendepunkt. »Ich mag sie zwar auch nicht besonders, aber dieser Hass geht zu weit.« Viele versuchten jetzt sogar, etwas für mich zu tun und mir zur Seite zu stehen. Noch heute bin ich extrem froh, dass ich den Mut gefunden hatte, mich zu outen. Zum einen war es der erste Schritt raus aus der Reaktion, rein in die Aktion. Zum anderen bekam ich jetzt den Support von Mitläufern und den bisher Stummen im Netz. Außerdem war mein Postfach voll mit Rückmeldungen von Menschen, denen Ähnliches widerfahren war, auch etliche Teilnehmer und Teilnehmerinnen anderer Realitiy-Formate wie »Bachelors in Paradise« oder »Prince Charming«. Doch es gab auch andere Stimmen, die einfach nur ihre Geschichte erzählen wollten. Viele gaben mir Tipps oder feuerten mich an. »Es ist Teil der Show, bleib bei dir, meditiere, damit du dich nicht selbst verlierst«, schrieb mir eine Followerin. Sehr spannend war, dass sich meine Hater zwar schon noch zu Wort meldeten, aber anders. Die Dynamik veränderte sich langsam, weil sich ein Gegenfeuer entwickelt hatte, ich stand nicht mehr allein da. Ich merkte eine gewisse Verunsicherung auf Seiten der Hater. Ab jetzt kamen nur noch Kommentare wie »Heul doch«. Aber darüber konnte ich inzwischen lachen. Mehr fiel den meisten nicht mehr ein. Auch wenn viele mich immer noch nicht mochten, der Ton entschärfte sich. »Du brauchst mich ja nicht mögen, aber mir den Tod zu wünschen, das geht gar nicht.« Diese Botschaft schien in der Öffentlichkeit angekommen zu sein. Dieser Austausch mit meinen Followern brachte mich wieder mehr in meine Mitte, es entstand ein neuer Dialog. Noch vor dem Finale führte ich auf meinem Kanal einen »Social Friday« ein. In meiner Story hatte ich einen Button eingesetzt: »Ratschlagfragerunde mit Lijana«. Wer ihn anklickte, konnte mir eine Frage reinstellen, die nur ich sehen konnte. Auffällig war, dass bei sehr vielen Fragen das Thema »Selbstbewusstsein« eine große Rolle spielte. Viele erzählten mir, dass sie sich nicht hübsch genug fühlten. Andere waren dankbar, dass ich das Thema Cybermobbing in die Öffentlichkeit gebracht hatte.

Auch die Klatschpresse griff meine Story auf. Sie begann, GNTM und das Vorgehen von Heidi zu hinterfragen. Und auch bei mir drehte sich etwas. Will ich eigentlich wirklich das GNTM werden? Anstatt einen Traum zu leben, war ich im größtmöglichen Albtraum gelandet. Letztendlich spielte Corona mir in die Hände, so konnten wir vier Finalistinnen erstmals selbst über unseren fünfminütigen Entscheidungswalk bestimmen. Ich musste jetzt nachdenken, wie ich mich in diesen wenigen Augenblicken zeigen möchte.

Ich sage immer, es gibt keine Zufälle, so wie die Verabredung kurz vor dem Finale. Auf einem Spaziergang traf ich eine uralte Freundin, die ich jahrelang nicht gesehen hatte. Sie erzählte mir, dass sie selbst im Jahr davor bei GNTM teilgenommen hatte. Ich war total überrascht, da ich das überhaupt nicht mitbekommen hatte. Ein paar Tage später lud sie mich zu sich ein. Und auch Simi Kowalski kam zu Besuch. Ein Jahr war es her, dass sie das GNTM geworden war und vom Cover des *Harper's BAZAAR* lachte. Aber da saß keine strahlende Siegerin oder Heldin vor mir. Simi hatte sich stattdessen zwölf Monate lang zurückgezogen. Sie wirkte auf mich angeschlagen. Während meines Besuchs bekam sie einen Krampfanfall in den Beinen, sie fingen an zu zittern. Die Zeit bei GNTM hatte an ihr starke Spuren hinterlassen. Sie wirkte trotzdem stark, als sie mir erzählte, wie sie von den »Meedchen« und im Netz gemobbt worden war. Viele hatten ihr nicht glauben wollen, dass sie wirklich unter extremen Schmerzen litt. Stattdessen hatte man ihr angedichtet, dass alles nur Theater sei, um in der Show weiterzukommen. Sie hatte später versucht, in einem *Playboy*-Interview über Mobbing zu reden und eine Diskussion anzuregen. Der Effekt war aber nicht so nachhaltig, wie sie erhofft hatte. Sie riet mir deshalb, meine Chance gut wahrzunehmen. »Lijana, dir wird noch einmal diese eine große Bühne geschenkt. Mehr als drei Millionen Menschen werden dir beim Finale am Bildschirm zusehen. Nutze diese Gelegenheit weise«, sagte sie zu mir. Da hat es bei mir Klick gemacht, ich wollte ein Statement setzen. Im Finale konnte ich ein letztes Mal ansprechen, was in der ganzen Staffel totgeschwiegen worden ist. Da draußen sind Millionen Menschen, die Cybermobbing erfahren haben und nicht aus der Spirale herausfinden. Doch ich hatte die Möglichkeit, ihre Stimme zu sein.

Peter hatte mir immer wieder einen wichtigen Rat gegeben. Du bekommst von einigen Tausend Hatern eine Nachricht, aber das ist gesehen auf 84 Millionen Deutsche und Milliarden Menschen rund um den Globus nur ein minimaler Bruchteil. Die anderen kennen dich nicht und tun dir nichts Böses. »Wende dich dieser großen Masse zu, und lass die Hater hinter dir«, sagte er zu mir. Und genau das tat ich jetzt. Ich wollte das Finale nutzen, um die Zuschauer und Zuschauerinnen mit auf meine innere Reise zu nehmen. Die Berliner Designerin Jasmin Erbas hatte mir einen besonderen schwarzen Mantel designt. Sie hatte mit weißen dicken Buchstaben die jugendfreundlicheren und abgeschwächten, kurzen und knappen Beleidigungen auf das Kunstleder geschrieben. Der Mantel war ein Symbol, wie Cybermobbing ein Teil von mir geworden war und schwer auf meinen Schultern lag. Jasmin nähte mir ein großes rotes Herz auf den Mantel. Mit diesem Outfit schrie ich meinen Hatern zu: Seht her, unter dem Umhang der Häme schlägt ein Herz, hier ist ein Mensch, den ihr beleidigt habt!

Als ich mit meinem Entscheidungswalk dran war, fing ich an, zu dem harten Heavy Metal Song »Hater« von der Band Korn zu tanzen. »You can't bring me down, already had my life turned upside down. I ride a downward spiral 'round and 'round but I keep flying, I keep fighting. You won't ever bring me down.« Headbanging zum Blitzgewitter, dann ging ich zu Boden. Stille. Schließlich richtete ich mich langsam auf, streifte den Mantel der Häme einfach ab und warf ihn hinter mich. Jeder hat also die Macht, selbst zu entscheiden, dass man Cybermobbing hinter sich lassen und wieder zu sich selbst finden kann – das war meine Botschaft und gleichzeitig mein Befreiungsschlag. Die Musik wechselte zu einem zweiten Song von Bishop Briggs. »Jekyll and Hyde«. Das Lied hatte mich beim ersten Entscheidungslauf in München begleitet. »Storm's brewing up above, I was breakin. Just to raise you up.« So wie meine Reise anfing, sollte sie auch enden. Es war wie ein Kreis, der sich schloss. Der erste Schritt des Walks, den ich jetzt machte, war auch der erste Schritt zurück zu mir selbst. Während ich ging, breitete ich weiße Flügel hinter meinem Rücken aus. Viele Hater hatten mir geschrieben »Du bist wie ein Teufel.« Mit diesem Accessoire wollte ich selbstbewusst über mich sagen, ich bin ein Engel und kein Teufel, ich bin gut und nicht so, wie ihr sagt, und ich bin es mir wert, mich selbst als einen Engel zu sehen und zu zeigen. Ich bin nicht der Hass, der mir entgegengebracht wird, sondern die Liebe in mir. Ich weiß, es klingt pathetisch, aber das war einer der wichtigsten Momente in meinem kurzen Leben, und den wollte ich einfach nur für mich erleben und genießen.

Dann kam meine kurze Abschlussrede. Es wurde lange diskutiert, ob ich sie überhaupt halten dürfte. Ich hatte den Eindruck, keiner bei der Produktionsfirma war wirklich begeistert. Ich wurde trotz meines Outings auf Social Media immer noch gehasst, jeder Schritt im Finale musste deshalb genau überlegt sein. Mit Peters Hilfe erarbeitete ich schließlich die passenden Worte. Kurz vor dem Finale hatten wir ein Abschlussmeeting, bei dem auch Günther Klum dabei war. Ich hatte ihm gesagt, dass mir das Thema Cybermobbing enorm wichtig sei und ich mich auch ehrenamtlich nach GNTM engagieren wolle. Ich hatte große Bedenken, dass in Zukunft kein Weg an ihm vorbeiführen wird und wollte ihn ins Boot holen. Das fruchtete aber so gar nicht.

In diesem Moment wurde etwas anderes in mir wach: Ich wollte die Kontrolle zurück, und zwar über mein gesamtes Leben. Niemand sollte mir jemals wieder sagen, ob ich modeln darf oder nicht, was ich sagen darf oder nicht. Ich wusste nur noch nicht, wie ich dahin komme.

Eine Woche lang hatte ich auf diesen letzten Moment hin geprobt. Wenige Tage zuvor waren die Top 20 der GNTM-Kandidatinnen noch einmal zusammengekommen. Diesmal gab es keine Kamerateams, keine Redakteure, und ohne die Daueraufsicht verstanden wir uns extrem gut. Ich nutzte die Gelegenheit für ein Video und fragte alle meine ehemaligen Konkurrentinnen, sie sollten mir auf einer Skala von null bis zehn sagen, wie stark sie mich hassen. Sie hätten beleidigt sein können, weil ich nicht nur Gutes über sie während der Dreharbeiten gesagt hatte. Aber sie schauten mich nur verwundert an. »Es ist eine Competition, nur eine Show«, so die einhellige Aussage. Letztendlich bekam ich von allen eine Null auf der Skala, und das war für mich der endgültige Beweis, dass alles an mir okay ist.

Natürlich wollten die anderen drei Finalistinnen den Titel unbedingt holen. Ich lag später im Bett und stellte mir vor, wie mein Bild auf dem Magazincover gedruckt aussehen könnte. Doch wollte ich das überhaupt noch? Würde ich den anderen nicht etwas wegnehmen? Ich merkte, dass mir die Kraft und Motivation fehlte, alles zu geben und alles zu wollen. Auf einmal bedeutete es mir gar nichts mehr, GNTM zu werden. Mein Ehrgeiz fokussierte sich auf ein neues Thema. Ich sprach viel mit Larissa, und sie sagte schließlich: »In deiner Rede steht doch, du hörst auf dein Herz. Dann tu es doch auch.«

Die letzte Entscheidung fiel auf der Bühne. Heidi war nur auf einem Bildschirm zu sehen, und ich war nicht traurig darüber. Denn gefühlt war sie mir während der gesamten Dreharbeiten nie nähergekommen. Ich hatte immer noch panische Angst vor Menschenmengen, darum war ich auch froh, dass es keine Zuschauer gab. Mit dem Finale beginnt ein neues Kapitel in meinem Leben, dachte ich nur. Danach wird nichts mehr sein, wie es vorher war. Während meiner Rede musste ich gar nicht lange nachdenken, jedes einzelne Wort habe ich gefühlt. Je mehr ich redete, umso klarer wurde mir, dass ich wirklich kein Teil dieser Show mehr sein wollte. Wenn ich ein Statement setzen will, muss ich aus der Sendung raus, schoss es mir in den Kopf. »Deshalb höre ich auf mein Herz und verzichte auf das Finale.« Dieser Satz besiegelte alles. Als die Worte draußen waren, bemerkte ich die Aufregung hinter dem Set. Obwohl sich alles verändert hatte, wichen Heidi und die anderen nicht mit einem Buchstaben von ihren Texten ab. Es wurde alles so runtergespult, wie wir es in den Proben besprochen hatten. Wie Roboter, dachte ich nur. Ich ging hinter die Bühne und in den Backstageraum, da standen die anderen Finalistinnen und Teilnehmerinnen, sie alle fingen an zu applaudieren. Manche hatten sogar Tränen in den

Augen. Das war herzerwärmend. Man bat mich, für einen Walk der Top 20 zu bleiben, weil Philipp Plein seine neue Kollektion zeigen wollte. Für mich war aber klar, dass ich nie mehr auf diese Bühne gehen würde. Pleins Werbekampagne für seinen neuen Duft mit der Siegerin von GNTM wurde später übrigens heftigst kritisiert und wieder eingestellt. Bei dem Spot hatte sich die Gewinnerin Jackie lasziv und freizügig gekleidet auf einem Ferrari geräkelt. In einer Sequenz sah man, wie sie auf dem Auto lag und ihre langen Beine auseinanderspreizte. Diese große Werbekampagne war eigentlich Teil ihres Gewinns. Doch anstatt eines glamourösen Einstiegs in ihr neues Modelleben, wurde das Video als »sexistisch« wahrgenommen. Der Modedesigner erntete viel Kritik im Netz. Das Video wurde gelöscht, und die Kommentare darunter verschwanden ebenso.[25] Ob sich Jackie so den GNTM-Sieg vorgestellt hatte? War es wirklich der Gewinn, den sie sich gewünscht hatte?

Ich wurde mit der Security aus dem Gebäude herauseskortiert – und war frei. Ich wollte einfach nur noch raus. Ich hatte für mich gewonnen, ich war mein eigenes GNTM. Ich wusste zu dieser Zeit noch nicht einmal, wer eigentlich gewonnen hatte. Als ich meine Mutter und meine Schwester gefunden hatte, fiel ich ihnen nur noch in die Arme. Dieser Moment fühlte sich wie eine Ewigkeit an. Über Nacht hatte ich 30.000 Follower auf meinem Account dazugewonnen. Die Hälfte der Nachrichten war positiv. Ich werde auch in Zukunft nicht jedem gefallen, ich bin auffällig und laut. Aber ich bekam Zustimmung, weil die Leute gesehen hatten, dass ich gar nicht so ehrgeizig war, wie GNTM es dargestellt hatte. »Sorry für die Nachrichten vor ein paar Wochen.« Menschen, die mich vorher als Hure beschimpft hatten, entschuldigten sich jetzt. Viele fanden die Rede gut. »Auch wenn ich dich immer noch nicht gut finde, der Hass ging zu weit.« Ich hatte etwas erreicht.

Vielleicht ändern manche ihre Einstellung, wie man im Netz kommuniziert, und ich kann so verhindern, dass jemand anderes durch die Hölle geht, dachte ich. Das hat mir Mut gegeben weiterzumachen. Auch danach habe ich viel mit Peter gesprochen. Es war wie ein Aufwachen, denn jetzt wollte ich mehr über Cybermobbing wissen. Ich wollte erkennen, wer die Mobber sind, warum sie das tun und was hinter Algorithmen genau steckt. Meine Reise war noch nicht vorbei, sondern begann gerade erst. Ich wollte unbedingt anderen Betroffenen signalisieren: Schäm dich nicht, dir Hilfe zu holen. Ich habe es auch gemacht und schau, mir geht es damit besser!

Sehr geehrte Damen und Herren von Instagram, Facebook, TikTok und Twitter,

wir vertreten 14.000 Mädchen und junge Frauen aus 22 Ländern, die an einer Umfrage von Plan International zu Onlinegewalt teilgenommen haben. Wir bitten Sie dringend darum, Belästigungen auf Ihren Plattformen zu stoppen. (...) Wussten Sie, dass bei der Befragung von Plan International die Hälfte von uns angegeben hat, mehr Belästigung online zu erleben als auf der Straße?

Und dass 42% von uns aus diesem Grund ihr Selbstwertgefühl und ihr Selbstvertrauen verlieren? Onlinegewalt macht etwas mit uns, weil sie uns erzählen will, dass etwas mit uns nicht stimmt. Zum Beispiel, weil wir eine andere Hautfarbe oder ein anderes Geschlecht haben.

37% von uns, die sich als Angehörige einer ethnischen Minderheit beschreiben, sagen, dass sie genau deshalb belästigt wurden.

Und 56% unter uns, die LGBTQ+ sind, wurden ebenfalls aus diesem Grund beschimpft und bedroht. Wir Mädchen und junge Frauen in all unserer Diversität müssen uns darauf verlassen können, dass wir uns immer an Sie wenden können, wenn wir digitale Gewalt erleben und dass Sie etwas dagegen tun. (...) Jetzt ist die Zeit zu handeln, damit alle Mädchen sagen können:
#FreeToBeOnline.
Wir warten auf Ihren Anruf ...

Zahra, (17) aus Finnland, Madjidath, (20) aus Benin, Yande (16) aus Sambia, Neha (18) aus Nepal, Deisy (18) aus Kolumbien und Sessi (22) aus Benin[26]

KAPITEL 5: ICH BIN EINE UNTER MILLIONEN!

WIE CYBERMOBBING JEDEN TREFFEN KANN UND WARUM WIR DIVERSITY BESSER VERSTEHEN UND LEBEN MÜSSEN

Sie war gerade einmal zwölf Jahre alt, als ihr Geheimnis die Runde machte. Ihre Geschichte fand sich unter den unzähligen Nachrichten, die mich wöchentlich erreichten. Es waren viele Betroffene, meist Teenager und junge Frauen, die mir ihr Herz öffneten. Auch wenn sie mich nur aus dem Fernsehen oder von Instagram kannten, in ihren Augen war ich eine von ihnen. Sie wollten einfach nur reden, mit einer, die sie zwar nicht persönlich kannten, aber zu der sie eine Verbindung fühlten. So wie diese zurückhaltende Teenagerin, deren erste Liebe gleich im Desaster endete.

Sie erzählte mir, dass sie für ein paar Monate mit einem Jungen aus ihrer Klasse zusammen war und ihm anvertraut hatte, dass sie sich dick fühle und eine Essstörung habe. Ich schaute ungläubig auf ihr Profilbild, es zeigte ein schlankes junges Mädchen. Doch ihr Geheimnis war bei ihm nicht sicher. Er erzählte es nicht nur rum, sondern stellte Fotos, die er heimlich von ihr gemacht hatte, in den Klassenchat, mitsamt dem Kommentar »Du fette Kuh«. Er hatte nicht nur ihr Vertrauen missbraucht, sondern machte sie jetzt sogar vor der gesamten Schule lächerlich. Daraufhin wurde sie wegen ihres angeblichen »Gewichtsproblems« von allen Seiten gemobbt. Und plötzlich wollte das zwölfjährige Mädchen nur noch eins: abnehmen. Als sie mich anschrieb, wog sie nur noch 30 Kilo. Sie fragte mich, wie sie sich denn selbst lieben könne, wenn andere sagen, sie sei dick. Dabei war sie stark abgemagert. Ihr Selbstbild hatte sich völlig verschoben, sie war durch das Mobbing in eine Magersucht geraten. Mir wurde klar, meine Worte konnten ihr zwar Mut machen, aber sie brauchte dringend professionelle Unterstützung. Hier hilft es nur, sich den Eltern anzuvertrauen, einen Ernährungsexperten und auch Psychologen aufzusuchen. Das war kein Einzelfall unter den vielen Anschriften. Wie kann es sein, dass es ausgerechnet sie traf? Sie war ein hübsches Mädchen, das ihre ganze Jugend noch vor sich hatte. Es war ihre Unsicherheit, die ihr Freund schamlos ausgenutzt hatte. Ich las nach und fand sehr ernüchternde Studien, die belegten, dass junge Menschen wie dieses Mädchen, die mit Selbstwertproblemen kämpfen, leichter Gefahr laufen, gemobbt zu werden. Ob Brillenträgerinnen oder Bulimieerkrankte – es sind die sichtbaren und unsichtbaren Merkmale, für die ein Mensch gedemütigt wird. Eine israelische Untersuchung unter Jugendlichen zwischen 12 und 16 Jahren zeigte mir zum Beispiel, dass diejenigen mit einer Sehbehinderung signifikant öfter Opfer und Täter von Cybermobbing wurden. Ähnliches gilt auch für Jugendliche mit chronischen Erkrankungen.[27] Das kann Diabetes oder Epilepsie sein. Ein Mobber erkennt die tiefsten Schwachstellen und greift genau dort an.[28]

Es gibt etliche Risikofaktoren, wie ein intensiver Internetkonsum, Mediensucht oder schlechte Schulleistungen. Sie können Menschen auch leichter zur Zielscheibe von Cyberbullying werden lassen. Was aber nicht im Umkehrschluss heißt, dass jeder, der ein oder mehrere dieser Faktoren aufweist, auch automatisch in Zukunft gemobbt wird. In der Liste entdeckte ich noch einen Punkt, der mir besonders ans Herz ging. Diejenigen, die wenig mit Vater und Mutter reden und kaum Unterstützung durch ihr Elternhaus erfahren, sind ebenso stärker gefährdet. Als ich das las, erinnerte ich mich an die Zuschrift eines 15-Jährigen. Der Jugendliche hatte sich in meiner wöchentlichen Ratschlagrunde gemeldet. Er wurde in der Schule extrem ausgegrenzt, fasste sich schließlich ein Herz und vertraute sich seinem Vater an. Doch anstatt tröstenden Worten schlug dieser ihn ins Gesicht und nannte seinen Sohn einen Schwächling. Nur weil jemand betroffen ist, heißt es nicht, dass er automatisch von den wichtigsten Menschen seines Lebens Support und Liebe bekommt. Ganz im Gegenteil. Bei diesem Jungen potenzierte sich der Schmerz durch die Schläge seiner engsten Vertrauensperson. Man kann nur erahnen, wie die Jahre davor gewesen sein mussten. Mir war klar, hier konnte ich nur eine Zuhörerin sein. Auch in diesem Fall war professionelle Hilfe ein wichtiger nächster Schritt. Für mich war seine Geschichte aber ein Schlüsselerlebnis. Wie viel Glück ich doch in meiner Situation hatte! Von vielen Seiten hatte ich Unterstützung bekommen. Doch viele von den jungen Menschen, die sich jeden Freitag online an mich wandten, wussten nicht einmal, wer ihnen helfen oder einfach nur zuhören konnte.

Es kann gar nicht genügend aufgeklärt werden, denn kein Hilferuf sollte ungehört bleiben. Es gibt viele Anlaufstellen (Adressenliste im Anhang). Eine der bekanntesten ist die »Nummer gegen Kummer«. Die rund 3000 ehrenamtlichen Mitarbeiterinnen und Mitarbeiter werden vorher geschult und besuchen Weiterbildungen, in denen sie alles rund um Handlungsoptionen bei »Stress im Netz« mit negativen Onlineerfahrungen lernen. Mehr als 1600 Kinder, Jugendliche und Eltern suchen täglich Rat, entweder telefonisch oder online. Seit der Pandemie steigt die Zahl der Telefonanrufe jedes Jahr um 7 Prozent.[29] Natürlich sind nicht alle Ratsuchenden auch Betroffene von Cybermobbing, aber wer gemobbt wird, leidet an psychischen Folgen wie Sucht und Suizidgedanken. Leider schlüsselt die Statistik nicht auf, wie viele von den Anrufern, die sich über ihre Alkoholprobleme oder Einsamkeit aussprechen, auch unter Mobbing oder Cybermobbing leiden. Ich habe Julia Höfener vom Projekt »Safer Internet« getroffen, die mir erzählt, wie der Verein vorgeht:

> »2021 drehte sich bei uns jedes fünfte Telefonat im Kinder- und Jugendtelefon um Web-Sorgen und um Cybermobbing. Interessant ist, dass mehr als die Hälfte der Ratsuchenden männlich ist, der größte Teil sind aber Kinder und Jugendliche im Alter zwischen 11 und 16 Jahren. Mobbing kann auf dem Schulhof starten und setzt sich in Klassenchats fort. Viele berichten auch, dass sie aufgrund von Inhalten, die über soziale Netzwerke oder Messenger-Dienste über sie verbreitet werden, in der Schule ausgegrenzt oder beleidigt werden. In den Gesprächen geht es in erster Linie darum,

unvoreingenommen zuzuhören und die Sorgen und Probleme ernst zu nehmen. Häufig sind unsere Berater die ersten, denen sich Ratsuchende anvertrauen. Viele schämen sich, mit den Eltern oder jemandem zu sprechen, den sie kennen, und unsere Beratungsangebote sind anonym und vertraulich. Niedrigschwellige Hilfsangebote sind deshalb so essenziell. Es geht immer darum, eine Lösung für ein Problem zu erarbeiten, zu überlegen, wie man sich wieder besser fühlen und wie die Situation verändert werden kann. Jedes Beratungsgespräch ist sehr individuell. In vielen Fällen stehen die Opfer allein da und haben niemanden, der auf ihrer Seite ist und sie unterstützt. Oftmals ist den Jugendlichen gar nicht bewusst, dass es sich um psychische Gewalt handelt. Es kann nie genug betont werden, wie wichtig es ist, sich in die Person hineinzuversetzen und sich zu fragen, wie man sich selbst in dieser Situation fühlen würde. Bei Suizidgedanken hören unsere Berater nicht nur zu, sie ermutigen auch dazu, sich weitere Unterstützung zu suchen, und vermitteln Infos zu Fachberatungsstellen oder therapeutischer Hilfe in der Nähe. In den seltenen Fällen von konkreter Suizidandrohung, also in denen Gefahr um Leib und Leben besteht, sind wir gesetzlich verpflichtet, dies bei der Polizei zu melden.«

Es erschüttert mich jedes Mal, wenn sich Schulkinder nicht ihren Eltern oder dem Lehrer anvertrauen wollen oder können. Das Erlebnis von Sarah (Name geändert) zeigte mir, dass es in vielen Fällen nicht mal einen Grund für Mobbing braucht, es eigentlich jeden treffen kann, wenn das Umfeld nicht genau passt oder man zur falschen Zeit am falschen Ort ist. Als ich Sarah kennenlernte, war ich beeindruckt, wie präsent und freundlich dieses elfjährige Mädchen war. Nie hätte ich mir vorstellen können, dass auch sie von ihren Mitschülerinnen ausgegrenzt und auf Insta verhöhnt wurde. Es begann bei ihr wie eine klassische kleine Teenielästerei und endete mit vielen Tränen. Sarah wirkt reif für ihr Alter, drückt sich sehr gut aus, ist offen und empathisch. Als Sarah in die fünfte Klasse kam, war sie in eine Freundinnenclique eingebunden, die sehr besitzergreifend war. Das Mobbing fing harmlos mit kleinen Sticheleien an. »Sarah, wenn du dich mit den anderen verabredest, dann wollen wir nichts mit dir zu tun haben«, sagten die Mädchen. Sarah verstand nicht, warum sie nicht auch mit anderen in der Klasse reden sollte, und fühlte sich in der Zwickmühle. Sie vertraute sich ihrer Mutter an, die versuchte, sie durch die schwierige Situation zu lotsen. Diese erzählte mir, was dann geschah:

> »Mama, ich möchte aber mit jedem befreundet sein, sagte Sarah zu mir immer wieder. Jeden Tag gab es Zickenterror. Wenn eines der Mädchen aus der Gruppe nicht in der Schule war, dann wurde gleich über sie hergezogen. Sarah selbst war das Verhalten fremd, sie wollte sich an diesen Lästereien nicht beteiligen. Meine Tochter hatte schon sehr früh eine weibliche Figur, ältere Jungs schauten ihr teilweise nach. Und so fing der Neid an. Die anderen Mädchen waren körperlich noch nicht so weit. Einige der Freundinnen fingen an, Lügengeschichten zu erzählen und Sarah Worte in den Mund zu legen. Sarah habe angeblich gesagt, die anderen

Mädels hätten kleine Brüste, sie bräuchten doch keine BHs tragen und seien viel zu dünn. Es wurden oft Tatsachen verdreht. Doch es blieb nicht nur in der Mädchenrunde, sondern wurde weitergetratscht. Sarah war bis dahin sehr beliebt. Und so begann eine Spirale des Schlechtmachens. Ich sagte zu ihr immer: ›Urteile nicht, du weißt nicht, was dein Gegenüber für Probleme, Ängste und Sorgen hat.‹ Eines der Mädchen aus der Clique hatte eine vier Jahre ältere Mitschülerin ins Boot geholt, die schon mehrfach bei der Polizei angezeigt worden war, sich oft prügelte und Ärger mit anderen in der Schule hatte. Das Mädchen bedrohte Sarah über Instagram. Als Eltern lebt man wirklich ein bisschen wie in Alice im Wunderland. Wir denken, wir könnten unsere Kinder beschützen und ihnen die heile Welt erhalten. Doch irgendwann sagte ich zu Sarah: ›Es ist leider nicht alles schön.‹ Sarah wollte schließlich nach den Ferien nicht mehr in die Schule gehen. Sie hatte Angst. Ich sprach mit den Lehrern und der Schulsozialarbeiterin, die immer ein offenes Ohr für mich hatten, doch sie handelten nicht. Ich begleitete Sarah schließlich am ersten Schultag. ›Du bist da in was reingezogen worden, du bist benutzt worden‹, schrieb ich der älteren Mitschülerin über Instagram: ›Du hast die Möglichkeit, dich zu entschuldigen, und wenn die Entschuldigung ernst gemeint ist, dann sehe ich auch von einer Anzeige ab.‹ Eine Antwort bekam ich nie. Statt einer Entschuldigung bekam ich mit, dass der Vater des älteren Mädchens das Verhalten seiner Tochter befürwortete. Auch von den Eltern der anderen Mädchen bekam ich keinen Support.

Irgendwann wandte ich mich an den Direktor. Er sprach mit allen Beteiligten, doch das brachte nicht viel. Und immer wenn sich Sarah nicht in die Schule traute, war das ein gefundenes Fressen. Als Elfjährige weiß man nicht, wie man sich dagegen wehren soll und zieht sich zurück. Irgendwann wurde Sarah krank und musste längere Zeit daheimbleiben. Die ältere Schülerin nutzte die Gelegenheit und stellte meine Tochter in dieser Zeit erst so richtig an den Pranger. Irgendwann meinte Sarah: ›Mama, ich werde nie wieder in diese Schule gehen.‹

Die Lehrer und der Schulleiter wollten nicht, dass Sarah die Schule wechselte, denn eigentlich müssten ja andere gehen, sagten sie. Doch das war für mich keine angemessene Reaktion auf das Mobbing und Cybermobbing gegen meine Tochter. Wenn eine Schülerin sich bedroht fühlt, Angst hat, braucht es mehr Hilfestellungen seitens der Schule. Das erträgt ja keine stabile Psyche, auch wenn der Rückhalt durch die Familie und Freunde noch so groß ist. Sarah litt irgendwann unter Panikattacken. Zum Glück wurde sie superherzlich in der neuen Klasse auf der anderen Schule aufgenommen. ›Ich überlasse es dir, ob und was du erzählen möchtest. Du musst auch gar nichts erzählen‹, sagte ich ihr. Inzwischen ist Sarah wieder die Alte, sie lacht viel und ist fröhlicher. Ich fand es schade, dass ein sachlicher Austausch mit den Eltern der anderen Mädchen nie möglich war. Ich bin nicht nachtragend. Ich wünschte mir, dass auch Eltern öfters genau hinschauen, was ihre Kinder machen. Ich wünsche auch dem älteren Mädchen, das Sarah im Auftrag der anderen gemobbt hat, dass sie die Kurve kriegt.

Als Sarah sich in der alten Schule verabschiedete, bekam sie von vielen kleine Geschenke. Und einige ihrer Mitschüler standen auf und umarmten Sarah, einige haben geweint. Sie bekommt noch heute Nachrichten wie ›Sarah, ohne dich ist das nicht mehr dasselbe.‹ Das hat meine Tochter bestärkt, dass sie nicht die Schuldige in dieser Geschichte war und nichts falsch gemacht hatte. Bleib so wie du bist, habe ich immer zu ihr gesagt. Für mich war es damals die Hölle, mein Kind so zu erleben, mir waren die Hände gebunden. Ich habe viel geweint, kaum geschlafen und 14 Kilo abgenommen. Ich arbeite als Lehrerin, meine Kollegen sprachen mich auf meine Veränderung an. Das wünsche ich keiner Mama auf dieser Welt und schon gar keinem Kind. Ich kriege Gänsehaut, wenn ich mir überlege, wie viele Kinder genau das gerade durchmachen. Sorry, da kommen mir einfach die Tränen.«

Ich tröstete sie und sprach ihr Mut zu. Sarah hatte den Weg gewählt, einen Neustart zu beginnen, der auch gut gelang. Sarahs Geschichte zeigte aber noch etwas anderes: Gerade weibliche Mobber spannen öfter andere Unbeteiligte mit ein, das hatten mir mehrere Cybermobbingexperten erklärt. Hier war es die 15-jährige Jugendliche, die keine Scheu hatte, die Sticheleien auf eine neue Ebene des Mobbings zu heben und Sarah auch im Netz zu bedrohen. Sie wurde letztendlich von einer Gruppe Elfjähriger instrumentalisiert und eingebunden, obwohl sie vorher nie ein Wort mit Sarah gesprochen hatte.

Diese Geschichten bestärkten mich, mich voll und ganz diesem Thema zu widmen. Ich wollte eine Kampagne starten, aber in ihrem Namen sollten nicht die negativen Assoziationen von Cybermobbing im Vordergrund stehen, sondern die Hoffnung, dass es besser werden kann. Es war Twenty4Tim, der den entscheidenden Impuls gab. Ich hatte ihn während der GNTM-Ausstrahlung kennengelernt, und er war einer der wenigen, die mich in der schlimmsten Zeit meines Shitstorms öffentlich unterstützt hatten. Heute zählt Tim Kampmann, wie er mit richtigem Namen heißt, zu den erfolgreichsten Influencern Deutschlands. Damals hatte er genauso viele Follower wie ich, und wir freundeten uns an. Inzwischen folgen dem 22-jährigen Kölner sieben Millionen Menschen auf TikTok, Insta und YouTube. Wir machten gemeinsame Livestreams, dabei blödelten wir gern rum. Er kannte meine Geschichte, war ein großer GNTM-Fan und wollte mich von meiner echten Seite zeigen. Ich erzählte ihm von meiner Idee für eine Kampagne. »Nenn sie doch einfach *Love wins*«, meinte er. Ich war begeistert. Inzwischen ist Tim selbst Opfer von Cybermobbing geworden. Die letzte Sprachnachricht von ihm zeigte mir, dass es ihm genauso schlecht ging wie mir damals.

Doch warum hatte es ihn so schwer getroffen, fragte ich mich. Eigentlich kann man ihn mit seinem Lachen nur sympathisch finden. Wie ich hatte er angefangen, Lehramt zu studieren, aber dann die sozialen Medien für sich entdeckt. Während des Lockdowns stieg Tims Bekanntheitsgrad rapide. Sein Name Twenty4Tim war Programm, die Idee dahinter einfach und effektiv. Er war 24 Stunden da, seine Follower konnten ihn von morgens bis abends in seinem Alltag begleiten. Das machte ihn unter Jugendlichen zum Star. »Er nimmt kein Blatt vor den Mund, sprengt Gender-Grenzen und hasst nichts mehr als Klischees, was ein Blick auf sein Instagram-Profil nur noch mehr verdeutlicht. Hier geht es bunt, schrill und vor allem zwanglos zu – nicht nur die Outfits betreffend«, schrieb ein Magazin über ihn.[30] Anfangs konnte Twenty4Tim noch die Hasskommentare ignorieren, im Interview mit dem Deutschlandfunk Nova wirkte er vor einem Jahr noch stark. »Wo habe ich unterschrieben, dass ich ab der oder der Abozahl beleidigt werden darf«, fragte er die Redakteurin und blieb seiner Art treu: »Zum See gehen kann jeder, aber eine Meerjungfrauenflosse tragen, das kann nicht jeder.«[31] Im Frühling 2022 geht sein erstes Musikvideo »Bling Bling« online. Es wurde in den ersten neun Monaten 16 Millionen Mal aufgerufen.[32] »Achtung, das hier geht an alle Menschen da draußen, die meinen, mich und alle anderen in Schubladen stecken zu müssen«, spricht Tim zu Beginn ins Mikrofon und zeigt sich im pinken Rock mit bunten Perücken, Ohrringen, viel Make-up und langen Glitzer-Fingernägeln. »Bin ein bisschen bi, nicht aus Zucker. Doch den Hatern fällt nix ein außer Schwuchtel.« Tim hatte mit seinen ersten Songs und aufwendig produzierten Musikvideos einen enormen Erfolg. »Bling Bling« schaffte es auf Anhieb auf Platz 1 der Charts. Influencer ans Mikrofon zu holen, hat sich für Musiklabels zum Erfolgsmodell entwickelt. Doch nicht immer geht das gut. »Bibis Beauty Palace« alias Bianca Claßen, Ivana Santa Cruz oder auch andere EX-GNTM-Kandidatinnen – sie alle mussten Hasskommentare über sich ergehen lassen, nachdem sie sich auf die Musikbühne gestellt hatten. Steht ein Musiklabel dahinter, verdient es mit der Häme trotzdem viel Geld. Der Song »Wap Bap« von Bibi wurde 66 Millionen Mal angeschaut, eine halbe Million drückten auf Daumen hoch, 3,6 Millionen hingegen drückten den Dislike-Button, ein absoluter Negativrekord. Sie bekam Kommentare wie »Vergasen, die Schlampe«.[33] Das macht die Kommunikation im Netz nicht respektvoller und motiviert viele weiter dazu, Hasskommentare noch verletzender zu schreiben. Und obwohl meist ein millionenschweres Label dahintersteckt, sind die Influencer dem Hass meist schutzlos ausgeliefert. Das erinnert mich jedes Mal an meine eigene Machtlosigkeit.

Die Hits von Twenty4Tim sind die Antwort auf alle, die ihn mit Spott übergießen wollen. Seine Botschaft deckt sich mit der von »Love always wins«: Zeig dich, wie du bist, was du liebst, und lass dich vom Hass nicht einschüchtern. Millionen seiner Follower feiern ihn dafür. Seine Hatergemeinde triggert sein Erfolg noch mehr. Zuletzt wurde Tim auf der Straße angegriffen; er wäre beinahe verprügelt worden, wenn er nicht hätte fliehen können. In einem aufrüttelnden TikTok-Video erzählte Tim, wie es ihm nach einer langen Zeit des Cybermobbings ging. »Ihr habt mir in den letzten Monaten das Essen aus der Hand geschlagen, mir ins Essen gespuckt, meinen Freunden Beine gestellt. Ihr habt meine Mutter beleidigt, sie auf öffentlicher Straße als Hurentochter bezeichnet. Ich habe in den letzten Monaten fast 26 Kilo zugenommen, bin fast wieder in meiner Essstörung gelandet.« Ich bot ihm meine Unterstützung an: »Ich weiß, du fühlst dich gerade kraftlos, und die Worte der Hater fressen sich in deinen Kopf, aber gib bitte niemandem die Macht, dich definieren zu können. Anderssein macht uns in der heutigen Gesellschaft zur Zielscheibe.«

Twenty4Tim steht für Diversity. Viele schreiben sich dieses Wort auf die Fahne, ohne zu verstehen, was genau dahintersteckt, denn es bedeutet mehr als nur »Vielfalt«.

Meiner Meinung nach ist Diversity eine Wertevorstellung, die wir stärker in uns tragen sollten und die dem Hass im Netz gegenübersteht. Sie zielt auf die Anerkennung und Wertschätzung aller Menschen ab, unabhängig von ihrer sozialen oder ethnischen Herkunft, ihrem Geschlecht, ihrer sexuellen Orientierung, ihrer Religion oder Weltanschauung, dem Alter, physischen oder psychischen Fähigkeiten.[34] Doch wie können wir diese Anschauung besser verstehen und sie in unser Leben integrieren? Auf den Medientagen in München treffe ich die Tattookünstlerin Mari An. Die 21-Jährige wohnt in Berlin, trägt viele große und auffällige Tattoos, ist Autistin und Epileptikerin, hat ein Tourette-Syndrom, erlebte selbst viel Hass im Netz und trägt ihre Haare gern in knalligen Farben. Ich spreche bewusst nicht über »Opfer« oder »leidet an«, denn Mari An definiert sich nicht über Diagnosen. Sie ist eine Influencerin und Aktivistin, die versucht, Menschen nahezubringen, dass wir uns nicht auf die Unterschiede fokussieren dürfen. Sie erklärte mir, dass es bei Diversity um die Gemeinsamkeiten zwischen uns allen geht und wir mehr das Besondere in jedem einzelnen Menschen erkennen müssen:

> »Ich glaube, es gibt niemanden, der nicht schon einmal Hass im Netz erfahren hat. Je weniger du der Norm entsprichst, umso mehr trifft es dich. Dabei sprechen alle über ›Diversity‹ und dass man jeden akzeptieren sollte. Aber im Kern der Gesellschaft ist es noch lange nicht angekommen. Jeder, der nur ein bisschen anders ist, wird fertiggemacht im Netz. Wenn ich sehe, wie die Gesellschaft darüber redet, denke ich, dass wir alle in Parallelwelten leben. Immer noch werden wir zu oft nach

unseren Outfits und unserem Aussehen beurteilt. Viele ziehen Rückschlüsse auf unsere Persönlichkeit oder Intelligenz, wenn wir nicht dem Mainstream entsprechen. Mit zehn Jahren habe ich mir das erste Mal die Haare rot gefärbt und einen Iro rasiert. Während der Coronapandemie verschlimmerte sich meine Epilepsie. Ich habe mir die Haare kurzfristig braun gefärbt und bürgerliche Klamotten angezogen, damit ich von den Ärzten ernst genommen werde und die richtige Therapie bekomme. Zu oft hatte ich keine Untersuchungen bekommen, weil Ärzte mich nach dem Äußeren beurteilt hatten und dachten, meine epileptischen Anfälle oder Ticks kämen ›nur‹ von der Psyche. Einmal wurde ich zum TV-Interview eingeladen, und die Moderatorin sagte ernsthaft zu mir: ›Autismus, Epilepsie und Tourette – da würde ich mich ja erschießen.‹ Was sind das für Reaktionen? Ich versuche dann aufzuklären und zu erklären, ich leide nicht unter Tourette. Jede Person ist sie selbst, und das ist das Beste daran. Viele Menschen sagen, sie würden keine Hautfarbe sehen, und sie denken dann, dieser Satz zeige doch, dass sie nicht rassistisch denken. Doch Diversity bedeutet etwas anderes. Du erkennst den Unterschied an und du bewertest ihn nicht. Warum muss sich heutzutage ein Homosexueller immer noch ›outen‹? Ob Transgender oder nicht binär – das darf eigentlich kein Thema mehr sein. Wenn jemand individuell, sprich divers ist, dann schrecken immer noch die meisten zurück oder weichen aus. Wir schreiben uns als angeblich offene Gesellschaft Individualismus groß auf die Fahne, aber wir leben es noch nicht. Diversity wird leider als Marketing- und

> Werbestrategie einfach missbraucht, weil Anderssein sich gut verkauft. Wir denken, wenn wir die Quotenautistin, die Quotenschwarze, die Quotenfrau haben, sind wir als Gesellschaft schon divers. Das funktioniert weder in GNTM noch in der Werbung oder im Bundestag.«

Nach dem Finale von GNTM hätte ich auch den klassischen Influencer-Weg gehen können, regelmäßig reisen oder täglich die neuesten Lippenstifte oder Bodylotions auf meinem Channel anpreisen können. Aber ich wollte nicht noch mehr Werbebotschaften in die Welt setzen, es ging mir inzwischen um Werte. So lehnte ich damals die meisten Angebote ab. Seitdem benutze ich weder Filter für meine Storys, noch bearbeite ich meine Bilder. Es soll alles pur sein. Die Follower sollten in mir keinen #Fake mehr sehen. Ich sehe in ihnen andersherum keine potenziellen Konsumenten oder eine Fangemeinde. Den Respekt, den ich mir damals gewünscht habe, wollte ich jetzt weitergeben. Seitdem bezeichne ich mich als Mindset-Influencerin. Denn es geht darum, Denkweisen und -muster zu verändern, etwas zu bewegen und nicht nur die Botschaften »Wehrt euch« oder »Gemeinsam gegen den Hass im Netz« in die Welt zu setzen. Anfangs war es extrem holprig. Denn als ich beschloss, authentisch zu werden, haben viele meine Bilder nicht mehr geliked oder sind mir entfolgt. Viele sahen in mir eben kein GNTM mehr. So begann auch ein Kampf um meine Existenz, denn von Idealismus allein lässt sich nicht leben. Mir ist eins klar geworden: Ihren schlechten Ruf haben Influencer nicht, weil sie es sich ausgesucht haben, sie sind nur ein Spiegelbild der teilweise fehlgeleiteten Wünsche und Hoffnungen unserer jungen Gesellschaft. Wenn wir also möchten, dass sich das Berufsbild des Influencers verändert, müssen wir unsere Denkweise als Gesellschaft verändern. Und so ging es anfangs ganz ohne das Bewerben von Lockencremes auch nicht. Aber mit der Zeit veränderte sich meine Followerschaft. Heute kooperiere ich mit der Welthungerhilfe, nehme an Kampagnen zur Früherkennung von Brustkrebs teil oder werde auch von HateAid unterstützt. Das ist eine gemeinnützige Organisation, die sich für Menschenrechte im digitalen Raum einsetzt und sich auf gesellschaftlicher wie politischer Ebene gegen digitale Gewalt engagiert. Mein Fokus bei den Beiträgen liegt seitdem auf Mobbing, Cyberbullying, Selbstvertrauen und Selbstliebe.

Je mehr ich mich mit dem Thema Cybermobbing auseinandersetzte, umso mehr realisierte ich, in welchen bizarren Formen sich das Ausgrenzen zeigt. Gespräche mit unterschiedlichen Experten verdeutlichten mir, dass es kaum repräsentative Studien gibt, die das genaue Ausmaß widerspiegeln. Zuletzt veröffentlichte die Techniker Krankenkasse zusammen mit dem Bündnis gegen Cybermobbing neue Zahlen. Demnach seien 16,7 Prozent aller Schülerinnen und Schüler betroffen, rund jeder fünfte junge Mensch hat schon einmal Ausgrenzung im Netz erlebt.[35] Aber auch Erwachsene trifft es, 60 Prozent gaben in einer Umfrage an, dass sie schon einmal in Mobbing- oder Cybermobbing-Situationen involviert waren.[36] Doch zeigen diese Zahlen die Realität und erfassen die komplexen Zusammenhänge? Am Ende ist jeder Fall von Cybermobbing einer zu viel. Das Bündnis gegen Cybermobbing führte 2014 eine Umfrage durch, die darlegte, dass fast ein Drittel der Befragten schon einmal von Mobbing oder

Cybermobbing betroffen war. Mehr als jede zweite Attacke war am Arbeitsplatz. Besonders heftig: Laut der Studie sind Vorgesetzte in über der Hälfte der Fälle als Täter oder Mittäter beteiligt.[37]

Bei meinen Recherchen stieß ich zusätzlich auf unzählige Cybermobbingfälle von Prominenten und Politikern aus den vergangenen Jahren. Die Menschen stehen in der Öffentlichkeit und werden aus unterschiedlichsten Gründen angefeindet: Gesundheitsminister Karl Lauterbach, Grünen-Politikerin Renate Künast, der Virologe Christian Drosten, Sportmoderator Arnd Zeigler, die Sängerinnen Nena und Lena Meyer-Landruth, die Schauspielerin Uschi Glas, Comedians wie Faisal Kawusi, Jan Böhmermann oder Oliver Pocher, Journalisten wie Richard Gutjahr. Die Namensliste geht über Seiten. Erst fing ich an, jeden Einzelnen anzuschreiben, doch ihre Geschichten kennen wir aus der Presse. Mich beschäftigen aber die Millionen Betroffenen, die im Dunkeln bleiben. Ob auf der Arbeit oder im Verein, in der Nachbarschaft oder in der Familie. Die meisten wehren sich nicht, weil sie kein Aufsehen haben wollen, Angst haben oder in tiefer Scham gefangen sind.

Es gibt Fälle, die plötzlich ins Rampenlicht geraten. Wie schwer wir uns als Gesellschaft mit Cybermobbing tun, das zeigt das Schicksal von Rainer Winkler, der als »Drachenlord« zu unfreiwilliger Berühmtheit gelangt ist. Doch das war nicht immer so. Rainer Winkler lebte bis vor Kurzem in dem sehr kleinen und sehr ländlichen Altschauerberg. Er ist ein Fan von Metal-Musik, und da dachte er sich mit Anfang 20, warum nicht mit Freunden und anderen Interessierten teilen, was er liebt, und ihnen vor der Kamera erzählen, welche Bands und Lieder er gut oder doof findet. 2011 startete er einen Kanal auf YouTube und zeigte sich der Welt. Winkler ist übergewichtig, spricht mit einem heftigen fränkischen Dialekt. Anfangs schauten ihm Tausende Menschen noch belustigt zu, wie er Headbanging vor der Kamera machte. Als die ersten Beleidigungen kamen und Rainer Winkler provozierten, kippte die Situation. Der junge Mann, der sich selbst in seinem Kanal als »Drachenlord« bezeichnet, schrie irgendwann in die Kamera: »Traut euch, los, kommt zu mir und legt euch mit mir an!« Ihn hatte in Rage gebracht, dass seine Schwester beleidigt und belästigt worden war. In diesem Moment machte er einen entscheidenden Fehler. Er gab seine Adresse bekannt. Das sahen seine Follower als Aufforderung und Einladung. Und die Geister, die Winkler gerufen hatte, kamen. Bis zum Abriss seines Hauses im vorigen Jahr wurde das Dorf sie nicht wieder los. Über Jahre pilgerten Neugierige aus ganz Deutschland und alle, die sich auf Winklers Kosten lustig machen wollten, in das Dorf und standen plötzlich vorm Haus der Familie Winkler. Anfangs redete der YouTuber noch mit den Angereisten, doch irgendwann eskalierten die Situationen in Gewalt auf beiden Seiten. Und Winkler goss ständig neues Öl ins Feuer. Er äußerte sich auf seinem Kanal auch zum Weltgeschehen, und das nicht gerade überlegt. Seine Bildungslücken wurden zum Bumerang, als er zum Beispiel zugab, dass er den Holocaust mit dem Atombombenabwurf auf Hiroshima verwechselt hatte.

Der unüberschaubare Schlagabtausch zwischen Hatern und Winkler artete so aus, dass ihm keiner mehr Herr wurde. Weder sein direktes Umfeld noch die genervten Dorfbewohner oder die überforderte Polizei oder das Gericht, die Rainer Winkler später wegen seiner Gewaltausbrüche zu einer Freiheitsstrafe verurteilen. Der Fall rief die Medien auf den Plan, die mit Kamerateams anrückten. Seine Hatergemeinde wuchs über die Jahre nicht nur an, sie organisierte sich bis zur Perfektion. Auf zig Kanälen wurde irgendwann zum »Schanzenfest« aufgerufen, um die »Drachenschanze« anzuzünden. So geriet ein Mensch öffentlich in den Fokus eines mittelalterlich anmutenden Mobs, und keiner unternahm wirklich etwas, um den YouTuber zu schützen – vor anderen und vor sich selbst. Aus Rainer Winkler, dem sorglosen YouTuber, wurde ein Verurteilter, Obdachloser, Arbeitsloser und ein Ausgestoßener. Denn jeder, der in seine Nähe kommt, kann selbst ins Kreuzfeuer der Hater geraten. Ich hatte einen Journalisten angeschrieben, der über ihn eine Dokumentation gedreht hatte. Er lehnte höflich ab. Auch er war nach der Veröffentlichung zur Zielscheibe geworden. Inzwischen gibt es Podcasts wie »Wer hat Angst vor dem Drachenlord«[38], und angeblich soll sogar Netflix eine Serie planen. Recherchequellen gibt es genug, dazu gehören die unzähligen Websites, Foren und Social-Media-Kanäle der Hater, die sich ausführlich mit der »Drachenchronik« befassen. Darin wird Rainer Winklers Leben dokumentiert, egal ob er sich ein Tattoo hat stechen lassen oder eine Pizza bestellt. Er ist ständig unter Beobachtung. Weltweit gibt es keinen vergleichbaren Fall. Ich frage mich immer, was wäre gewesen, wenn die Polizei rechtzeitig eingegriffen hätte oder er frühzeitig professionelle Unterstützung bekommen hätte? Ich sehe als Betroffene seine Geschichte mit anderen Augen. Ich weiß aus eigener Erfahrung, wie gelähmt ein Mensch ist, wenn er Cybermobbing erlebt, und wie wichtig ein ganzer Stab mit helfenden Händen ist, um aus einem Shitstorm herauszufinden.

Die Geschichte von Rainer Winkler zeigte mir: Nur weil alle Welt Bescheid weiß, dass man gemobbt wird, es überall in der Presse steht, heißt das noch lange nicht, dass einem geholfen wird. Hier werden Missstände, Probleme und Dynamiken rund um Cybermobbing auf brutalste Weise offensichtlich. Behörden, Polizei, Gerichte und auch die Gesellschaft waren bei Winkler nicht in der Lage, seinen Fall einzuordnen und ihm den Schutz zu gewähren, den er als Mensch verdient hat. Jeder Betroffene muss sich immer noch selbst seinen Weg durch das Dickicht der Meldestellen und Hilfsangebote suchen, obwohl dafür oft die Kraft fehlt. Wir sehen immer nur das Opfer. Doch dahinter stehen ebenso hilflose Eltern, Geschwister, Partner, Freunde und Kollegen, die zum Teil selbst im Strudel des Mobs feststecken, so wie die Mutter von Sarah. Und egal, ob ein Rainer Winkler schwierig ist – er bleibt ein Teil dieser Gesellschaft. Wenn wir zulassen, dass jeder, der anders oder behindert oder krank ist, Gefahr läuft, so etwas wie Winkler zu erleben, versagen wir dann allesamt? Wenn ich mit anderen über Rainer Winkler spreche, dann höre ich oft: »Er ist doch selbst schuld.« Doch niemand ist schuldig, wenn andere ihm den Tod wünschen. Der Fall des Drachenlords lässt uns in die tiefsten Abgründe einzelner Menschen und auch unserer Gesellschaft blicken. Für alle, die mir ihre Geschichten anvertraut hatten, war ich aus dem Fernseher herausgetreten, hatte mich quasi neben sie als Betroffene gestellt und gezeigt: Egal ob Schülerin, Model, Influencer, Student, Künstlerin, Autistin, Ärztin, Politiker, Musiker oder Sportler – jeder von uns ist gleich viel wert und darf kein Cybermobbing erleben.

ROLLEN BILDER

TÄTER:

Der Täter – oder wie wir ihn im schulischen Rahmen gern nennen: der König oder die Königin – tritt meist dominant und selbstsicher auf. Ihm geht es darum, seine Stellung innerhalb einer Gruppe zu festigen. Durch das Mobben erlebt er oft ein Machtgefühl über andere Personen.

OPFER:

Oft werden Abweichungen vom »Durchschnittsmenschen« als Grund für Mobbingattacken genommen. Wenn jemand zu groß, zu klein, zu dick, zu dünn … ist, kann das als Mobbinggrund völlig ausreichen. Häufig werden hierfür äußerliche Merkmale genutzt, doch auch Charaktereigenschaften werden als Legitimierung verwendet.

MITLÄUFER:

Prinzen und Prinzessinnen, nach dem König die mächtigsten Personen der Gruppe, unterstützen das Mobbingverhalten aktiv. Sie bestätigen kontinuierlich den König in seinem Verhalten und buhlen um seine Gunst. Dies kann aus Angst geschehen, selbst zum Ziel zu werden, oder einfach, weil sie den gleichen Egopush verspüren wollen.

BYSTANDER:

Die Bystander – oder auch Fußvolk – bilden beim Mobbinggeschehen die größte Gruppierung. Viele wissen nicht, mit der Situation richtig umzugehen. Sie haben oft Angst, selbst zum Ziel zu werden, und schauen deshalb häufig weg oder lachen verhalten, um nicht aufzufallen. Umso größer das Fußvolk ist – je mehr Bystander das Geschehen beobachten –, desto größer ist der Egopush für den König.

Peter Sommerhalter
Initiative gegen Cybermobbing

KAPITEL 6:
»DAS IST NUR SPASS, DAS BRINGT MIR LIKES!«

WER DIE CYBERMOBBER SIND UND WARUM AUFMERKSAMKEIT UND APPLAUS IHR ANTRIEB SIND

Wenn ich in der Stadt unterwegs bin, schreit keiner einfach einen Fremden an, schlägt auf der Straße auf andere ein oder beleidigt den Sitznachbarn in der S-Bahn. Auch sind mir im Supermarkt noch nie Menschen begegnet, die eine Pistole auf andere richten, nur weil ihnen die Nase nicht passt. Die Frage, was Mobber dazu treibt, schamlos im virtuellen Raum etwas zu tun, was sie im normalen Miteinander nicht tun würden, treibt mich um. Wer versteckt sich hinter den Hassbotschaften? Warum tun die Menschen das? Anfangs hatte ich mit den Hatern noch diskutiert, hatte versucht, mich zu erklären. Alle meine Argumente verhallten meist im Netz. Erst später, als Peter mir erklärte, dass es in der heißen Phase eher das Gegenteil bewirkt, hielt ich mich zurück. Denn während ich viel von mir preisgab, konnte ich meine Hater nicht sehen. Sie gingen nicht auf mich ein, und ich kam ihnen kein Stück näher.

Meine Mutter hatte unendlich viele Screenshots von Kommentaren und Hatercommunitys gemacht und gesammelt. »Wenn ich so eine Tochter hätte, würde ich mich umbringen« – dieser Kommentar auf der GNTM-Facebookseite hatte sich ihr besonders ins Gedächtnis eingebrannt. Sie konnte sich nicht erklären, wie jemand so etwas schreiben kann, ohne je ein Wort mit mir gewechselt zu haben. So besuchte sie die Profilseite dieser Frau. Es war eine Krankenschwester. Sie hatte eine Tochter, die so alt war wie ich. Meine Mutter dachte lange darüber nach, aber dann wollte sie es genau wissen und kontaktierte den Klinikleiter. »Wie kann es sein, dass eine Ihrer Angestellten über meine Tochter so was schreibt«, fragte sie ihn. Er war sichtlich berührt und meinte, er ginge dem Fall nach. Eines Tages kam eine Mail. »Es war nicht so gemeint, ich nehme es wieder zurück.« Die Mail war kurz und formlos, ohne ein warmes Wort, aber es war immerhin eine Entschuldigung. Mehr nicht. So rätselten wir in der Familie weiter herum, warum eine Krankenschwester, die doch von Berufs wegen empathisch sein sollte, so etwas tut. Wenn es wirklich mehr als zwei Millionen Deutsche gibt, die jährlich Opfer von Cybermobbing werden, dann stehen dem mindestens ebenso viele Mobber gegenüber. Nur, was sind das für Mechanismen, die Millionen Menschen zu Tätern machen?

Dr. Holger Wyrwa ist Erziehungswissenschaftler, Psychotherapeut, Coach und Leiter eines beruflichen Fortbildungsinstituts und war selbst ein Mobbingopfer. In seinem Buch *Mobbing – nicht mit mir!* erklärt er anschaulich, wie das Zusammenspiel unserer 100 Milliarden Neuronen im Gehirn beim Denken, Handeln und Fühlen ein wichtiges Ziel anstrebt: Ordnung. Diese neuronale Verknüpfung hängt eng mit unserem emotionalen Zustand zusammen. Wir brauchen das Gefühl, dass wir alles im Griff haben, es nach unserem Plan verläuft und wir uns in der Gesellschaft eingebunden fühlen. Ist das nicht der Fall, versuchen wir alles, um unsere Vorstellung von Ordnung wieder herzustellen. »Menschen mit einem hohen Sicherheits- und Kontrollbedürfnis versuchen häufig, sich mit aller Kraft Einfluss, Überlegenheit und Macht zu verschaffen, um wieder einen Halt in ihrem Leben zu finden«, schreibt Wyrwa.[39] Dies sei extrem einfach mit Mobbing oder Cybermobbing möglich, denn hier zeige sich eine Ordnung, die klarer nicht sein könnte. »Hier gibt es nur eines: einen Gewinner und einen Verlierer.« Der Mobber verschaffe sich einen Schutzraum, den nur er kontrolliert. Wyrwa beschreibt, wie wichtig das Publikum für den Mobber ist, denn alle sollen sehen, wie stark er ist und wie schwach der andere. »Hier zeigen sich die Macht und Verachtung für die Ohnmacht der Opfer.«

Je stärker das eigene Unsicherheitsgefühl ist, umso größer ist der Drang nach Ordnung bei den Menschen, so eine seiner Schlussfolgerungen. Auch mein Erlebnis passt hier rein. Ich wurde zu einer Zeit gemobbt, als Covid-19 uns fest im Griff hatte, wir wochenlang im Lockdown saßen und nicht wussten, wie es weitergeht. Das war für viele Menschen eine Extremsituation. An Kontrolle oder Sicherheit war kaum zu denken bei den Bildern aus Bergamo oder New York, die vor oder nach jeder GNTM-Sendung gezeigt wurden. Wie einfach ist es da, auf jemanden einzuprügeln, der scheinbar alles im Griff hat. Ich wurde vom Publikum als extrem ehrgeizig wahrgenommen, als jemand, der alle seine Ziele angeblich erreicht – koste es, was es wolle, und das in einer Zeit, in der die Welt gerade aus den Fugen gerät. Viele Mobber mussten das als frevelhaft wahrgenommen haben. Sie hatten ihren Blick auf die Ordnung der Dinge.

Bei mir kam aber noch eine andere Komponente dazu. Jede Zuschauerin entwickelt während einer GNTM-Staffel Sympathien für die eine oder andere Teilnehmerin. Bei GNTM bilden sich so mit der Zeit Fangruppen – nicht nur für mich, sondern auch für Larissa, Tamara, Maribel oder Jackie. Das ist vergleichbar mit Fußballfans, die sich nur für ihren Club interessieren und mit Leidenschaft dabei sind. Ein Fan geht gern jede Woche ins Stadion oder sitzt vor dem Fernseher und inhaliert Tore und Tabellen, vergleicht und analysiert jeden Pass. Natürlich will ein Fan, dass sein Verein gewinnt. Man kennt die Spieler nicht persönlich, aber es wird gefachsimpelt und der Gegner ausgebuht. In der Gruppe mit anderen Anhängern fühlt sich ein Fan sicher und seinem Club tief verbunden. Bei jedem Spiel wird mitgefiebert, die Emotionen kochen hoch, ungefiltert werden Freude, Ärger und erst recht Wut und Zorn gezeigt. Nichts anderes passierte bei GNTM jede Woche auch. Fangruppen anderer Teilnehmerinnen wollten, dass ihre Favoritin weiterkam und die Gegnerin eben nicht. So entstanden etliche Haterpages gegen mich, initiiert von Fans meiner Konkurrentinnen. Ihr selbst ernanntes Ziel war es, mich mit allen Mitteln aus GNTM rauszudrängen. Hauptsache, ich verschwinde und werde nicht Siegerin. Das erklärt auch, warum der Shitstorm nach meinem Ausstieg nachließ.

Ich wollte mehr wissen und fragte Peter Sommerhalter, der inzwischen die »Initiative gegen Cybermobbing« mitgegründet hat. Seit 20 Jahren wird er gerufen, wenn Cybermobbing in Schulen, Vereinen oder Unternehmen ein Problem wird. Er hat schon viele Schlichtungsgespräche geführt, kennt alle Seiten und weiß, wie Cybermobber ticken.

>> **Welche Persönlichkeiten stecken hinter den Menschen, die im Netz andere beschimpfen oder gar bedrohen?**

Man stellt sich automatisch einen fiesen und unsympathischen Menschen vor. Aber das stimmt so nicht. Ein typisches Psychogramm des Mobbers gibt es so nicht. Ein Beispiel ist die Krankenschwester, die deine Mutter beleidigt hat. Sie hat ihren Frust einfach mit der Legitimation der Masse rausgelassen. Wahrscheinlich ist sie bei ihrem Streifzug durch das Netz an einem Hasskommentar gegen dich hängen geblieben und fand ihn überzeugend. Es gehört zur Gesetzmäßigkeit des Shitstorms, dass jemand sich der Menge anschließt. Fängt einer an, draufzuhauen, dann schließen sich mit der Zeit immer mehr an.

>> **Was ist dir bei deinen Beratungen besonders aufgefallen?**

Gerade in den Schulen bekomme ich Kontakt mit den unterschiedlichsten Gruppen von Mobbern. Der Unterschied zeigt sich in der Argumentation. Die einen erklären, sie würden den Mitschüler nur mobben, weil sie einfach keinen Bock auf ihn haben. Die anderen sagen, das war doch gar nicht so böse gemeint, sie wollten doch gar nicht mobben. Andere wiederum reden sich geschickt raus. Man wolle den Gemobbten doch nur stark machen und abhärten, er sei doch das typische Opfer. Wenn die- oder derjenige mal ins Visier von »echten« Mobbern gerate, könne sie oder er sich dann auch wehren. Während die einen nicht einmal versuchen, ihr Handeln in der Tiefe zu erklären, haben die anderen sich eine perfide Rechtfertigung zusammengereimt. Wir haben festgestellt, je höher der Bildungsstand der Täter ist, umso subtiler und kreativer zeigt sich das Cybermobbing. Je intelligenter jemand ist, umso besser versteckt er sich hinter den Erklärungen, auch um sich selbst weniger angreifbar zu machen. Der Effekt ist fatal. Der Täter habe es ja nicht so gemeint, sagen dann Außenstehende und Eltern. Häufig erlebe ich, dass die Mobber sich danach bestärkt fühlen, weil sie keine Strafe trifft.

» Welche unterschiedlichen Mobbertypen sind dir bisher begegnet?

Einen Typus nenne ich das »Kalte Herz«. Für mich ist das die schwierigste Gruppe der Mobber, denn sie wissen, was sie tun. Und sie wollen es – ohne Rücksicht auf Verluste, bei sich und bei anderen. Diese Mobber sind sehr auf sich bezogen. Bei einem anderen Mobbertyp ist der Hauptantrieb der Spaß an der Sache. Er braucht keinen weiteren Grund von außen, denn Mobben bringt diesen Menschen schlicht Freude. Sie wissen auch, dass das, was sie tun, nicht richtig ist. Aber für sie ist es schlicht ein Spiel. Es kann jeden treffen, der ihnen über den Weg läuft. Dabei muss es dem Opfer nicht unbedingt schlecht gehen, damit sich dieser Mobbertypus besser fühlt. Deshalb will er auch nicht zwanghaft einen Kollateralschaden. Aber es kann zu einer Spirale der Abstumpfung kommen. Um mehr Spaß zu empfinden, muss er sein Gegenüber immer stärker beschämen.

Dann gibt es noch den »Wettkampf-Mobber«. Er findet sich dort, wo es um Gruppendynamik geht. Er will andere

Hater mit seinen Äußerungen und Taten überbieten und den Wettstreit für sich entscheiden. Er kann sich festbeißen und dabei alle Grenzen überschreiten. Das macht ihn aus seiner Sicht zum Anführer, selbst in einer virtuellen Cybermobbingwelt, wo man sich untereinander gar nicht kennt. Wer sich die Geschichte des Drachenlords anschaut, kann das gut beobachten. Die Spirale des Psychoterrors hat sich dort immer weiter hochgeschraubt. Aber die heftigen Taten wurden von der Hatergemeinde im Netz vielfach gefeiert. Bei so einem Wettbewerb geht es darum, wer sich die schlimmste Demütigung ausdenken kann.

>> **Was ist mit denjenigen, die zuschauen?**

Das sind eher »Gelegenheitsmobber«. Sie finden sich besonders bei einem Shitstorm wie bei dir kurzfristig zusammen, weil sie die Ablehnung gegen Lijana als GNTM vereint. Sie kennen dich nicht persönlich und bilden sich trotzdem ein Urteil. Gibt man ihnen weiter Öl für ihre Fackeln, dann brennen sie diese auch weiter ab. Hier dominiert das Gemeinschaftsgefühl. Sie sind diejenigen, die andere bejubeln und die Hasstiraden anderer beklatschen. Ohne Publikum würde es wahrscheinlich gar nicht erst so weit kommen, oder der Kampf wäre schnell beendet.

>> **Aber woraus ziehen Cybermobber ihre Befriedigung?**

Diejenigen, die andere wüst beleidigen und abwerten, sie als Opfer sehen, werten sich selbst damit auf. Sie erleben Macht über jemand anderen, und das bewirkt in ihnen ein

Gefühl der Aufwertung. Ich nenne das die Egotankstelle. Das fehlende oder nicht stabile Selbstwertgefühl wird hier kompensiert, das eigene Ego wieder aufgeladen. Eine andere menschliche Reaktion ist die Schadenfreude. Wir kennen sie alle. Wenn jemandem ein Ungeschick passiert, müssen wir anfangs lachen. Aber wir empfinden gleichzeitig Mitleid. Zwar lachen wir innerlich und manchmal auch sichtbar, aber wir helfen demjenigen danach wieder auf die Füße, klopfen ihm auf die Schulter und fragen, ob alles in Ordnung ist. Viele Mobber können von der Schadenfreude nicht in die Empathie wechseln. Ganz im Gegenteil, bei ihnen ist diese Selbstregulierung gestört.

» Das klingt unmenschlich.

Manchmal zeigen sich meiner Meinung nach fast sadistische Verhaltensweisen. Je mehr Schmerzen der andere hat, umso lustiger finden es manche Mobber. Ein klassisches Beispiel ist das »Happy Slapping«, das als belustigendes Schlagen übersetzt werden kann. Es war in den Anfängen des Cybermobbings im Netz sehr verbreitet. Dabei wurde jemand von einer oder einer ganzen Gruppe angegriffen, vermöbelt, geschlagen und dabei gefilmt. Danach haben die Täter das Video über digitale Medien und Social Media veröffentlicht. Abgesehen davon, dass sich die Täter strafbar machen, verstärkt das Zurschaustellen im Netz die Schmerzen des Opfers. Das Video kann dann immer wieder und wieder abgespielt werden. Gruppendynamik spielt dabei oft eine große Rolle. Sich gemeinsam diesen Film anzuschauen und über jemanden zu lachen, das verbindet. Ich habe oft als Entschuldigung gehört, das sei doch nur ein lustiger Spaß. Ich antworte dann, nur wenn alle lachen können, auch dein Gegenüber, dann ist das Spaß. Aber hier leidet ein Mensch. Das hat nichts mit Spaß zu tun.

> **» Man hat das Gefühl, dass Cybermobbing zunimmt und auch schlimmer wird. Hat sich die Motivation der Mobber im Laufe der Jahre verändert?**

Früher wurde noch viel mehr aus Langeweile gemobbt. Beim Mobbing aus Zeitvertreib gibt es kein konkretes Ziel. Zuerst wird ein Testballon gestartet. Wenn man sieht, derjenige wehrt sich nicht, dann wird weiter gemobbt. Heutzutage machen wir bei den Beratungen oft die Erfahrung, dass die Mobber es zunehmend wollen. Der Typus »Kaltes Herz« hat stark zugenommen. Das Ziel ist oft, dem Opfer zu schaden. Dieser Mensch habe es verdient, der ist so scheiße, so das Gedankenmodell. Das kann so weit gehen, dass man demjenigen, wie bei dir auch, sogar den Tod wünscht und aktiv darauf hinarbeitet, ihm wehzutun. Der Giftköder für deinen Hund ist hier ein klassisches Beispiel dafür, dass die digitale Gewalt sich im realen Leben zeigt. Hier gibt es keine moralischen Grenzen mehr.

Die Motivationskette kann also sehr unterschiedlich sein. Während die Stummen im Netz unsichtbar bleiben und in der Regel gar nicht wissen, wie schlimm jemand durch das Netz geprügelt wird, quälen andere jemanden aus Lust, aus Angst vor der Zukunft, aus dem Gefühl von Unsicherheit. Andere haben Stress bei der Arbeit oder in der Schule oder einfach nur Langeweile. Ob Spieltrieb oder die

Demonstration von Macht – das alles kann Millionen Menschen im Netz dazu verführen, mit ein paar Klicks andere auszugrenzen, zu beleidigen und zu beschimpfen, um sich kurzzeitig besser zu fühlen.

Sie denken, sie sind hinter ihren Profilen unsichtbar und sicher und haben keine Bedenken, dass das strafbar sein könnte, was sie da machen. Aus ihrer Sicht ist doch legitim, was so viele andere auch machen. Doch es fehlt die Einsicht, dass Mobbing die eigenen Probleme nicht lösen kann und auch den Selbstwert nicht stärkt. Jemand, der sich seiner selbst bewusst ist, muss niemanden beleidigen, um sich seines Werts in der Gesellschaft bewusst zu werden.

Es gibt aber noch eine Kategorie von Hatern, bei denen es nicht um Lust oder Langeweile geht. Ich nenne sie die Profiteure des Cybermobbings. »Ich hasse dich eigentlich gar nicht, ich brauche aber die Likes«, schrieb mir ein junger Mann zurück, als ich ihn fragte, warum er so fies über mich im Netz schreibt. Das war interessanterweise kein Einzelfall und brachte mich auf einen anderen Gedanken. Diese Trittbrettfahrer wollten mit Verlinkungen und Kommentaren auf meine Hassseiten Likes für sich und ihre Accounts generieren. Dazu kommt, dass der Algorithmus hinter den Kommentarleisten denjenigen nach oben setzt, der die meisten Interaktionen bekommt. Wer die Aufmerksamkeit auf sich lenken kann, bekommt Likes, Antworten, Daumen hoch, Herzchen und kann bestenfalls Follower gewinnen. Hass wird also im Netz belohnt.

Auch wenn das bei mir nicht der Fall war, aber Cybermobbing selbst kann sogar zum Geschäftsmodell werden, erklärte Peter mir. Dann sind Profit und Geldgier der

Motor. Hier führt die Spur ins Darknet. Auch wenn die wenigsten der Menschen, die ich kenne, sich in diesem Teil des World Wide Web tummeln, ist es nicht verboten. Um sich das Deep Web und Darknet zugänglich zu machen, muss man nur den Browser Thor installieren. Es ist nicht illegal, solange man dort nichts Böses tut oder Illegales anschaut. Peter erzählte mir, schon Grundschulkinder bekommen Anleitungen zugeschickt, wie sie über Thor ihre Mindcraft-Spiele, Figuren für Pokemon Go oder Raubkopien bekommen. »Wenn ich eine siebte Klasse besuche und frage, wer das Darknet kennt, gehen in der Regel zehn Hände hoch. Doch nur die allerwenigsten waren wirklich drin«, sagte Peter ernst. Konzentriert man sich auf das Darknet, also den verschlüsselten Teil des Deep Web, sieht es schon anders aus. Ich stelle es mir etwa so vor wie die dunklen Hinterzimmer einer großen Hafenkneipe. Auch Whistleblower, Journalisten oder Freiheitskämpfer nutzen diese verschlüsselten virtuellen Ecken, um sich unbeobachtet auszutauschen. Hier treffen sich aber auch Dealer, Verbrecher und Waffenhändler. Wer im Darknet unterwegs ist, muss wissen, wonach und nach wem er suchen muss. Es gibt hier hinter den verschlossenen Hintertüren nicht nur Cannabis oder Kalaschnikows zu kaufen. Auch Rufmordkampagnen. Für Geld lassen sich Auftragscybermobber engagieren, sie gehen auf andere los. Manche brüsten sich sogar damit, dass sie jemanden bis in den Selbstmord getrieben haben.[40]

Cybermobbing ist aber auch ein klassisches Tool von Erpressern. An die »Initiative gegen Cybermobbing« wenden sich immer öfter verzweifelte Menschen, die Opfer solcher Verbrechen werden. Peter erzählte mir von einem Fall, der typisch sei.

»An einem Tag hatte ich einen verängstigten Mann am Telefon. Er war erfolgreicher Vorstandsmanager eines großen Konzerns. ›Über eine Online-Datingplattform habe ich eine Frau kennengelernt, und wir trafen uns zu einem intimen Date im Videochat. Es ging sehr heiß her‹, erzählte er mir. Was er nicht wusste, sein Gegenüber hatte alles mitgeschnitten. Nur wenige Stunden später bekam er den Film mit den eindeutig freizügigen Szenen per Mail zugeschickt. Mit der Aufforderung, wenn er nicht 10.000 Euro zahlt, dann werde dieses Video an den Vorstand und seine Kollegen verschickt. Um noch mehr Druck aufzubauen, behauptete der Absender, die junge Frau sei minderjährig gewesen. ›Ich wusste das nicht, in der Datingplattform hat sie ein anderes Alter angegeben‹, erklärte mir der Manager. Aus der Panik heraus habe er dann tatsächlich die erste Rate gezahlt – in Bitcoins. Doch es hörte nicht auf, ganz im Gegenteil. Das nächste Mal bekam er eine Liste seiner XING- und LinkedIn-Kontakte geschickt. Diesmal forderten die Erpresser 30.000 Euro, ansonsten würden alle seine Geschäftskontakte das enthüllende Video zu sehen bekommen. Fortlaufend klingelte bei ihm das Telefon oder Handy. Die Anrufer setzten ihn massiv unter Druck. ›Ich weiß nicht mehr weiter‹, gestand er. Das ist eine klassische Venusfalle, in die er getappt ist. Er ist Teil eines Geschäftsmodells geworden. Ich erklärte ihm, dass hier richtige Profis am Werk sind, die ihn gezielt ausgesucht, ausspioniert und ins Visier genommen hätten. Dabei gibt es nur einen Weg: Ab jetzt nichts mehr bezahlen, auf keine Mail oder Anruf reagieren und schleunigst zur Polizei gehen und Anzeige erstatten. Ich habe ihm außerdem geraten, sich in seiner Firma zu outen, aber nur kurz und knapp. ›So schwer es ist, Sie müssen die Scham überwinden. Geben Sie zu, dass Sie in eine Falle getappt sind und erpresst werden‹, sagte ich zu ihm. Seine größte Angst war immer noch, dass sich seine Vorstandskollegen abwenden könnten. Ich erklärte ihm, dass Menschen nur selten nicht helfen wollten und einer so dringlichen Bitte nicht nachkommen. ›Warnen Sie einfach Ihre Kollegen vor, dass eventuell Mails oder Nachrichten mit strafbarem Inhalt kommen könnten. Außerdem sollen Sie sich bei Ihnen melden, damit Sie diese Inhalte an die Polizei weiterleiten können‹, sagte ich ihm. Denn das signalisiert, dass er Opfer einer Straftat geworden ist, ohne ins Detail zu gehen. Er war sehr skeptisch. ›Aber, mein Ruf‹, wiederholte er immer wieder. Wir redeten zwei Stunden. Ich konnte ihn überzeugen, dass er nach außen hin signalisiert, dass er keine Angst vor den Erpressern hat. Der Hinweis, dass jeder Chef und jede Firma sich ja selbst angreifbar machen würde, wenn sie in so einer Notsituation einen Mitarbeiter kündigen, überzeugte ihn letztendlich. Er fand den Weg raus aus der Angst und wurde aktiv. Am nächsten Tag postete er auf Xing und LinkedIn ›Wer hat einen guten Tipp für einen Medienanwalt. Ich habe den Vorfall bereits bei der Polizei angezeigt‹. Das war eine klare versteckte Botschaft an seine Erpresser, die ja auf seinen Profilseiten unterwegs sind. Die Verbrecher wussten jetzt, dass er kein leichtes Geld mehr ist. Eine Woche später hat er mich wieder kontaktiert. ›Es kostet mich enorm viel Kraft, die Mails und Anrufe zu ignorieren‹, sagte er mir. Aber er sei zur Polizei gegangen und habe

Anzeige erstattet. Es bestand zwar keine Aussicht darauf, dass er das Geld zurückbekommt, aber viel wichtiger war, dass er sich selbst zu helfen wusste. Er signalisierte jetzt nach außen: Ich habe keine Angst. Welches Geheimnis könnten die Erpresser jetzt noch verraten, wenn die anderen es ja eh schon wissen. ›Wenn Sie nicht reagieren, dann werden Sie irgendwann von der Liste gestrichen. Aber ein Restrisiko gibt es, dass Videos auf einer Rachepornoseite auftauchen. Aber welcher Ihrer Kollegen gibt schon offen zu, dass er auf einschlägigen Seiten im Netz unterwegs ist? Sie waren schon bei der Polizei, Sie sind also de facto nicht mehr erpressbar.‹ Auch wenn es ihn eine große Überwindung gekostet hatte, hatte nur er etwas verändern können. Er hatte vor der Wahl gestanden, nichts zu tun und sich ein Leben lang zu schämen für etwas, was nicht verboten ist, ständig in der Angst vor einer möglichen Bedrohung zu leben, oder sich zu befreien. Sechs Wochen später bekam ich ein letztes Mal einen Anruf von ihm, und er hörte sich sehr erleichtert an. Er hatte vollen Support von seiner Firma, sein Chef und die Mitarbeiter unterstützten ihn und fanden es sehr gut, dass er sich wehrte.«

Diese Form von Cyberkriminalität wird als »Sextortion« bezeichnet und nimmt zurzeit extrem zu. In deutschen Städten haben sich die gemeldeten Fälle zwischen 2019 und 2022 teilweise sogar verfünffacht. Geldüberweisungen unterstützen letztendlich diese kriminellen Systeme. Häufig sitzen die Täter von Sextortion nicht einmal in Deutschland, sondern in anderen Kontinenten wie zum Beispiel an der Elfenbeinküste. Doch die Täter sind nicht nur im Büro, sondern schon längst im Kinderzimmer. Sie erpressen Jugendliche mit kleineren Beträgen oder Amazon-Gutscheinen, so das Bundeskriminalamt. Dabei geht es nicht darum, Nacktfotos von Minderjährigen im Darknet zu verkaufen oder um sexuelle Abhängigkeiten aufzubauen, sondern um schnelles Geld. Auch wenn bei der Erpressung eines 16-jährigen Schüler keine großen Gewinne winken, die Masse macht es. [41]

Unter Sextortion fällt auch das Phänomen »Revenge Porn«. Wie es das Wort schon umschreibt, ist Rache hier das treibende Motiv. Jeder, der Nacktfotos von sich per Messengerdienst an die Freundin oder den neuen Verehrer verschickt, geht immer das Restrisiko ein, dass das Bildmaterial auf einer Pornoseite im Netz plötzlich für jedermann sichtbar ist. Die Geschichte von Lena Chen ist zwar schon lange her, aber ein sehr interessantes Beispiel. Lena Chen studierte in Harvard Soziologie, als ihr Ex-Freund, mit dem sie nur kurz zusammen war, eine Serie von Sexfotos, die er heimlich gemacht hatte, im Netz veröffentlichte. Den Link zu der Fotogalerie setzte er gern auch mit dem Usernamen »FuckLena« als Kommentar unter alle möglichen Artikel. Irgendwann kannte jeder an der Universität ihren Namen und ihre Fotos. Die Scham der jungen Frau mit chinesischen Wurzeln war enorm, und sie litt unter Panikattacken. Schließlich ging sie nach Berlin und nahm sogar eine neue Identität an. Unter dem Namen Elle Peril baute sie sich zwar ein neues Leben auf und arbeitete sogar als Nacktmodel, um so ihr Trauma zu überwinden, aber glücklich wurde sie nicht. Es brauchte Jahre, bis sie sich ihrem neuen Berliner Freundeskreis öffnete, ihren richtigen Namen preisgab und schließlich ihre Erlebnisse künstlerisch in Texten, Bildern und einer Spoken-Word-Performance verarbeitete. 2017 zeigte eine Berliner Galerie ihre Ausstellung »Lena Chen: The Life & Death of Elle Peril«. Sie erzählte öffentlich ihre Geschichte, die mit unfreiwilligen Nacktfotos angefangen hatte.[42] Mit einem harten Neuanfang hatte sich Chen in Sicherheit gebracht und sich selbst wiedergefunden. Doch auch ihre Geschichte zeigt, sich dauerhaft zu verstecken oder zu flüchten bringt nichts. Das Erlebte verfolgt einen überallhin. Der Weg nach vorn kann aber helfen. Wer sich öffnet, das Umfeld informiert und zur Polizei geht und direkt um Unterstützung bittet, nimmt jedem Erpresser die Grundlage und stutzt Racheengeln die Flügel. Doch die eigene Scham zu überwinden, das zeigt auch die Geschichte von Lena Chen, ist dabei die schwerste Aufgabe. Aber nur so hat sie es geschafft, die Macht über sich und ihren Körper zurückzubekommen, auch wenn die Narben des traumatischen Erlebnisses bleiben.

Antwort der Staatsanwaltschaft auf die schriftliche Zeugenaussage von Lijana Kaggwa

Tatvorwurf/Delikt Beleidigung gemäß §185 StGB, Bedrohung gemäß §241 StGB, #HASSPOSTING#

Das Ermittlungsverfahren gegen Unbekannt wegen Beleidigungen zum Nachteil von Ihnen wird eingestellt (§ 170 Abs. 2 Strafprozessordnung).

Gründe: Alle nach Lage der Sache gegebenen Möglichkeiten, den Täter zu ermitteln, sind ausgeschöpft worden. Die Ermittlungen sind jedoch bisher ergebnislos verlaufen. Sie haben keine hinreichenden Anhaltspunkte für die Täterschaft einer bestimmten Person oder auch nur eines bestimmten Täterkreises ergeben.

Weitere Nachforschungen erscheinen gegenwärtig aussichtslos. Die Strafverfolgungsbehörden werden die Angelegenheit im Auge behalten.

Sollten sich neue Gesichtspunkte ergeben, die zur Aufklärung der Sache beitragen könnten, werden die Ermittlungen wieder aufgenommen. Auch der Anzeiger wird gebeten, Nachricht zu geben, sobald ihm Hinweise bekannt werden sollten.

KAPITEL 7:
»TÄTER KONNTE NICHT ERMITTELT WERDEN!«

WARUM DIE STRAFVERFOLGUNG SO SCHWER IST UND WAS WIR ALLE DAFÜR TUN KÖNNEN, DAMIT DIE HATER VOR GERICHT KOMMEN

Es war ein junger Mann, der am Steuer saß, und mir mit kalter Miene einfach den ausgestreckten Mittelfinger entgegenstreckte. Ich war mit meiner Mutter unterwegs, und wir standen mit unserem weißen Fiat neben seinem Auto vor der roten Ampel. Ich war aufgebracht. »Das ist eine Beleidigung, das kann man anzeigen«, meinte meine Mutter zu mir. Kaum waren wir zu Hause, schaute ich auf mein Handy. Wieder hatte ich viele Morddrohungen erhalten, und sie waren unverfrorener als je zuvor. Meine Mutter fasste daraufhin einen klaren Gedanken. »Das hier kann einfach nicht legal sein.« Was man im Straßenverkehr anzeigen kann, muss im Netz doch auch gehen. Wir fingen an, alle Morddrohungen der letzten Tage rauszusuchen, aber nur die, von denen wir Bilder und Namen hatten und glaubten, dass kein Fake-Account dahinterstand. Ich machte Screenshots, und meine Mutter druckte alles aus, was sie fand. Gewappnet mit den Beweisstücken machten wir uns auf zur Kassler Hauptwache, einem postmodernen Bau direkt am

Hauptbahnhof. Am Schalter, hinter einer Glaswand, saß ein älterer Polizist mit Brille. »Ich werde über das Internet bedroht und beleidigt. Ich möchte Anzeige erstatten«, sagte ich zu ihm. »Gegen Unbekannt?«, fragte er überrascht. »Ich kenne die Leute nicht persönlich, aber sie stehen mit ihrem Namen im Netz«, antwortete ich verdutzt. Ein anderer Polizist holte uns im Foyer ab und führte uns in sein Eckbüro am Ende eines langen Flurs. Auf seinem Schreibtisch stapelten sich Aktenordner. In diesem Haufen Papier wird meine Akte wahrscheinlich auch einfach nur verschwinden, dachte ich und verlor die Hoffnung. »Frau Kaggwa, dann zeigen Sie mir mal die Fotos«, sagte der Polizist lapidar und schaute mich von der anderen Seite seines Schreibtisches erwartungsfroh an. »Nein, es geht nicht um Deepfake. Es geht um Nachrichten«, sagte ich. Er schaute etwas irritiert. Dann las ich ihm meine erste Gewaltandrohung vor, die ich von einer jungen Frau bekommen hatte. »Deine Mutter ist eine Hure, ich schlage dir die Fresse ein, wenn ich dich sehe.« In dem Moment schlug die Stimmung um, der Polizeibeamte hörte auf zu lächeln. Er war sprachlos, als ich mit den nächsten Drohungen fortfuhr. »Ich würde mir am liebsten Silikon in die Ohren stecken, damit ich dich nicht hören muss. Pass auf, wo du hingehst. Irgendwo stehe ich und werde dir Säure ins Gesicht kippen.« Langsam verstand er den Ernst der Lage und fragte genau nach. »Wann waren Sie bei GNTM, und wann fing der Hass an?« Ihm war wichtig zu wissen, wie lange ich noch bei GNTM sein werde. »Ich bin bis ins Finale gekommen. Es liegen noch etliche Wochen Ausstrahlung vor uns«, erklärte ich.

»Wie, Sie könnten theoretisch das nächste Germanys Next Topmodel werden?«, fragte er ganz interessiert. »Meine

Tochter schaut zurzeit auch die Staffel an.« Ich konnte seine Euphorie nicht teilen, dass seine Tochter in ein paar Wochen vor dem Fernseher sitzt und sagt: »Schau mal Papa, das ist doch die Frau, die bei dir im Büro saß.« Der Gedanke, dass ich GNTM werden könnte, war in dem Moment das Letzte, was mich bewegte. Los Angeles, Jamaika, Polizeihauptrevier Kassel – das waren nicht die Stationen, die ich mir als Start in eine Modelkarriere vorgestellt hatte.

Er fragte mich nach einem Selfie und reichte mir sein Smartphone rüber. Ich drückte ein-, zweimal auf den Auslöser und gab das Handy wieder zurück. »Bin gespannt, was meine Tochter sagt«, meinte er freudig. Währenddessen spuckte der Drucker die Anzeige aus. Als er mir die Papiere zum Unterschreiben rüberreichte, meinte er: »Ich möchte Ihnen nicht zu viel Hoffnung machen, ich werde Ihren Fall nicht bearbeiten können. Dafür haben wir hier einen IT-Spezialisten. Er wird sich bei Ihnen melden. Das kann aber etwas dauern, er hat viel auf dem Tisch. Wissen Sie, wir haben nur einen zuständigen Polizisten für diesen Bereich.« – »Im ganzen Raum Kassel nur einen?«, fragte ich perplex zurück. Dann sind wir auf uns allein gestellt, war mein einziger Gedanke. Aber der Polizeibeamte war zumindest ehrlich, was ich ihm hoch anrechnete.

Ich hatte das Gefühl, dass keiner bei GNTM und dem Sender wollte, dass ich etwas gegen den Hass unternahm. Ich fühlte mich unter Druck, und so hielt ich die Füße still. Ich saß in meinem Fiat, als das Telefon klingelte, und verstand nur »Kriminalpolizei«. Im ersten Moment dachte ich, ich hätte etwas verbrochen, denn ich fühlte mich ständig schuldig für alles Mögliche. Erst dann realisierte ich den zweiten Satz. »Es geht um Ihre Sicherheit«, sagte die

Männerstimme am anderen Ende. »Kommen Sie sofort aufs Revier.« Wenige Tage nachdem ich im Eckbüro Selfies geschossen hatte, saß ich nun wieder im gleichen Gebäude, aber in einem anderen Trakt. »Wir ermitteln normalerweise in Mord-, Vergewaltigungs- und Raubüberfällen«, sagte mir der Kriminalpolizist. »Wissen Sie denn gar nicht, worum es geht?«, fragte er mich. Der Sender von Pro7 hatte bei der Kripo in Kassel angerufen, weil sie eine sehr detaillierte Vergewaltigungsandrohung erhalten hatten. Es war ein seitenlanger anonymer Brief. In epischer Weise hatte ein Psychopath seine Fantasien niedergeschrieben. Ich war geschockt, aber auch verwirrt. Warum hatte keiner vom GNTM-Team mich direkt informiert? Es war eine von vielen Fragen, auf die ich in dieser Zeit nie eine Antwort erhalten hatte. Der Kriminalbeamte, ein Mittvierziger mit Dreitagebart, war sehr angespannt und sprach in klaren Worten. Ich fühlte mich das erste Mal richtig ernst genommen. Er war aufgebracht, dass das GNTM-Team und der Sender die Polizei erst so spät informiert hatten. Dabei seien schon etliche Briefe dieser Art beim Sender eingetroffen. Ich konnte es nicht fassen. »Frau Kaggwa, wir nehmen das sehr ernst, und wir müssen jetzt handeln«, sagte der Kriminalpolizist. »Wieso dürfen Sie nicht an die Öffentlichkeit gehen? Wer verbietet Ihnen das?«, fragte er mich. Viel wichtiger war ihm, dass mir nichts widerfuhr. »Meiden Sie Ihre übliche Joggingstrecke. Verlassen Sie wenn möglich nicht allein das Haus, und wohnen Sie die nächsten Wochen woanders«, riet er mir. »Außerdem stellen wir Sie unter Polizeischutz.«

Damals stand das Finale noch bevor, und der Polizist machte sich Gedanken, was meine Reise nach Berlin anging. »Wie kommen Sie dahin?«, fragte er mich. Ich hatte ein

Bahnticket vom Sender bekommen. »Sie können nicht in einen Zug einsteigen, Sie stehen unter Polizeischutz«, erwiderte er. »Die Lage ist ernst«, wiederholte er ständig. »GNTM spielt hier gar keine Rolle. Die Quote oder Verbote von Heidi Klum interessieren niemanden. Drei Millionen Leute werden wissen, wo Sie auftreten. Uns interessiert nur Ihre Sicherheit und keine Show.« Mit jedem weiteren Satz, den er sagte, wurde mir klar, wo ich da reingeraten war. Mein Leben war also wirklich bedroht, das waren nicht nur Worte. Wie konnte es so weit kommen, dass mir die Polizei sagte, sie müsse mich zu meinem eigenen Schutz zur Finalsendung eskortieren?

Aus der Sicht der Betroffenen hatte ich bisher eine sehr eindimensionale Sicht: Anzeige aufgeben und warten. Später nach dem Finale recherchierte ich noch mal und erfuhr, dass es eine Fachberatung für Cybercrime beim Kassler Polizeipräsidium gibt.

Doch man vermittelt mich weiter an Sascha Aschermann, er ist Geschäftsführer der Regionalstelle Nordhessen vom »Netzwerk gegen Gewalt«.[43] Hier arbeiten schon seit mehr als 20 Jahren regionale Initiativen, Schulen und die Jugendhilfe mit der Polizei zusammen. Ihr Ziel ist es, Gewalt unter Kindern und Jugendlichen zu minimieren, dazu gehörte irgendwann auch Cybermobbing. Deshalb wurden hessenweit in allen Polizeipräsidien regionale Geschäftsstellen des Netzwerks eingerichtet. Von dort schrieb mir jetzt Aschermann sehr ausführlich zurück.

> »Mobbing und Cybermobbing stellen selbst keine eigenständigen Straftatbestände dar, und nicht jede Mobbing-Handlung ist strafrechtlich relevant. Gleichwohl ist es aber in vielen Fällen so, dass sich die Täterinnen

> und Täter im Laufe der Zeit immer schlimmere Aktionen ausdenken, mit denen sie ihre Opfer quälen und dann die Schwelle zur Strafbarkeit überschreiten. Da hierbei eine Vielzahl von Straftatbeständen in Betracht kommen und der Tatort sowie auch das Alter der Täter bei der Bearbeitung eines Falls eine Rolle spielen, kommen sehr viele Kolleginnen und Kollegen unterschiedlicher Dienststellen von Schutz- und Kriminalpolizei mit dem Phänomen ›Cybermobbing‹ in Berührung.«

Weil Cybermobbing kein eigenständiger Straftatbestand ist, sei es überhaupt schwierig, klare belastbare Zahlen zu ermitteln. Sie werden in der Kriminalstatistik unter »Internet« zusammengefasst. Zwar hatten sich hier im Einzugsgebiet des Polizeipräsidiums die Fälle zwischen 2019 und 2021 auf 550 verdoppelt, aber auch hier muss mich Aschermann enttäuschen. »Diese Zahlen lassen sich untereinander nicht vergleichen«, schrieb er mir dazu. Die Verschärfung des Straftatbestandes der Bedrohung, die gesetzlich 2021 im Strafgesetzbuch festgehalten wurde, habe viele Taten erst strafrechtlich relevant werden und die Anzeigenzahl nach oben schnellen lassen. Auch die Coronazeit hat ihr Übriges dazu beigetragen.

> »Die Nutzung digitaler Bildschirmquellen hat seit Pandemiebeginn noch stärker zugenommen und könnte somit das Problem Cybermobbing verschärft haben. Dies bestätigen auch viele Untersuchungen und Studien. So gaben in einer Befragung einer Krankenkasse rund sieben von zehn Schülerinnen und Schülern an, dass Cybermobbing seit Corona zugenommen habe.«

Aschermann, der sich auf die Jugendarbeit konzentriert oder mit anderen Vereinen zusammen über die Gefahren von Cybergrooming informiert, geht wie die »Initiative gegen Cybermobbing« auch in Schulen, wo es zu Cybermobbingvorfällen kommt. Jugendliche bekommen nicht sofort eine Anzeige, erst mal sucht die Polizei nach anderen Wegen.

> »Hier kommen Gefährderansprachen in Betracht, bei denen dem Täter klargemacht wird, dass sein Verhalten der Polizei bekannt ist. Ihm werden die rechtlichen und tatsächlichen Grenzen seines Handelns aufgezeigt und weitere polizeiliche Maßnahmen für den Wiederholungsfall angedroht. Bei jüngeren Tätern erfolgt dies in der Regel durch die Jugendsachbearbeiter der Polizei, in Form eines ›Erzieherischen Gesprächs‹. Ermittlungen im Internet sind grundsätzlich zeitaufwändiger, führen in vielen Fällen aber trotzdem dazu, dass die Tat aufgeklärt werden kann. Sind die Täter aber unter 14 Jahre alt, kann die Polizei strafrechtlich kaum etwas ausrichten, eine zivilrechtliche Haftung greift aber bereits ab dem siebten Lebensjahr. Auch können Tatmittel wie Smartphones und Computer unabhängig vom Alter des Täters beschlagnahmt und auch eingezogen werden.«

Der Polizeibeamte wies mich darauf hin, dass man unbedingt jeden Cybermobbingvorfall dokumentieren sollte. Dazu gehören Screenshots von den Kommentaren, sich das Datum aufschreiben, außerdem ist das Speichern der Webseiten, der URL, der Chats und Mails notwendig, und man sollte den Klarnamen oder den Namen des Posters und sein Profil notieren. Das alles hilft der Polizei bei ihren

Ermittlungen. Sogar Zeugenaussagen könnten helfen. Was ich mitnehme: Je detaillierter die Informationen sind, die man den Polizisten gibt, umso besser können sie ermitteln.

Erstaunt war ich, als mir Aschermann schrieb, dass viele Täter gefunden werden, denn den Eindruck hatte ich bisher eigentlich nicht. Zu den Zahlen, in wie vielen Fällen bisher Anklage erhoben worden ist, konnte die Polizei aber keine Angaben machen.

Doch wie arbeitet die Polizei mit der Staatsanwaltschaft zusammen? Um mehr darüber zu erfahren, habe ich mich auf den Weg in die Generalanwaltschaft nach München gemacht, um mich mit Teresa Ott zu treffen. Eine Juristin wie aus dem Bilderbuch, sie ist jung, dynamisch und ambitioniert. Sie war von Anfang an dabei, als das Bayerische Justizministerium Ende 2018 Maßnahmen gegen Hatespeech startete. Nun ist sie die einzige Hatespeech-Beauftrage in Deutschland und der Kopf von 22 Sonderdezernaten in Bayern. In jedem Bundesland gibt es zwar einen justiziellen Ansprechpartner zu dem Thema, aber in jedem Bundesland ist es anderes geregelt. Einige Länder haben Zentralstellen, andere Schwerpunktstaatsanwaltschaften. Untereinander ist man aber eng vernetzt, und Ott tauscht sich regelmäßig mit allen aus. Sie erklärt mir, was hinter den Kulissen passiert und wie die Akteure miteinander vernetzt sind.

> **» Das Bayerische Justizministerium geht einen neuen Weg im Kampf gegen Hatespeech. Wie sieht dieser genau aus?**

Wir haben in den vergangenen Jahren stufenweise mehrere neue Onlinemeldeverfahren eingeführt. Der erste Schritt war die Kooperation mit den Medienhäusern in Bayern. Sie entstand aus der Frage, wie wir Kenntnis von Hasskommentaren im Internet erlangen können. Jeder Sender und Verlag hat Plattformen auf den sozialen Netzwerken, auf denen viel diskutiert wird, deshalb lag es nah, hier zusammenzuarbeiten. Früher wurden viele Kommentare einfach gelöscht, jetzt können wir sie gemeinsam abfangen. Seit 2019 haben wir mehr als 600 Fälle bearbeitet, die uns die Medienhäuser gemeldet haben. Inzwischen haben wir auch Meldeverfahren für einzelne Betroffenengruppen aufgebaut. Dazu gehören Meldestellen für Amts- und Mandatsträger und eine für antisemitische Hasskommentare. Bei der neuen Meldestelle REspect! kann jeder Bundesbürger Hass und Hetzkommentare melden. Für die LGBTQ-Gemeinde arbeiten wir mit der Münchener Meldestelle STRONG zusammen. Sie alle fungieren als Zwischenstelle und melden uns die Fälle weiter, die strafrechtlich relevant sind.

» **Welche Form von Hasskommentaren nehmen zu?**

Hatespeech war früher ein Jugendproblem, heute sind mehr Erwachsene betroffen, und seit der Coronapandemie besonders Politiker und Menschen mit anderer politischer Ausrichtung. Seit sieben Jahren erhebt das Meinungsforschungsinstitut forsa im Auftrag der Landesanstalt für Medien in Nordrheinwestfalen jedes Jahr Daten für die Wahrnehmung von Hassrede im Netz. Die aktuelle Umfrage zeigt deutlich, dass neben den politischen besonders die queerfeindlichen Kommentare stark zugenommen haben. Generell beobachten wir auch, dass die

Anzahl der Hasskommentare steigt, die sich an aktuellen Themen und Krisen wie der Flüchtlingswelle oder Corona orientieren. Insgesamt wird Hatespeech aber nicht nur politischer, sondern auch komplizierter. So ist der russische Angriffskrieg ein Verstoß gegen das Völkerstrafgesetzbuch. Ihn zu befürworten, gilt als Billigung einer Straftat. Das wissen aber die wenigsten.

» Wie ist der Ablauf, wenn ein Post gemeldet wird?

Bisher ermittelte die Polizei erst und schaltete dann die Staatsanwaltschaft ein, wenn der Täter gefunden wurde. Wir versuchen, den Meldeweg umzudrehen. Denn die Hauptfrage bei Hatespeech ist meist, ob der Inhalt schon strafbar oder »nur« moralisch verwerflich ist. Wer heute auf den sozialen Medien einen Hasskommentar liest, kann sich bei einer Onlinemeldestelle wie REspect! melden und hinterlässt die Mailadresse für Rückfragen. Man kann ganz einfach Screenshots des Posts oder Kommentars hochladen, und die Meldestelle prüft dann den Inhalt. Was viele vergessen: Wir sind eine Anzeigenbehörde. Man kann auch immer bei der Staatsanwaltschaft eine Anzeige erstatten und muss nicht zur Polizei gehen. Mit der Onlinemeldestelle wollten wir für die Betroffenen aber einen niedrigschwelligen und einfachen Meldeweg finden. Wird ein Inhalt direkt bei den Staatsanwaltschaften gemeldet, prüfen sie auch auf strafrechtliche Relevanz. Das wird als Prüfbitte bezeichnet. Erst wenn es sich bei einem Post um eine strafbare Handlung handelt, die über eine Beleidigung hinausgeht, wenden wir uns an die Polizei.

>> **Wie geht es dann weiter?**

In einem Verfahren macht die Polizei Hausdurchsuchungen und nimmt die internetfähigen Geräte wie Smartphones und Tablets mit. Das tut den Menschen besonders weh, denn in den Geräten ist ihr ganzes Leben gespeichert. Wurde der gemeldete Post von einem dieser Geräte verschickt, schauen wir nach, ob es auf den Geräten und Computern noch Hinweise auf andere Straftaten gibt oder ob die Besitzer beispielsweise in der rechten Szene organisiert sind. Wir prüfen erst mal alles. Wenn wir eine Strafbarkeit nachweisen können, dann geht es weiter zum Gericht, und der Richter muss entscheiden. Die meisten Angeklagten lassen es nach der ersten Instanz gut sein. Die wenigsten sind Extremisten, sondern ganz normale Nutzer, die im Zweifel unbedacht etwas gepostet haben, um ihrer Wut und ihrem Frust Luft zu machen. Viele sind nach so einem Verfahren kuriert. Wir hatten 2021 über 2300 Verfahren in Bayern, die sich auf Hatespeech im virtuellen Raum beziehen. Das ist eine Steigerung von fast 50 Prozent zum Vorjahr. Bei vielen Menschen ist es einfach immer noch nicht angekommen, dass es sich nicht um ein Kavaliersdelikt handelt.

>> **Was ist, wenn der Täter nicht gefunden wurde? Wie reagieren die Menschen, die Anzeige erstattet haben?**

Viele Betroffene sind dann verständlicherweise frustriert. Oft ist es schwer zu vermitteln, wie schwierig es ist, den Täter zu ermitteln. Wir ermutigen aber dazu: Auch wenn diesmal nichts rausgekommen ist, es ist enorm wichtig, immer wieder Anzeige zu erstatten. Manchmal ergeben sich dadurch auch Querermittlungen, die uns weiterhelfen. Generell sind die Aufklärungsquoten sehr unterschiedlich von Bundesland zu Bundesland. In Bayern haben wir zum Beispiel eine Aufklärungsquote von 80 Prozent bei den Meldungen, die über die Medienkanäle kommen.

» Wie kann ich erkennen, ob ein Inhalt strafbar ist?

Keiner verlangt von den Betroffenen, dass sie juristische Kenntnisse haben müssen. Um etwas zu melden, muss man nicht die Paragrafenlage kennen. Wir entscheiden, ob wir Anklage erheben müssen, und ob es sich um eine Beleidigung oder Bedrohung handelt. Das ist insgesamt eine schwierige Grauzone. Denn viele Posts sind moralisch verwerflich, aber sie sind nicht strafbar. Eine vermeintliche Bedrohung wie »Ich, weiß, wo du wohnst« ist tatsächlich nicht strafbar. Das ist aus psychologischer Hinsicht aber für die Betroffenen enorm belastbar. In dem Fall kann die Polizei tatsächlich nur präventiv tätig werden und eine Gefährderansprache machen. Sie könnte zu dem Poster hinfahren und ihn darauf aufmerksam machen, dass man ihn auf dem Schirm hat.

» Wie sieht es mit der Meinungsfreiheit aus?

Uns wird vorgeworfen, dass wir die Meinungsfreiheit durch die Strafverfolgung einschränken. Tatsächlich ist es so, dass die Meinungsfreiheit nicht schrankenlos gewährleistet ist. Sie hört da auf, wo andere betroffen sind und Straftaten anfangen. Es ist genau andersrum: Hatespeech schränkt die Meinungsfreiheit ein, denn viele Opfer äußern sich nicht mehr und nehmen nicht mehr am öffentlichen Diskurs teil. Das hat zum Beispiel auf kommunalpolitischer Ebene oft weitreichende Folgen. Wir beobachten öfters, dass sogar Bürgermeister kleiner Gemeinden deshalb oft ihre Ämter aufgeben, weil in den Hasskommentaren auch oft ihre Familien bedroht werden. Das gefährdet gravierend unsere Demokratie. Der wissenschaftliche Ausdruck dafür ist Silencing, die Betroffenen verstummen. Ein kritischer Diskurs muss möglich sein, aber wenn es nur noch um Diffamierung geht, wird es schwierig.

» **Wie ist die Zusammenarbeit mit den sozialen Plattformen?**

Es würde unsere Arbeit erleichtern, wenn die Plattformen uns unterstützen würden, denn sie haben die IP-Adressen. Die Kooperation ist sehr unterschiedlich, manchmal warten wir wochenlang auf eine Auskunft. Telegram zum Beispiel kommuniziert überhaupt nicht mit uns oder hat niemals Daten rausgegeben. Facebook und Google sind aber noch Plattformen, die mit uns sprechen. Bei Volksverhetzung reagieren sie in der Regel sehr schnell, bei Beleidigungen nicht. Wir sind aber nicht immer auf die Kooperation der Plattformbetreiber angewiesen.

» **Was ist mit den Usern, die Hatespeech-Beiträge liken?**

Es gibt unterschiedliche Stufen der Beteiligung, je nachdem ob man einen Beitrag schreibt, ihn liked oder teilt. Tausende von Usern haben im Netz den Mord an zwei

Polizisten in Kusel geradezu gefeiert. Das war sehr bedrückend. Wir haben auch die Likes als strafbar gewertet und an einem Aktionstag Hausdurchsuchungen durchgeführt, die Verfahren wurden an alle Staatsanwaltschaften in Deutschland verteilt.

» Welche Strafen drohen den Tätern?

Eine Freiheitsstrafe ist sehr selten, normalerweise nur Geldstrafen, jedoch in nicht unerheblicher Höhe. Auch Volksverhetzung wird oft nur mit einer Geldstrafe geahndet. Trotzdem ist es uns ein großes Anliegen, möglichst Grenzfälle vor Gericht zu bringen. Doch generell brauchen wir Unterstützung: Wir sind darauf angewiesen, dass Leser und Betroffene Kommentare melden. Die Staatsanwaltschaft kann erst dann tätig werden. Wir können die Öffentlichkeit nur darin bestärken, sich an uns zu wenden.

Ich hatte nie an die Möglichkeit gedacht, mich direkt an die Staatsanwaltschaft zu wenden, auch um meinen Fall prüfen zu lassen. Die meisten Betroffenen, die ich kenne, wenden sich automatisch an die Polizei. Mich überzeugt der bayerische Ansatz, über die Medien zu gehen. Verlage und TV-Sender löschen also nicht nur einfach Hassbotschaften, sie kooperieren sogar direkt und können über ein eigenes Meldeverfahren, Hatespeech melden. Das ist sinnvoll. Umso mehr hatte mich gerade deshalb überrascht, warum mein Fall der Staatsanwaltschaft nie gemeldet worden war. Pro7 und ihre Tochtergesellschaft Seven.One haben ihren Sitz in Unterföhring, keine 20 Kilometer von dem Büro von Frau Ott und ihren Kollegen entfernt. Wenn so viele Briefe und Mails mit Morddrohungen und rassistischen Kommentaren auf den Social-Media-Kanälen von GNTM gepostet wurden, wie mir Seven.One erklärt hatte, warum wusste die Staatsanwaltschaft nicht schon eher davon? Wenn es schon ein eigenes Verfahren gibt, warum wird es nicht genutzt? Und warum hat der Sender erst reagiert, als ein offensichtlich brutaler Brief mit einer Vergewaltigungsankündigung eintraf?

Es ist umso wichtiger, nicht einfach wegzuscrollen, sondern den Behörden Beschimpfungen und Hatespeech zu melden. Nur dann können sie mit der Vielzahl von Anzeigen Querverweise ableiten, damit sich später neue Ermittlungsmöglichkeiten entwickeln. Sonst machen die Täter immer weiter, weil sie keine Strafen befürchten. In den Gesprächen wurde mir klar, wie wenig wir alle ein Bewusstsein dafür haben, wie komplex die Maschinerie von Polizei, Staatsanwaltschaften und Justiz ist. Das Strafrecht gilt überall, das ist Fakt. Doch die Verfolgung von Straftaten ist Landessache. Jedes Bundesland entscheidet also selbst, wie sie ihre Polizeibeamten einsetzt. Während die Staatsanwaltschaft für die Strafverfolgung verantwortlich ist, ermittelt die Polizei. So weit habe ich es verstanden. Dann wird es komplizierter: In den meisten Fällen kümmert sich der dem jeweiligen Landeskriminalamt unterstellte polizeiliche Staatsschutz um die Ermittlungen rund um Hasskommentare im Internet, und der polizeiliche Staatsschutz ist auf die Verfolgung politisch motivierter Straftaten spezialisiert. Doch wie unterschiedlich die Strafverfolgung in den Bundesländern ist, zeigte mir das Experiment des Comedian Jan Böhmermann in seinem ZDF-Magazin Royale, das erst kürzlich für Aufsehen sorgte. Ich war erstaunt, wie unterschiedlich ein Fall ausgehen kann. Böhmermanns Redakteure reichten am 3. August 2021 Ausdrucke von sieben Hasskommentaren in den Polizeistationen in allen Bundesländern ein. In den Kommentaren fanden sich Morddrohungen wie »digga ich schlitz dich auf lass dich ausbluten koche deine Organe und schicke sie deiner Mum du dummer obdachloser bastard«, Hakenkreuze oder auch volksverhetzende Inhalte. Nach neun Monaten erkundigte sich die Redaktion bei der Polizei und den Staatsanwaltschaften der Bundesländer nach dem Stand der Ermittlungen und erstellte danach einen »Strafverfolgungsatlas« von Deutschland. In den meisten Fällen bekam die Redaktion einen Brief mit dem Inhalt: »Täter konnte nicht ermittelt werden, das Verfahren wurde ergebnislos eingestellt.« Eine Erfahrung, die ich auch gemacht habe. Es gab nur sehr wenige Erfolge. Die Polizei Baden-Württemberg hatte einen Täter gefunden und zu einem Bußgeld verurteilt. In anderen Bundesländern wie in Bremen ermittelte die Staatsanwaltschaft sogar gegen Polizeibeamte wegen Strafvereitelung, weil sich herausstellte, dass auf die Anzeigen hin nichts passiert war.[44] Ich frage mich, warum das so ist und wie sich die Polizei aufstellen und verändern müsste, um für diese Herausforderungen aus dem Netz besser gewappnet zu sein. Ich spreche deshalb mit Professor Thomas-Gabriel Rüdiger. Er ist Cyberkriminologe am Institut für Polizeiwissenschaft an der Fachhochschule der Polizei des Landes Brandenburg und hat sich auf digitale Polizeiarbeit spezialisiert und mehrere Bücher zum Thema veröffentlicht. Er fordert schon lange eine Art Internetpolizei, die im Netz präsent und ansprechbar ist.

›› Spiegelt die Anzeigenrate die Wirklichkeit wider?

In den vergangenen fünf Jahren sanken die angezeigten Delikte, die in der polizeilichen Kriminalstatistik registriert sind, von etwa 6,4 auf knapp 5 Millionen. Das ist ein Rückgang um etwa 20 Prozent. Gleichzeitig stieg aber die Bevölkerungszahl in Deutschland auf etwa 84 Millionen Menschen. Logisch betrachtet müssten bei einer steigenden Bevölkerungszahl und gleichbleibender Anzeigerate die Deliktzahlen steigen und nicht sinken. Die Kriminalität findet dort statt, wo die Menschen sich aufhalten. Wir verbringen aber schon seit einigen Jahren mehr Zeit im Netz, diese Situation hat sich auch während der Pandemie nochmals verschärft. Wer am Computer sitzt oder in dem Moment am Smartphone seine Nachrichten schreibt, kann kaum zeitgleich eine Straftat auf der Straße begehen.

Das führt dazu, dass viele User regelmäßig mit digitaler Kriminalität konfrontiert werden – teilweise ohne dass ihnen dies bewusst ist –, und zwar wesentlich regelmäßiger als im physischen Raum. Ich spreche insofern von einer digitalen Kriminalitätstransparenz, diese zeigt sich zum Beispiel jedes Mal, wenn man mit Phishing-E-Mails konfrontiert wird. Vermutlich sehr oft, wenn man in seinen Spamordner schaut, wird man mit kriminellem Verhalten konfrontiert, aber nicht nur da. Auch in sozialen Medien, Onlinegames und Chats kann man mit strafbaren Verhaltensweisen, darunter Urheberrechtsverletzungen, Beleidigungen, Volksverhetzung, Bedrohungen, der unerwünschten Konfrontation mit pornografischen Inhalten wie Dickpics bis hin zu Cybergrooming konfrontiert werden. Kriminalität ist damit im digitalen Raum viel transparenter und wahrnehmbar. Es zeigt Menschen aber gleichzeitig, dass die Wahrscheinlichkeit für Straftäter und Straftäterinnen im digitalen Raum offenbar recht gering ist, gefasst und bestraft zu werden, sonst würde man damit ja nicht so häufig konfrontiert werden. Tatsächlich wird bei digitalen Delikten auch nur ein besonders geringer Bruchteil angezeigt und damit letztendlich auch geahndet. Die Anzeigerate definiert sich danach, wie viele Menschen bereit sind, etwas tatsächlich auch zur Anzeige zu bringen. Bei zehn Ladendiebstählen wird zum Beispiel davon ausgegangen, dass nur einer bis zwei angezeigt werden, bei Mord geht man von einer Dunkelzifferrelation von ein bis zwei aus. Im digitalen Raum kann man aber je nach Studienlage und Delikt davon ausgehen, dass die Dunkelzifferrelation bei digitalen Delikten bei einem dreistelligen Verhältnis liegt. Denn wer zeigt schon eine Phishing-Mail, die im Spamordner landet, als versuchten Betrug an? Hier kommt auch hinzu, dass viele vermutlich davon ausgehen, dass die Sicherheitsbehörden und die Polizei sie nicht ähnlich effektiv verfolgen können.

» **Hat die Polizei zu wenig Personal, um auch Kriminelle im Netz zu verfolgen?**

Noch Ende 2017 kam eine Erhebung zu dem Ergebnis, dass von den rund 320 000 Angestellten bei der Polizei in Deutschland nur etwa ein Prozent im Bereich Cyberkriminalität tätig wären. Selbst wenn sich dieser Prozentanteil mittlerweile verdoppelt oder verdreifacht haben sollte, sehe ich hier doch Nachholbedarf. Da wir insgesamt

20 Prozent weniger angezeigte Delikte haben – welche ja auch als eine Art Arbeitsnachweis der Sicherheitsbehörden gesehen werden –, müssen ja Ressourcen frei geworden sein. Der Rückgang der Fallzahlen liegt auch darin begründet, dass analoge Delikte immer seltener angezeigt werden, digitale aber noch nicht dieselbe Anzeigewahrscheinlichkeit haben. Ein wichtiger Faktor für die Zahl der Anzeigen ist das Vertrauen in den Rechtsstaat, die Ansprechbarkeit und Präsenz der Polizei. Im internationalen Vergleich zeigt sich, dass Deutschland europaweit Aufholbedarf hat. Die deutsche Polizei hat beispielsweise etwa 400 offizielle Accounts auf Social-Media-Kanälen wie Instagram, Twitter, TikTok oder Facebook. Das ist keine große Onlinepräsenz, wenn man das auf die Gesamtzahl der Angestellten hochrechnet. Nur zum Vergleich: In den Niederlanden leben fünfmal weniger Menschen, aber dort unterhält die Polizei allein 2800 Accounts auf Social Media. Da sollten wir genauer hinschauen.

» **Müsste es nicht in Deutschland und international eine Internetpolizei geben?**

Die Polizei sollte sichtbarer und ansprechbarer im digitalen Raum unterwegs sein. Präsenz wirkt präventiv. Wenn wir auf der Straße unterwegs sind und viele Streifenwagen sehen, die andere Autos anhalten und Verkehrskontrollen durchführen, fahren wir meist langsamer. Mehr Ermittlungsverfahren haben auch eine abschreckende Wirkung. Dazu müssten wir die Anzeigewahrscheinlichkeit erhöhen. Im Bestfall würden die Menschen animiert, mehr digitale Delikte zur Anzeige zu bringen, oder – wie bei den Streifen – die Polizei sucht selbst aktiv nach digitalen Straftaten und greift bei gefährlichen Situationen sogar ein. Wenn wir den Rückgang der Fallzahlen bei analogen Delikten berücksichtigen, würden wir hier über mehr als 10 Prozent der Polizisten Deutschlands sprechen, die für digitale Themen zuständig wären. Das wären 32 000 Leute. Damit ließe sich etwas in der Breite erreichen. Und ja, wir brauchen aus meiner Sicht die Diskussion über ein globales Strafrecht und eine globale Strafverfolgung.

>> **Warum gibt es dann nicht mehr Polizisten, die im Netz Straftaten verfolgen?**

Man könnte denken, dass die Anzeigenrate zurückgeht, wenn die Polizeipräsenz in einem Bereich erhöht wird. Überraschenderweise ist sogar das Gegenteil der Fall, gerade zu Beginn. Denn dann steigen die Zahlen erst mal. Dass also eine höhere Polizeipräsenz zu mehr Anzeigen und damit zu einem Anstieg der Kriminalstatistiken führt, wird in der Kriminologie auch Lüchow-Dannenberg-Syndrom genannt. Der Grund: Die Menschen vertrauen wieder stärker in den Rechtsstaat und erstatten auch häufiger Anzeige. Das führt dazu, dass die Aufklärungsquote häufig erst mal einbricht, weil das Personal nicht hinterherkommt. In der Innenpolitik ist das aber schwer zu verkaufen, denn wer will schon gern steigende Fallzahlen und sinkende Aufklärungsquoten verkünden. Hier wird sich in der Innenpolitik zu sehr auf Zahlen und Statistiken fokussiert. Das ist aber nicht sinnvoll. Außerdem greift bei uns das Legalitätsprinzip. Damit ist die Strafverfolgungspflicht – bei einem Anfangsverdacht – von

Staatsanwaltschaft und Polizei gemeint. Diese Pflicht war aber ausgelegt für die Polizeiarbeit vor dem Internetzeitalter, wurde aber unangepasst auf das Netz übertragen. Demnach müssen Polizisten alles anzeigen, was sie im Netz finden. Wenn sie nicht von sich aus im Netz unterwegs sind oder die Zahl der Polizisten im Netz aufgestockt wird, dann kriegen wir auch keine Anzeigen. Im Netz würden Polizisten, die auf Streife gehen wollen, schon nach ein paar Mausklicks Straftaten abarbeiten müssen. Das Legalitätsprinzip war nie für einen Raum gedacht, in dem Straftaten so massenhaft und offensichtlich stattfinden.

» **Die Polizei hat auch virtuelle Polizeidienststellen. Auf der Internetwache können Bürgerinnen und Bürger auch Anzeige erstatten. Wie wird das genutzt, und macht es bei Cybermobbing Sinn?**

Auf der Straße kann selbst ein Kind den Polizisten einfach ansprechen. Aber bei den Internetwachen sind die Kommunikationshürden hoch. Es fängt schon damit an, dass wir 16 Internetwachen – für jedes Bundesland eine – haben, obwohl es überhaupt keine Landesgrenzen im Netz gibt. Heutzutage eine Anzeige online aufzugeben ist kompliziert und wenig nutzerfreundlich. Schnell und einfach digital Hilfe zu finden oder eine Anzeige zu machen ist eher schwierig. Dazu kommen noch strafrechtliche Belehrungen, die für manche sicherlich auch schwierig zu verstehen sind. Ich wage zu bezweifeln, dass sich beispielsweise ein neunjähriges Kind über eine Internetwache Hilfe holen kann. Ähnliches gilt dann sicher auch für Jugendliche oder einen Menschen mit einer Beeinträchtigung. Außerdem gibt es meist keine Live-Interaktionsmöglichkeiten, sondern nur die Kommunikation mit Formularen und E-Mails. Hier wäre – gerade mit Blick auf Kinder – eine Videochatfunktion sicherlich eine Lösung.

>> **Was hat das für Konsequenzen für die User, Hater und Kriminellen im Netz, wenn die Polizei nicht sichtbar ist?**

Das Internet ist kein rechtsfreier Raum, es gibt so gesehen keine rechtsfreien Räume. Aber es ist frei von einer vergleichbar effektiven Strafverfolgung. Das kann eine Kettenreaktion zur Folge haben. Wer täglich Kriminalität im Netz wahrnimmt und erkennt, dass es keine Kontrollen gibt, der geht davon aus, dass es nur ein geringes Risiko gibt, entdeckt und bestraft zu werden. Die Hemmung kann sinken, etwas Strafbares zu machen, weil keine Konsequenzen befürchtet werden. Außerdem orientieren sich viele am Verhalten der anderen User. Ob beim Shitstorm oder Verschicken von Dickpics und anderen Formen pornografischer Bilder – wenn man das Gefühl hat, dass das alle um einen herum machen, es also total normal ist, dann kann bei Menschen die Hemmschwelle sinken. Eine Hypothese hierbei ist: Sinkt die Hemmschwelle im Internet, dann sinkt sie auch im analogen Leben. Es macht sich ein Gefühl der Rechtsfreiheit breit, und viele fühlen sich sicher vor Strafverfolgung. Studien haben gezeigt, dass diejenigen mit einem Klarnamen teilweise sogar noch mehr Hatespeech-Kommentare schreiben, weil sie dafür Anerkennung bekommen.

» Wie sieht es denn dann mit der Aufklärung aus?

Viele Täter und Täterinnen hinterlassen oft Spuren im Internet. Gerade die sozialen Medien sind hier eine wichtige Informationsquelle. Manche nutzen dieselben oder ähnliche Nutzernamen oder geben andere wichtige Informationen preis. Es gibt immer wieder Hinweise in Postings, zum Beispiel zur Eingrenzung des Wohnortes. Wenn man Screenshots mit Datum und Uhrzeit macht oder gleich die Seiten komplett sichert, erleichtert das die Ermittlungen. Entsprechend ist die Aufklärungsquote bei vielen Delikten mit digitalem Kontext auch höher als vermutet. Für Volksverhetzung über das Tatmittel Internet liegt diese zum Beispiel bei etwa 70 Prozent, rund 90 Prozent der angezeigten Fälle von Kinderpornografie im Internet werden ebenfalls aufgeklärt. Bei Cybergrooming – also der onlinebasierten Einwirkung auf ein Kind mit dem Ziel der Anbahnung oder Intensivierung eines sexuellen Kindesmissbrauchs – liegt die Quote bei 80 Prozent. Das kann aber auch bedeuten, dass die Täter und Täterinnen sich sicher fühlen, sonst würden sie die Spuren im Internet besser verwischen, um die Strafverfolgung zu erschweren.

» Wird die Polizei im virtuellen Raum ernst genommen?

Stellen Sie sich vor, Sie sollen als Polizistin verhindern, dass Menschen bei Rot über die Ampel gehen. Doch wenn 100 Leute trotzdem gleichzeitig bei Rot gehen, hat man es als Polizist schwer. Gerade wenn die Ersten, die über die Ampel gehen, nicht sanktioniert werden, lassen sich viele von denen, die zuerst über die rote Ampel gehen, mitreißen.

Eine ähnliche Situation ist meiner Meinung nach auch im Netz nachzuvollziehen. Der Polizei muss es also gelingen einerseits die Normalität der digitalen Kriminalität zurückzudrängen und andererseits im Netz auch »ernst« genommen zu werden. Doch die Sicherheitsbehörden tun sich noch immer schwer mit dem Medium. Es gab beispielsweise in der Vergangenheit immer wieder Fälle, bei denen sogar die Polizei auf Social-Media-Kanälen die Kommentarmöglichkeiten ausstellen musste, da sie sich mit Hassnachrichten konfrontiert sah. Dies deutet schon ein wenig daraufhin, dass viele hier selbst bei Anwesenheit der Polizei nur eine geringe Hemmschwelle haben.

>> **Gibt es blinde Flecken im Internet, wo zu wenig hingeschaut wird?**

Wenn Sie mich das so fragen, dann würde ich als Erstes an den Onlinegaming-Bereich denken. Hier herrscht teilweise noch der Irrglaube, dass in Onlinespielen nicht kommuniziert wird, weswegen diese nicht als klassisches soziales Medium angesehen werden. Entsprechend wird davon ausgegangen, dass diese Plattformen aus polizeilicher Sicht nicht allzu relevant wären. Teilweise habe ich den Eindruck, dass in den Sicherheitsbehörden der gesamte Gamingbereich als Spielsache gesehen wird, oder es wird eine mittlerweile völlig überholte Diskussion zu »Killerspielen« geführt. Dabei ist der durchschnittliche Gamer etwa 40 Jahre alt, man kann hier nicht mehr von »Kinderkram« sprechen. Es ist eine Form von sozialem Medium, in dem miteinander interagiert, vernetzt und kommuniziert wird. Dies gilt vor allem auch, weil digitale

Hasskriminalität, Cybergrooming und anderen Formen sexueller Übergriffe, auch in Onlinegames stattfinden, und wo gerade viele Kinder vermutlich die digitale Lebenswelt erstmalig über Onlinespiele erleben. Das Problem ist, dass aus meiner Sicht die Onlinegames eine der am wenigsten regulierten Formen sozialer Medien ist. Dies zeigt sich daran, dass sie aus dem Netzwerkdurchsetzungsgesetz herausgenommen wurden, wodurch es bisher an der verpflichtenden Meldefunktion und Regulierungen der Moderation fehlt. Eventuell kann der Digital Services Act etwas ändern.

Rüdiger zeigte mir sehr deutlich, dass wir in Sachen Polizeipräsenz im Netz nicht gut aufgestellt sind. Aber letztens fiel mir das Buch *Kugel im Hirn* des ARD-Reporters Klaus Scherer in die Hand, das auf einer aufrüttelnden TV-Reportage basiert.[45] Darin dokumentiert er auf einer Reise durch Deutschland die Fahndung nach rechtsorientierten Hatern, die im Netz unter anderem solche Posts hinterließen: »Ich würde die Kanzlerin in der Zeit, wo der Führer noch lebte, im KZ vergasen.« Auch wenn die Täter gefasst werden, müssen die Richter vor Gericht sehr genau herausfinden, wo die persönliche Meinung aufhört und die Straftat beginnt. Angela Merkel verzichtete damals leider auf eine Anklage. So still halten Politikerinnen heute nicht mehr. Ob Renate Künast oder Claudia Roth – sie wehren sich und scheuen auch nicht den Weg vor Gericht.

Aber Scherers Recherchen bei Fahndern der Landeskriminalämter, verdeckten Ermittlern und im Gerichtssaal bestätigten meinen Eindruck, dass sich hinter den Kulissen viel tut, was wir nicht sehen. Ob Cybercrime-Experten in Kassel, entschlossene Staatsanwältinnen wie Ott – sie alle eint: Sie wollen Menschen zur Rechenschaft ziehen, die wissentlich oder unwissentlich mit Hatespeech unsere Gesellschaft schädigen. Leider laufen wir den Entwicklungen im Internet dennoch hinterher. Jeder, der schon einmal einen Strafzettel für zu schnelles Fahren bekommen hat, weiß, wie routiniert der Rechtsstaat ein Verfahren abarbeitet, argumentiert Scherer, und fragt: »Warum dann nicht auch im Netz, wo wir die Routine noch nicht haben? Und warum sollten wir diese nicht kriegen?«[46] Und ich kann ihm nur beipflichten. Aber wir alle müssen auch wollen, dass Hatespeech verfolgt wird. Wir haben Gesetze, an die sich alle halten müssen. Täter, Haterinnen und Pöbler denken, das Internet sei ein straffreier Raum. Dem sollten wir ein Ende setzen: Hinschauen, Melden und Anzeigen – das ist ein Weg, um voranzukommen. Jede Klage zählt, um etwas zu verändern. Das sollte ich selbst erleben.

Grundgesetz – Die Grundrechte Artikel 5

(1) Jeder hat das Recht, seine Meinung in Wort, Schrift und Bild frei zu äußern und zu verbreiten und sich aus allgemein zugänglichen Quellen ungehindert zu unterrichten. Die Pressefreiheit und die Freiheit der Berichterstattung durch Rundfunk und Film werden gewährleistet. Eine Zensur findet nicht statt.

Strafgesetzbuch
Volksverhetzung (§ 130 StGB)
Gewaltdarstellung (§ 131 StGB)
Beleidigung (§ 185 StGB)
Üble Nachrede (§ 186 StGB)
Verleumdung (§ 187 StGB)
Verletzung d. höchstpersönl. Lebensbereich d. Bildaufnahme (§ 201a StGB)
Verletzung der Vertraulichkeit des Wortes (§ 201 StGB)
Körperverletzung (§ 223 StGB)
Nachstellung (§ 238 StGB)
Nötigung (§ 240 StGB)
Bedrohung (§ 241 StGB)

Kunsturhebergesetz
Recht am eigenen Bild (§ 22 und § 33 KunstUrhG).

Bundesgesetz: Gesetz zur Verbesserung der Rechtsdurchsetzung in sozialen Netzwerken
Netzwerkdurchsetzungsgesetz (NetzDG)

KAPITEL 8:
DAVID KANN GEGEN GOLIATH GEWINNEN!

WARUM ES SICH IMMER LOHNT, FÜR DIE WAHRHEIT ZU KÄMPFEN, UND WIE NETZWERKBETREIBER VOR GERICHT IN DIE KNIE GEHEN

Es war ein Video der Influencerin Kayla Shyx, das mich zu einem folgenreichen Schritt animierte. Kayla hatte ihren 750 000 Followern auf YouTube im Frühling 2022 in ihrem Video erklärt, »GNTM ist schrecklich und sollte abgesetzt werden«. Das Video ging viral und wurde 1,4 Millionen Mal gesehen, auch von mir. Mich beeindruckte, dass sie in 23 Minuten auf den Punkt brachte, was mir schon oft durch den Kopf gegangen war. Sie hatte die Dramaturgie bei GNTM genau unter die Lupe genommen und erklärte, wie die Mechanismen auf sie wirken. Obwohl sie nie als Teilnehmerin dabei gewesen war, konnte sie exakt erklären, wie junge Frauen vorgeführt werden und warum das gezeigte Frauenbild indirekt zu Essstörungen führen könne. Übrigens etwas, das bereits wissenschaftlich nachgewiesen wurde. Der Bundesfachverband für Essstörungen zum Beispiel verwies schon 2015 auf eine Studie, die warnte, dass sich bei zwei Dritteln der befragten Mädchen und Frauen zwischen 11 und 21 Jahren, die die Sendung GNTM gesehen hatten, die Krankheitsentwicklung ihrer Bulimie oder Magersucht verschlechtert hätte.[47]

Das Video schlug wie ein Meteorit bei mir ein. Ich fragte mich, ob es noch andere kritische Stimmen gab, und fing an zu recherchieren. Ich fand etliche Videos und sogar Doktorarbeiten, die sich mit GNTM befassten. Alle Veröffentlichungen basierten auf Vermutungen oder wissenschaftlichen Analysen wie bei der Arbeit von Claudia Töpper. Aber es gab keinen einzigen Insider, der die Annahmen öffentlich bestätigt hätte. Ich dachte an die vielen geschädigten Kandidatinnen und an die Geschichten, die allein ich erlebt habe. Doch wie viele junge Frauen sind überzeugt davon, dass das Leben eines Models genau so ist, wie es Staffel für Staffel vermittelt wird? Sie denken vielleicht, dass Nacktshootings zur täglichen Arbeit eines Models gehören. Zum Glück ist das nicht so. Es geht auch nicht darum, diese Realityshows zu verteufeln, sondern darum, dafür zu sensibilisieren, dass »Reality« zwar im Wort steckt, aber dennoch keine Realität abgebildet wird.

Ich hatte auch zusehends ein Problem mit dem Wertesystem, für welches diese Sendung steht. Vergleichen, Bewerten, Ausmustern – hier wird das Leistungsprinzip zum Lebensmotto glorifiziert. Nur was macht das mit jungen Frauen, die zum Teil noch nicht mal die Schule hinter sich haben – ob als Teilnehmerin oder auch Zuschauerin? Irgendjemand musste endlich den Mund aufmachen. Ich war eh schon das enfant terrible, das böse »Meedchen«, das die Regeln gebrochen und im Finale einfach das Spiel beendet hatte, um wieder zu sich zu kommen. Wenn nicht ich, wer dann? Doch ich verspürte eine ungewisse Angst.

Sie war groß und mächtig, denn die Verschwiegenheitsklausel im Vertrag galt für mich und meine Familie. Sie zu brechen hatte sich in all den Jahren noch keine getraut.

Ich spreche mit so vielen jungen Frauen in den Schulen, die die GNTM-Staffeln verfolgen und die Welt darin idealisieren, so wie ich damals auch, obwohl sie alles andere als ideal ist. Die dunkle Seite des Glamours hatte ich bitter erleben müssen. Ist GNTM wirklich besser, schöner, wertvoller als das, was man sich selbst schon aufgebaut hat? So viele junge Frauen haben seit mehr als 16 Jahren die Schule vorzeitig verlassen, ihren Job gekündigt oder so wie ich ihr Studium aufgegeben. Sie tun es freiwillig, und auch mich hat niemand dazu überredet. Wenn man bedenkt, dass es nur um einige Monate geht, sollten sich Bewerberinnen wirklich dreimal überlegen, ob sie dafür alles aufgeben, was sie bis dahin geschafft haben. Auch bei mir in der Staffel war eine junge Frau, die ihre Ausbildung abgebrochen hatte und nach ein paar Wochen ohne Bild nach Hause geschickt wurde. Ganz zu schweigen von den Partnerschaften, die währenddessen oder danach zerbrechen. Viele junge Frauen verlassen deshalb unter Tränen die Staffel. Als mir das alles klar wurde, reifte in mir der Entschluss, selbst ein Video aufzunehmen. Ich wollte die Wand des Schweigens durchbrechen, um den Vermutungen meine Erfahrung an die Seite zu stellen.

Auch wenn der Hass aufgehört hatte, das Bild außerhalb von GNTM hatte sich auch nach dem Finalausstieg nicht automatisch verändert. Der Chef meiner Modelagentur, der früher sogar Naomi Campell betreut hatte, meinte zwar zu mir »Du bist so divers, dein Typ ist gefragt«, doch als er mich an ein bekanntes Fashion-Brand vermitteln wollte, bekam er als Antwort: »Wenn sie so ist wie bei GNTM, dann lieber nicht.« Mein Agenturchef bot dem Konzern sogar an, mich umsonst zu buchen, damit sie mich von meiner wahren Seite kennenlernen können. »Nicht mal für geschenkt«, war die Antwort. Ich ahnte, ein paar Monate bei GNTM hatten mich nicht nur in einen Shitstorm katapultiert, sondern auch mein Ansehen ruiniert. Die Rolle der GNTM-Zicke klebte an mir. Vielleicht musste ich nicht mehr um mein Leben fürchten, aber die Wahrnehmung meiner Person war weiterhin negativ.

Ich musste also etwas gegen diese rufschädigende Wirkung unternehmen. Wenn ich im Video bei der wahren Geschichte bleibe, von meinen persönlichen Erlebnissen erzähle, was sollte passieren? Es war ein sonniger Maitag, als ich auf den Aufnahmeknopf drückte. »Das erste Video, dass ich nach so einer langen Zeit poste und dann gleich eins, wofür ich verklagt werde – na Prost«, sagte ich in die Kamera. Dann erzählte ich von meiner Verschwiegenheitsklausel. Ich ließ sie außer Acht, denn ich wollte in dem Moment aufklären und warnen. »Ihr könnt euch davon entertainen lassen, aber seid sparsam mit eurem Hass, denn er kann böse enden.«

Damit alle verstanden, was mir im Netz widerfahren war, musste ich weiter ausholen. Nicht Pro7 dreht GNTM, sondern die Produktionsfirma Redseven produziert jede Staffel, um sie dann über Seven.One, eine Tochtergesellschaft von ProSieben, an den Sender zu verkaufen. Ich erzählte von den Rollenbildern und den Gegebenheiten hinter den Kulissen. Während der Dreharbeiten konnten wir kaum aus dem Hauskomplex. Es gab eine Menge Überwachungskameras, die vor Einbruch schützen sollten, aber natürlich auch alles andere wahrnahmen. Über Wochen und Monate hatte ich kein Handy und keinen Kontakt zur Außenwelt. Kein TV oder Radio, nichts, was mich am Leben der Gesellschaft teilnehmen ließ. Ich erzähle von dem ständigen Druck, denn man hatte nicht einmal in der Woche, wie es in der Staffel rüberkommt, einen Entscheidungswalk zu laufen, sondern alle paar Tage. Wenn wir um sechs Uhr geweckt wurden, wusste ich oft nicht, ob ich für ein Shooting in die Wüste oder ans Meer fahren würde. Gefühlt den ganzen Tag waren zig Kamerateams am Set, im Haus und um mich herum.

Wir konnten Einkaufslisten abgeben, aber ohne Süßigkeiten, Pizza und Pommes. Das ist sicher gut, auf der anderen Seite fördert es aber die Gedanken, dass man, wenn man mal einen Schokoriegel isst, gleich dick wird. Ich habe mich selbst nie so dick gefühlt wie während dieser Show. Jetzt kam der wichtigste Punkt. Ich hatte den Eindruck, dass die Redakteure aktiv ins Handlungsgeschehen eingriffen. Sie brachten mich indirekt dazu, Dinge zu tun, um Geschichten zu kreieren. Lange Zeit war es sehr harmonisch in unserer Gruppe. Zu harmonisch. An einem Tag spielten wir zusammen »Lügner«, ein Kartenspiel, in dem es ums Bluffen geht, wer ist also #Fake und wer nicht. Wir lachten viel, und zwei Kamerateams filmten uns. Dann kam eine Redakteurin und nahm uns die Karten aus der Hand. Sie stellte uns Fragen über Johanna, eines der GNTMs. Wir wurden intensiv befragt, ob Curvey-Models in GNTM hineingehören. Die Zuschauerinnen sahen später nur, dass wir über einen Menschen reden, der nicht anwesend ist. Eines Tages kam eine Redakteurin zu mir und meinte, dass alle anderen Frauen über mich lästern würden. Ich war schockiert. Denn mein

Eindruck war doch ein ganz anderer. Die Redakteurin suggerierte mir, dass ich handeln solle, wenn ich nicht selbst Fake sein wolle. Ich stand auf, wie eine Marionette und ging zu den anderen. Später stellte sich heraus, dass die anderen Teilnehmerinnen von den Redakteuren über mich ausgefragt worden waren. Sie hatten keineswegs angefangen, einfach über mich herzuziehen, sondern nur Fragen beantwortet. Der Schnitt tat sein Übriges. Viele andere GNTM-Teilnehmerinnen berichteten das Gleiche. Es gab immer Momente, in denen man auch mal schräg oder schief schaute. Auch diese Augenblicke wurden natürlich aufgenommen. Im Fernsehen erscheinen sie dann aber in einem anderen Kontext. Diese Komposition und Kombination von Bildern kann etwas total Neues erschaffen. Man darf nicht vergessen: Unter Druck zeigen wir alle die unterschiedlichsten Facetten eines Charakters. Mal ist man traurig, mal glücklich, mal lustig, man benimmt sich auch mal daneben. Die Kamera fängt alles ein. Nur die tausend guten Momente und positiven Worte, die ich über andere gesagt hatte, fielen dem Schnitt zum Opfer.

Ganz TikTok und Social Media redete über das You-Tube-Video, es wurde drei Millionen Mal angeklickt, dabei hatte ich nur 18 000 Follower. Nur wenige Tage später lag ein großer Umschlag mit drei Seiten im Briefkasten. Seven.One und Redseven forderten mich darin auf, eine Unterlassungserklärung zu unterschreiben. Man würde davon absehen, mich zu verklagen, wenn ich das Video sofort lösche. Außerdem sollte ich unterschreiben, mein Leben lang nichts mehr über GNTM zu sagen. Mir stand ein millionenschwerer Konzern gegenüber, der mich in Grund und Boden klagen konnte. Nach all meinen Cybermobbing-Erfahrungen hatte ich nicht mehr damit gerechnet, dass man sich bei mir entschuldigt. Dabei hätte ich sterben können – aus eigener oder aus fremder Hand. Aber das schien niemanden zu interessieren. So weckte dieser Brief erst so richtig meinen Kampfgeist. Ich hatte keinen Anwalt und kein Geld. Man unterstellte mir, dass ich nicht die Wahrheit sage. Wieder drohte man mir mit #Fake. Nur noch ein Richter konnte sagen, was richtig und was falsch war. Ich entschied mich, nicht zu reagieren.

Einige Tage später kam ein Schreiben vom Gericht, ein Eilverfahren sei eingeleitet worden. Die Anwälte der Produktionsfirma Redseven und dem Sender Seven.One schrieben, dass ich in fünf Punkten des Videos die Unwahrheit sagen würde. Ich wappnete mich, und ein bekannter Medienanwalt nahm sich meines Falls an. Er kannte das Format und die Hintergründe schon aus anderen Fällen. Natürlich war es teuer, aber für mich war es jeden Cent wert. Ich hatte meine allerletzten Reserven zusammengekratzt und bin nur noch arbeiten gegangen, um den Anwalt zu zahlen. Er sagte mir von Anfang an, dass dieser Fall heikel sei, ich hätte mich auf dünnes Eis begeben. »Es liegt wirklich im Ermessen des Gerichts«, sagte er. Mir drohte ein Ordnungsgeld von bis zu 250.000 Euro, das ich hätte zahlen müssen. Plötzlich ging es um meine ganze Existenz.

Mein Anwalt zog das Whistleblowergesetz heran und baute seine Argumentation darauf auf. Was ich sage, sei im hohen öffentlichen Interesse. Mir ein Leben lang Verschwiegenheit aufzubürden, sei rechtswidrig und verstoße gegen die Meinungsfreiheit. Es war sehr schnell klar, dass das Gericht die Verschwiegenheitsklausel nicht berücksichtigen würde. Die Kernfrage war also: Habe ich die Wahrheit gesagt oder nicht? Es flogen unendlich viele Briefe, eidesstattliche Erklärungen und Mails hin und her. Ich habe jetzt noch einen dicken Ordner als Andenken im Regal stehen, direkt neben dem Ordner meiner Topmodel-Mappe.

> Der Antrag auf Erlass einer einstweiligen Verfügung ist im tenorierten Umfang begründet und war im Übrigen zurückzuweisen.
>
> Der Antrag zu Ziff. 1 »Einkaufsliste« ist nach den Grundsätzen der sog. mehrdeutigen Äußerung begründet.
>
> Der Antrag zu Ziff. 2 »zuckerhaltige Lebensmittel« ist nicht begründet.
>
> Der Antrag zu Ziff. 3 »ganze Handlung vorgeschrieben« ist unbegründet. Das Verständnis der Zuschauerschaft der unbestimmten Begriffe »Handlung« und »vorschreiben« erschöpft sich nicht in der Vorgabe bestimmter Dialoge oder Aussagen der Teilnehmerinnen, sondern umfasst das Einwirken auf das gesamte Verhalten der Teilnehmerinnen zum Zwecke der filmischen Verwertung.
>
> Ziff. 4 »eingecremte Füße« ist teilweise begründet. *(zwei Wörter werden mir in diesem Zusammenhang verboten zu verbreiten).* Der Antrag ist allerdings unbegründet, soweit es um die Passage »da kamen die Stylisten und haben (...) Mädels (...) die Füße eingecremt« [geht]. Denn unstreitig geschah genau

> dies, äußerungsrechtlich macht es keinen Unterschied, dass dies – so trägt es die Antragstellerseite vor – ausschließlich auf Geheiß des Gastjurors hin geschah, da die Produktionsfirma, welcher die Verantwortung für die sichere Durchführung der »Catwalkshow« oblag, dieses potentiell unfallträchtige Verhalten gebilligt haben dürfte, es jedenfalls nicht verhindert hat.
>
> Der Antrag zu Ziff. 5 »Psychologe« ist begründet.

Als das Urteil per Post kam, nahm ich das Video sofort kurz vom Kanal. Ich brauchte nur drei Minuten, um die entscheidenden Sequenzen herauszuschneiden. Die minimal gekürzte Fassung ging online und ist für immer noch für jeden zu sehen. Das Gericht hatte festgestellt, dass ich bei den entscheidenen Dingen die Wahrheit sage. Die Presse bestürmte mich mit Interviewanfragen. Mit so einem Medienrummel hatte ich nicht gerechnet. Doch auf diesem Weg konnte ich das Thema Cybermobbing mehr in die Öffentlichkeit bringen. Es ging nicht darum, einen Sender oder Heidi Klum anzugreifen, im Gegenteil. Es war der Aufruf: Tut was, da läuft was gehörig schief, wir müssen gemeinsam junge Menschen schützen!

Während ich mit den Anwälten von Heidi Klums Produktionsfirma vor Gericht stand, kämpfte woanders auch ein David gegen die Goliaths des Social Media. Ich fühlte mich frei, ich stand nicht mehr im Schatten von GNTM. Nun wollte ich wissen, wie man rechtlich gegen Cybermobbing vorgehen konnte. Ich traf den Anwalt Chan-jo Jun. Der Jurist kämpft seit vielen Jahren gegen Hatespeech und ging sogar persönlich gegen Facebook und Mark Zuckerberg vor. Mit seiner Kanzlei in Würzburg arbeitet er mit seinen 25 Mitarbeitern an kniffligen Fällen rund ums IT-Recht. In seinen ersten Verhandlungen prallte er immer wieder gegen eine Wand, weil die Staatsanwaltschaft entschied, dass das deutsche Recht auf den Fall Facebook nicht anwendbar sei und es keine Pflicht zum Löschen von Beiträgen gäbe. Doch für ihn ist einfach nicht hinnehmbar, dass Leute wie Zuckerberg und Musk ständig demonstrieren, wie sie über dem deutschen Recht stehen.

Es war der Fall Anas Modamani, der Jun weltweit in die Schlagzeilen brachte. Der Syrer war als Flüchtling 2015 nach Deutschland gekommen. Sein Selfie mit der Kanzlerin Angela Merkel ging damals durch die Presse und stand symbolhaft für die Willkommenskultur in Deutschland. Ihr Satz »Wir schaffen das« spaltete danach ganz Deutschland. Es war die Zeit, als ich mein Abitur gerade in der Tasche hatte, Donald Trump an die Macht kam und Fake News salonfähig wurden. Anas Modamani sah sich einer Flut verleumderischer Behauptungen im Netz ausgesetzt: Er sei ein Attentäter, der an einem Brandanschlag auf Obdachlose beteiligt gewesen sei. Hatespeech und rechte Hetze trafen ihn frontal. So wurde ein Mann, der gerade aus einem blutigen Krieg geflohen war, in einen virtuellen Psychokrieg hineingezogen. Eine Fotomontage zeigte Merkel mit ihm auf dem Berliner Breitscheidplatz mit dem Kommentar: »Es sind Merkels Tote.« Diese illegalen verleumderischen Posts verletzten auch das Recht am eigenen Bild. Jun verklagte erstmals Facebook vor einem Zivilgericht.[48] Er verlor zwar, aber das spornte den Anwalt nur weiter an. Ende 2022 erreichte Jun zum Beispiel einen Erfolg gegen den Kurznachrichtendienst Twitter. Auf der Plattform kursierten Verleumdungen über den Antisemitismusbeauftragten Michael Blume. Blume klagte vor dem Frankfurter Landesgericht – mit Erfolg. Twitter musste die beanstandeten Tweets entfernen und auch solche mit »kerngleichen« Inhalten. Elon Musks Free-Speech-Ansatz wurde so erstmals in Deutschland in seine Schranken verwiesen.[49]

Das größte Aufsehen erregte Jun mit dem Fall von Renate Künast. Er vertrat die Grünen-Abgeordnete als Anwalt, als sie sich wegen Hatespeech durch alle Instanzen klagte. Die Geschichte beginnt 1986 im Berliner Abgeordnetenhaus. Eine Grünen-Politikerin sprach über häusliche Gewalt. Ein CDU-Abgeordneter stellte unvermittelt eine Zwischenfrage zu einem Beschluss der Grünen in Nordrhein-Westfalen, in dem es um die Aufhebung der Strafandrohung wegen sexueller Handlungen an Kindern ging. Renate Künast rief dazwischen: »Komma, wenn keine Gewalt im Spiel ist!«[50] Ein Aktivist im Netz vervollständigte diesen missverständlichen Halbsatz vor einigen Jahren zu: »Komma, wenn keine Gewalt im Spiel ist, ist der Sex mit Kindern doch ganz o. k. Ist mal gut jetzt.« Das Falschzitat geisterte danach durch die sozialen Medien und wurde massenhaft geteilt. Künast klagte gegen diese massenhafte Verbreitung. Im Zuge des Prozesses wurde sie im Netz wüst beschimpft. »Dreckfotze«, »Pädophilen-Trulla«, »ho(h)l wie Schnittlauch« oder »Knatter jemand sie mal richtig durch, bis sie wieder richtig normal ist«, posteten Facebook-User. Mit einer Liste der Beschimpfungen ging sie vor das Berliner Landgericht. Nur 12 von diesen 22 menschenverachtenden Kommentaren wurden dort als strafbare Beleidigung eingestuft, die restlichen beurteilten die Richter als »haarscharf an der Grenze« des »noch Hinnehmbaren« für eine Politikerin.

Dieses Urteil löste 2019 bundesweit eine Diskussion aus. Ob Politikerin oder Postbeamter, kein Mensch sollte sich so beschimpfen lassen müssen. Zwar ist die Meinungsfreiheit nach Artikel 5 des Grundgesetzes ein wichtiges und verfassungsrechtlich geschütztes Grundrecht, aber wenn die persönliche Ehre so stark angegriffen wird, kann man nicht nur klagen, man sollte es sogar – auch und gerade als Politikerin. Im April 2020 ging Renate Künast mit Jun bis vor das Bundesverfassungsgericht. Unser oberstes Gericht gab der Politikerin recht. Die Beratungsstelle HateAid unterstützte Künast in dem Verfahren und sah in dem Urteil eine wichtige »Signalwirkung an alle deutschen Gerichte, die es sich bei der Beurteilung von Beleidigungen in sozialen Netzwerken nicht zu einfach machen dürften«.[51] Das Karlsruher Gericht stärkte so das Persönlichkeitsrecht, auch zugunsten von Politikerinnen und Politikern, die sich als Regierende im Land oft mehr gefallen lassen müssen als andere Menschen. Das Berliner Kammergericht prüfte noch einmal alle fraglichen Fälle und beschloss schließlich, Facebook müsse Renate Künast über den Namen der Nutzer und Nutzerinnen, deren E-Mail- und IP-Adressen sowie über den Uploadzeitpunkt Auskunft geben.

Ich will mehr wissen und frage Jun, warum wir uns so schwertun, gegen Hater und Plattformen zu klagen, und was wir machen müssen, damit mehr Menschen wie Renate Künast vor Gericht gehen.

»› Mit welchen Problemen kämpfen die Opfer?

Wenn jemand etwas löschen lassen will und mit dem Meldeverfahren nicht weiterkommt, ist meistens der Weg zu Ende. Man müsste vor Gericht gehen, eine einstweilige Verfügung beantragen. Das dauert teilweise Monate, ist extrem teuer, und es gibt keine Garantie, dass der Post auch wirklich gelöscht wird. Das schreckt viele Menschen ab. Wer hat schon das Portemonnaie und den Mut, diesen Weg einzuschlagen, zudem es immer die Möglichkeit gibt, zu verlieren. Der Verein HateAid unterstützt Opfer, die rechtlich gegen ihre Peiniger vorgehen wollen. Ganz oft haben Menschen, die von Cybermobbing betroffen sind, überhaupt nicht diese Kraft, das durchzustehen. Wir bräuchten mehr Organisationen und Träger wie HateAid, die diese Verfahren tragen und den Betroffenen Mut machen. Wir müssen einfach mehr Betroffene vor Gericht bringen. Dafür brauchen wir einen leichteren Zugang zu digitalen und niederschwelligen Verfahren, um etwas löschen zu lassen oder gegen Löschungen vorzugehen, Accounts zu sperren oder gegen Accountsperrungen vorzugehen.

»› Wird der Name eines Klägers öffentlich?

Wenn wir jemanden verklagen, ist es sehr schwierig, die Adresse und den Namen nicht an die Gegenseite zu geben. Sobald das Verfahren anläuft oder die Anzeige eingegangen ist, können auch die anderen Beteiligten die Daten einsehen. Das kann eine Welle lostreten. Als ich einen Vortrag in einer Schule gehalten hatte, kam eine Schülerin auf uns zu. Sie hatte Angst, gegen den Mobber im Netz vorzugehen, weil derjenige herausfinden könnte, wo sie wohnt. Bei Internetdelikten haben wir oft das Problem, dass hinter einem Hater eine riesige Followerschaft steht.

» Wo hört die eigene Meinung auf, und was muss sich ein Politiker gefallen lassen?

Zwar ist Meinungsfreiheit im Grundgesetz verankert, aber sie hat Grenzen durch andere Gesetze und Grundrechte. Es ist immer eine Abwägung zwischen der Menschenwürde, den Persönlichkeitsrechten und der Meinungsfreiheit. Diejenigen, die sie instrumentalisieren, argumentieren so gut, sodass sie sehr oft Recht bekommen. Die Meinungsfreiheit geht sehr weit. Wenn ich zum Beispiel einen Politiker als antisemitisch oder rechtsradikal bezeichne, ist das eine Wertung oder eine Beleidigung? Wir dürfen sehr viel über einen Politiker sagen, sogar »Olaf Scholz ist ein Faschist«. Das Gericht bewertet das als Meinungsäußerung, die man nicht beweisen kann. Es wird also nicht geprüft, ob das stimmt oder nicht stimmt.

» Was hat das Urteil im Fall von Renate Künast bewirkt?

Das Bundesverfassungsgericht hat mit dem Urteil im vergangenen Jahr die Normen ein wenig verschoben. Schmähkritik und Formalbeleidigung sind generell verboten. »Du Drecksfotze« ist eine Formalbeleidigung, die aber erst im zweiten Anlauf vor Gericht als verboten angesehen wurde.

Bei so drastischen Beleidigungen wie »Drecksfotze« ist eine Rechtfertigung gar nicht möglich. Das Landgericht hatte aber ins Feld geführt, dass ein Sachbezug ja darin bestünde, dass sich Frau Künast früher auch mit Sexualpolitik befasst habe. Das Landgericht hat seine eigene Entscheidung in dem Punkt korrigiert, aber andere Äußerungen, die keine Formalbeleidigungen waren, zunächst erlaubt.

Eine Äußerung »so hohl wie Schnittlauch« ist noch keine Formalbeleidigung. Da sagte die bisherige Rechtsprechung: Sobald es einen Anknüpfungspunkt gibt, ist diese Formulierung zulässig, denn »Schnittlauch« ist kein schlimmes Wort. Dahinter steht die Begründung, dass eine Meinungsbildung entsteht, wenn ich mich mit jemandem als Mensch auseinandersetze. Wenn ich eine Politikerin kritisiere, dann sollte es nicht darum gehen, sie niederzumachen, sondern ich will mich mit ihrer Politik auseinandersetzen. Doch man kann nicht einfach sagen, nur weil ein Sachbezug denkbar ist, sind diese Aussagen zulässig. Das Bundesverfassungsgericht hat klargestellt, dass das Landgericht Berlin und das Kammergericht Berlin hier keine Abwägung vorgenommen haben. Bei einer verletzenden Kritik wie »dumm« muss eine Abwägung zwischen dem Persönlichkeitsrecht der beleidigten Politikerin und den Interessen des Kommentators erfolgen. Bis sich die Rechtsprechung des Bundesverfassungsgerichts komplett bei allen Landesgerichten durchgesetzt hat, wird es aber sicher noch dauern.

» Welche Rolle spielt der Artikel 5 im Grundgesetz?

Die wenigsten Klagen landen vor dem Bundesverfassungsgericht. Juristen und Richter tun sich manchmal schwer mit der Abgrenzung zwischen Tatsachenäußerung, Meinung,

Schmähkritik und Beleidigung. Das könnte der Gesetzgeber klarer definieren, wenn er wollte. Es geht aber um den Artikel 5 des Grundgesetzes, und das wäre ein Eingriff am schlagenden Herzen eines demokratischen Staates. Ein Grund, warum Politiker sich an dieses Thema nicht herantrauen. Zudem man sich den Hass der Hater zuziehen würde.

>> **Welche Rolle spielt das Netzwerkdurchsetzungsgesetz, und warum ist es so schwierig, ein Bußgeld zu fordern, wenn die Plattformbetreiber ihrer Pflicht nicht nachkommen?**

Wenn die Plattformen innerhalb einer bestimmten Frist einer Löschung nicht nachkommen, müssen sie ein Bußgeld zahlen. Das Gesetz regelt auch, dass jeder Plattformbetreiber einen Zustellungsbevollmächtigten in Deutschland haben muss. Das war bisher schwierig. So konnte man zum Beispiel den Betreibern von Telegram keinen Bußgeldbescheid zukommen lassen, weil sie ihren Firmensitz in Dubai in einer leeren Büroetage haben. Dann wird wiederum vorgeschoben, der Bescheid sei nicht in der richtigen Landessprache erstellt. Hier könnte man vielmehr Druck aufbauen. Auch wenn im Netzwerkdurchsetzungsgesetz, das 2024 vom europäischen Digital Services Act abgelöst wird, viele Punkte angreifbar sind, ist es zumindest ein Werkzeug, um überhaupt etwas löschen zu lassen. In Bezug auf die Bußgelder für die systematische Verletzung der Moderationspflichten der Plattformbetreiber ist leider wenig geschehen. Seit das Gesetz 2017 in Kraft getreten ist, wurde fast nie ein Bußgeld von Facebook, Twitter oder Telegram bezahlt. Am Anfang hatten die Plattformbetreiber noch

Angst, weil die Regulierungsprozesse verbessert wurden. Doch es gab für sie keine klaren Konsequenzen. Hier gab es ein großes Versagen, man hätte mehr machen können.

» Wird der Digital Services Act die Lage verbessern?

Leider ist der DSA auf den ersten Blick ein Rückschritt. Weder die Löschungspflicht, noch die Regelung der Zustellungsbevollmächtigten ist im DSA verankert. Außerdem gilt das Herkunftslandprinzip. Wenn die Plattformbetreiber so freundlich sind, eine Adresse zu benennen, kann man die Bußgeldbescheide an diese Adresse schicken. Wenn sie aber keine Lust haben, dann eben nicht. Das ist eine verstörende Logik. Wenn Facebook zum Beispiel in Irland sitzt, müssen wir uns für die Regulierung nach irischem Recht richten. Das ist eine Verschlechterung. Das deutsche Recht ist eher streng, unser Grundgesetz ist auf einer anderen Wertung von Persönlichkeitsrechten und Menschenwürde entstanden. Da gibt es europaweit viele Unterschiede. Zum Beispiel wird der Datenschutz in Irland quasi kaum durchgesetzt. Ein Grund, warum Google, Facebook und Twitter in Irland ihren europäischen Firmensitz haben, denn dort werden sie in Ruhe gelassen.

» Sie sind ja öfter im Rechtsstreit gegen Plattformbetreiber wie Facebook. Mit wie harten Bandagen wird gekämpft?

Man könnte denken, vor Gericht sind alle gleich, es spielt keine Rolle, ob man David oder Goliath ist. Definitiv sind aber die Methoden und die Ressourcen andere. Betroffene von Hatespeech klagen aber seltener, meist beschweren sich nur Menschen, die den Hass zum Geschäftsmodell gemacht haben, dass Tweeds oder Accounts gelöscht wurden. Beim Moderator einer Plattform bleibt hängen: »Wenn ich das lösche, kriege ich Ärger. Wenn ich es nicht lösche, passiert nichts.« Dabei geht es nicht nur um Beleidigungen und Bedrohungen. Öfters haben diejenigen, die Fake News verbreiten, viel Geld und können mit teuren Anwälten die Justiz dafür nutzen, um die Meinungsfreiheit, wie sie sie verstehen, durchzusetzen. Das führt dazu, dass jedermann sich dies zum Vorbild nimmt. Es ist so bequem geworden, vom Sofa aus in die Politik einzugreifen und Politiker so einzuschüchtern, dass sie sich nicht mehr äußern.

>> **Kann man einen Mob wie bei Rainer Winkler, dem Drachenlord, zur Rechenschaft ziehen?**

Wenn wir auf der Täterseite ein Kollektiv haben, also eine Hatercommunity, dann haben wir meist auch eine besondere Gefährlichkeit, weil die Leute sich gegenseitig hochschaukeln und weil die Wirkung durch viele gemeinsame Einzeltaten viel stärker ist. Die Geschichte von Rainer Winkler zeigt das sehr deutlich. Der einzelne Tatbeitrag der Hater beim Drachenlord ist häufig nicht strafbar. Aber es ist die Gesamtwirkung. Wenn zum Beispiel ein Mob mit Fackeln und Steinen vor dem Haus von jemandem steht, einer wirft einen Stein durchs Fenster und die Polizei will wissen, wer geworfen hat, dann werden alle sagen: »Ich hab nur meine Fackel gehalten, ich hab keinen Stein geworfen.« Diesen Sachverhalt könnte man aber als Landfriedensbruch bestrafen, wenn man argumentiert: Jeder Einzelne, der dabei war, wird bestraft, weil er zu diesem gefährlichen Mob beigetragen hat und wusste, dass so etwas passieren könnte. Das haben wir aber im Onlinebereich nicht. Das Zusammenwirken als Mob ist im Gesetz nicht vorgesehen. Der offene Landfriedensbruch ist strafbar, der digitale nicht.

» **Der Auslöser meines Cybermobbings war die Darstellung in GNTM. Der Sender hatte ja Zugriff auf meine Accounts auf Social Media und hat auch während des Shitstorms weiter Videos und Fotos veröffentlicht. Wie kann man verhindern, dass das einer anderen Teilnehmerin passiert?**

Wenn eine junge Frau in die Verbreitung eines eigenen Bildnisses einwilligt, insbesondere wenn sie dafür Geld bekommt, dann ist diese Einwilligung wirksam, und sie ist normalerweise nicht widerruflich. Man bräuchte eigentlich eine Ausnahmeregelung im Vertrag. Wenn eine der jungen Frauen Hass ausgesetzt wird, so sollte eine Widerruflichkeit gelten. Eigentlich ist es eine Wertungsfrage und gesetzlich nicht klar geregelt. Wenn es aber Inhalte gibt, die Hass erzeugen, ist das ein wichtiger Grund dafür, dass die Betroffene die Einwilligung zurückziehen könnte.

So kann ich nach meiner Erfahrung bei GNTM eigentlich nur jeder zukünftigen Teilnehmerin raten, Verträge nicht einfach zu unterschreiben, sondern sich genau zu überlegen, was im schlimmsten Fall passieren kann. Denn auch wenn man für die Teilnahme bei GNTM kein Geld bekommt, ist es kaum möglich, die Einwilligung bei einem Shitstorm wieder zurückzuziehen. Im Gespräch mit Jun erkannte ich auch, dass meinen Hatern, die mir den Tod angedroht hatten, keine große Strafe gedroht hätte. Das Rechtsgut der psychischen Gesundheit ist hierzulande nicht so geschützt wie Vermögenswerte. Das Strafmaß beim Diebstahl eines sehr teuren Schmuckstücks liegt höher, als wenn ich jemandem den Tod wünsche, ihn verbal bedrohe oder ins Gesicht schlage. Bei einer Bedrohung oder einer Beleidigung im Netz ist per se der Strafrahmen einer Freiheitsstrafe auf ein Jahr begrenzt. Es muss sich noch viel tun, vor Gericht und auch im Gesetz und bei der Strafverfolgung. Jun und sein Team arbeiten deshalb an einem Handlungskatalog. »Politiker scheitern nicht daran, dass sie das Problem nicht verstehen, sie wissen einfach keine Lösungen. Alle sagen, sie haben das Problem erkannt, und fast keiner hat die Kompetenz, die Maßnahmen tatsächlich durchzudeklinieren«, sagt Jun. Mit seinen Vorschlägen trifft der Jurist jedoch auf keine offenen Ohren, denn es gibt immer politische Interessen, die dem einen oder anderen entgegenstehen. So plädiert Jun wie auch Professor Rüdiger für eine Art Internetpolizei. »Zudem sollte auf jeder Polizeidienststelle ein Beamter sitzen, der sich mit Hatespeech und Cybermobbing auskennt«, sagt Jun. Auch bei der Ausbildung von Polizisten sieht er Lücken: »Sie lernen, wie man ein Betäubungsmittel erkennt, aber einfache Betrugs- und Täuschungsmanöver im Onlinebereich zu entlarven, da sind die meisten blank.« Eine »Open Source Intelligence«-Software könnte zudem helfen, auf den verschiedenen Plattformen Ähnlichkeiten von anonymen und pseudonymen Accounts zu erkennen.

Außerdem sei es wichtig, dass die Plattformbetreiber wenigstens die IP-Adresse speichern können, solange bis ein Richter die Herausgabe anordnet. Denn eine Strafverfolgung ist nur möglich, wenn Leute identifizierbar sind.

Auch die Organisation HateAid fordert seit Jahren klare Maßnahmen, wie zum Beispiel eine schnellere Identifizierung der Täter: »Da viele Social-Media-Plattformen ihren Sitz im Ausland haben, besteht das Problem, dass die Staatsanwaltschaften bei Straftaten im Netz immer erst ein Auskunftsersuchen zum Beispiel bei den irischen Behörden, wo einige große Plattformen ihren Firmensitz in Europa haben, machen müssen und das bleibt oft unbeantwortet oder zieht sich zum Teil über ein Jahr hin. Hier braucht es eine klare Neuregelung, damit Straftaten, die in Deutschland begangen werden, auch hier geahndet werden können.«

Schon lange fordern Politikerinnen wie Renate Künast mehr Transparenz auf Seiten der Plattformbetreiber. Seit 2015 lässt Facebook/Meta in Deutschland Beiträge von der Bertelsmann-Firma Avato löschen. Doch Details zu den genauen Löschregeln oder zu Qualifikation und Arbeitsbedingungen der Angestellten, die dort jeden gemeldeten Beitrag überprüfen, hat das Unternehmen selbst auf Druck des Bundesjustizministeriums nicht öffentlich gemacht. Die Mitarbeitenden sichten die Inhalte und müssen unzulässige möglichst schnell entfernen. Doch viele von ihnen fühlen sich oft nicht ausreichend vorbereitet und gestresst, weil sie unübersichtliche Vorgaben bekommen, welche Inhalte gelöscht werden müssen und welche nicht. Viele klagen auch über schwere psychische Probleme, die durch das Sichten von oftmals schockierenden Inhalten wie Folter, Mord oder Kindesmissbrauch hervorgerufen werden. [52]

Doch es fängt schon beim Opfer von Cybermobbing selbst an. Alle Beleidigungen zu melden, das kostet enorm viel Zeit und Aufwand. Diese Erfahrung habe ich auch gemacht. Instagram, YouTube oder Twitter müssten sich doch einschalten, irgendwas unternehmen, alles löschen, so meine irrige Annahme. So viel Hass und Hetze, rassistische und sexuelle Beleidigungen, da muss es doch jemanden geben, der das postwendend einfach löscht, wegmacht, ausradiert? Doch da das nicht passiert, musste ich selbst aktiv werden, obwohl ich die Gejagte war. Die schlimmsten rassistischen, volksverhetzenden Kommentare hatte das Team von GNTM selbst gelöscht. Aber sie kamen bei der Masse nicht hinterher. Ich hätte damals alles darum gegeben, den Status quo von vor meiner Reise in die GNTM-Bubble wiederzuerlangen. Aber allein konnte ich das nicht schaffen. Meine Mutter, meine Schwester, meine Tante und ich – zu viert haben wir in die verbalen Abgründe des Netzes geschaut und stundenlang nur gelöscht, blockiert und gemeldet. Jede Woche wieder. Die Masse war unfassbar. Allein die GNTM-Accounts auf den unterschiedlichsten Social-Media-Kanälen haben Millionen Follower. Aber dann gab es ja noch etliche Gruppen, Kanäle und Profile auf YouTube, Insta oder TikTok, die sich nur mit mir beschäftigten. Auf diesen Accounts konnte ich die Kommentare nur melden. Bei jeder Meldung muss man einen Grund anklicken, warum dieser Beitrag gelöscht werden soll. In den seltensten Fällen verschwanden Profile wie »WirhassenLijana«. Erst nach meinem freiwilligen Ausstieg wurde es ruhiger. Das Ziel war ja erreicht, ich war aus der Sicht der Hater endlich raus aus GNTM und wurde uninteressant.

Kommunalpolitik ist die Basis der Demokratie, Hass und Gewalt dürfen in diesem Feld keinen Platz haben. Bürgermeisterinnen und Bürgermeister in Deutschland berichten jedoch von Vorfällen im beruflichen wie privaten Umfeld. Die Beleidigungen und Bedrohungen verteilen sich dabei zu etwa gleichen Teilen auf persönliche Botschaften wie E-Mails, Briefe oder Faxe (39 Prozent), direkte Begegnungen (35 Prozent) sowie soziale Netzwerke (35 Prozent). Zudem berichteten 5 Prozent von körperlicher Bedrängung und 7 Prozent von Sachbeschädigungen, auch an Privateigentum. 19 Prozent der Bürgermeisterinnen und Bürgermeister gaben an, schon einmal darüber nachgedacht zu haben, sich aus dem Amt zurückzuziehen.[53]

Umfrage der Körber-Stiftung 2021

»Wie kann eine demokratische Debattenkultur aussehen, die die Meinungsfreiheit schützt, aber auch die Persönlichkeitsrechte und insbesondere den Schutz Jüngerer effektiv gewährleistet? Die Antwort auf diese Frage dürfen wir nicht den finanziellen Interessen von Facebook und Co überlassen. Die Beteiligung der Zivilgesellschaft, beispielsweise durch Social-Media-Räte aus Experten, Vertretern von betroffenen Gruppen und ausgelosten Bürger*innen, wäre demokratischer als das von Facebook selbst ernannte Oversight Board.«[54]

Renate Künast

KAPITEL 9:
»DAS IST DOCH NUR MEINE MEINUNG!«

WARUM DIE STIMME JUGENDLICHER MEHR ZÄHLEN MUSS UND WIE POLITISCHER HATESPEECH UNSERE DEMOKRATIE GEFÄHRDET

Das Hotelfoyer war voller Menschen. Sie waren alle der Einladung zum Safer Internet Forum gefolgt. Aus ganz Europa kamen sie zusammen. EU-Politiker, Abgesandte von NGOs, Konzernen und Plattformbetreibern wollten am nächsten Morgen für zwei Tage über die Sicherheit im Netz, über Jugendschutz, Hatespeech und Cybermobbing diskutieren. Ich war als Speakerin eingeladen. Am Abend vor meinem Vortrag traf ich abends bei der Probe auf Lili Leißer. Die Jurastudentin aus Wien war eine der Mitgestalterinnen des Safer Internet Forums. Bisher kannte ich sie nur aus Telefonaten, als ich sie ein halbes Jahr nach dem GNTM-Finale kontaktiert hatte. Ich wollte mich damals mit den unzähligen NGOs und Vereinen im deutschsprachigen Raum, die sich mit Cybermobbing befassen, vernetzen. Auf mich wirkte es so, als ob sie untereinander gar nicht so eng zusammenarbeiten und jede mit einem anderen Schwerpunkt für sich in ihrem Bundesland oder ihrer Stadt agierte.

Ich hatte etliche Vereine angeschrieben, nachdem ich die Kampagne »Love always wins« gestartet hatte. Ich wollte ihnen einfach die Reichweite meines Accounts anbieten. Im Vergleich zu anderen mag es vielleicht nicht so viel sein, aber unter meinen Followern sind inzwischen nicht nur viele Betroffene, sondern ebenso viele Interessierte am Thema und Unterstützer. Ihnen wollte ich mehr Hilfestellungen geben, die über meine Kampagne hinausgehen sollten. Lili war sofort begeistert. »Es gibt viele Veranstaltungen, bei denen du eine Inspiration sein könntest, wenn du deine Geschichte erzählst«, meinte sie zu mir.

Dieses Jahr hatte Lili sich dafür eingesetzt, dass das Safer Internet Forum zum ersten Mal in seiner langjährigen Geschichte in erster Linie von jungen Menschen organisiert werden sollte. »Diese europaweite Veranstaltung wird sonst immer nur von älteren Erwachsenen geplant. Kinder und Jugendliche, die eine Vielzahl der Themen betrifft, bekommen während der zwei Tage lediglich eine halbe Stunde Sprechzeit auf der Bühne. Das ist einfach zu wenig«, sagte mir Lili. Mir war sofort klar, was sie meinte, denn immerhin war das Jahr 2022 von der Europäischen Union zum »Jahr der Jugend« ausgerufen worden. »Es soll neue Chancen für junge Menschen eröffnen und ihren Meinungen und Ideen mehr Gehör verschaffen«, war das Motto.[55] Doch hier in Brüssel wollten ursprünglich wieder nur ältere Männer und Frauen reden, die von den Lebenswelten der jungen Generation weit entfernt sind. Das hatte Lili zum Glück verändert. »Ich wünsche mir generell, dass viel mehr Jugendliche bei Diskussionen rund um das Internet eingebunden werden. Wir sehen, dass Unternehmen wie Meta oder Google für Events Jugendliche von Safer Internet einladen. Ich habe leider oft die Erfahrung gemacht, dass sie nur zur Schau gestellt wurden. Wir hören den anderen zu, aber keiner uns. Ich war öfters sehr enttäuscht, wenn Jugendliche in ihren Bedenken und Bedürfnissen in Bezug aufs Netz nicht ernst genommen werden«, sagte Lili. Die 23-Jährige klang ernüchtert.

Seit ihrem 15. Lebensjahr engagierte sie sich ehrenamtlich für die Initiative. Sie hatte ihre Hausaufgaben im Zug gemacht, nur um sich dann bei einer Podiumsdiskussion zum »Generationen-Talk« von Policy-Makern sozialer Plattformen sagen zu lassen, sie sei zu jung, und hätte keine Ahnung, wovon sie rede. »Ich sei zu idealistisch, hieß es einfach«, erzählte Lili. Dabei klingen ihre Überlegungen und Ideen für mich alles andere als aus der Luft gegriffen: »Die meisten User von Snapchat, Meta oder TikTok sind junge Menschen. Es müsste deshalb ein fixes Procedere geben, dass ein Jugendgremium befragt und miteingebunden wird, wenn es um die Entwicklung einer neuen Policy geht«, sagte sie bestimmt. »Ich war einmal auf einem Youth-Summit von Twitter, wo Jugendliche und junge Erwachsene zu einer Diskussionsrunde eingeladen wurden. Ich habe Hoffnungen in diesen Austausch gesetzt. Doch stattdessen wurde uns einen ganzen Tag lang nur erklärt, wie man etwas auf Twitter melden kann. Als wüssten wir das nicht. Wir müssen mehr aufeinander zukommen, uns auch gegenseitig zuhören. Denn es geht um den Schutz von Jugendlichen und Kindern im Netz. Momentan sind die Generationen aber in getrennten Welten unterwegs.«

Auch auf dem Safer Internet Day in Brüssel hatten bisher nur Politiker trocken und leblos über digitale Gewalt aus der Theorie heraus gesprochen, ohne aber diejenigen zu hören, die es wirklich erlebt hatten. Deshalb sollte ich meine

Geschichte erzählen, als Betroffene, um eine neue Perspektive zu zeigen. Am nächsten Tag war es so weit. Der Raum war voll mit kleinen Tischen, an denen Männer und Frauen in Businessoutfits saßen. Ich hielt meine Rede auf Englisch. Ich wusste, da sitzen Politikerinnen im Publikum, die morgen oder übermorgen womöglich an Gesetzen wie dem Digital Services Act arbeiten, und die Vertreter der großen Konzerne wie Meta oder Google. Meine Geschichte könnte sie vielleicht beeinflussen, so meine unfassbar naive, aber große Hoffnung. Vor mir sprach Jakub, ein junger Transgender aus Großbritannien. Groß, schick, im Anzug. Seine Rede hatte mich so bewegt, dass mir die Tränen hochkamen. Er hatte sich von seinen Followern auf TikTok bei seinem Transformationsweg von einer jungen Frau zum Mann begleiten lassen. Er hatte Fotos von seinen Narben gepostet, als seine Brüste abgenommen wurden. Seine Stimme wurde von Post zu Post dunkler. Doch sein Mut und seine Offenheit wurden nicht nur geliked. In der Kommentarleiste übergossen die Hater ihn mit Spott. Das Cybermobbing machte ihn schwer depressiv so wie mich auch.

Dann ging ich auf die Bühne. Während meiner Rede schaute ich ins Publikum und sah in entsetzte Augen. Die jungen Zuhörer nickten nur, denn sie kannten die Emotionen eines Betroffenen – entweder, weil sie es selbst schon erfahren hatten oder weil sie Betroffene kannten. Die Älteren im Publikum, die nicht diese Nähe zur digitalen Welt haben, schüttelten den Kopf, ungläubig und fassungslos, so als würden sie das erste Mal von Cybermobbing hören. In der Pause kamen viele Vertreter von Organisationen aus der Schweiz bis Portugal auf mich zu und luden mich zu weiteren Veranstaltungen ein. Sie erzählten von Maßnahmen gegen Cybermobbing und Hatespeech in ihren Ländern. In Portugal wie auch in Österreich ist soziale und mediale Kompetenz inzwischen Teil des Lehrplans und steht mit Themen wie Cybermobbing und anderen Formen digitaler Gewalt, psychische Gesundheit und Entwicklung des Selbstbildes schon früh auf dem Stundenplan. »Wir haben Jahrzehnte dafür gekämpft«, erzählte mir die Vertreterin einer portugiesischen Anti-Cybermobbing-Organisation.

Trotzdem war ich sehr erstaunt. Denn obwohl das Safer Internet Forum eine gute Möglichkeit bietet, sich einmal jährlich länderübergreifend auszutauschen, schien ich neben Julia Höfener von »Nummer gegen Kummer«, einem Kooperationspartner von Klicksafe, die Einzige aus Deutschland zu sein. Ich hatte den Eindruck, dass deutsche Vereine und Institutionen europaweit nicht so vernetzt und präsent sind.

Ich war aber auch enttäuscht. Alle Redner nach mir sprachen davon, wie schlimm Cybermobbing und Hatespeech seien, wie ernst, gefährlich und demokratiegefährdend, aber von niemandem hörte ich eine klare umsetzbare Idee, wie man das Problem angehen müsste. Hier saßen rund 200 Menschen in einem Raum, die zusammen so viel bewirken könnten, aber am Ende gingen wir alle auseinander und waren echten Lösungsansätzen keinen Zentimeter näher gekommen. Lili bestätigte meine Beobachtungen:

> »Seit acht Jahren bin ich bei vielen Veranstaltungen mit Vertretern aus Politik und Social-Media-Kanälen zusammen, aber es geht nichts voran. Das macht es schwierig. Meiner Meinung nach muss man stärker bei den Plattformen ansetzen. Warum führt man beispielsweise

keine Funktion ein, die bestimmte Keywords, die ein User in eine App schreibt, erst gar nicht postet. Auf manchen Plattformen oder in Onlinespielen gibt es diese Möglichkeit schon, dass Wörter wie ›Arschloch‹ oder ›Hure‹ erst gar nicht abgeschickt, sondern ausgeixt werden. Ich verstehe nicht, wieso man dies nicht auf anderen Plattformen integrieren kann? So ließe sich auch die Überforderung bei den Social-Media-Kanälen reduzieren. Instagram, Snapchat oder Facebook sind maßlos überfordert, Beiträge und Kommentare zu löschen, weil so viel gemeldet wird. Aber über diese wichtigen Themen kommt man mit Meta oder den anderen Anbietern nicht ins Gespräch.

Ich finde auch undurchsichtig, wie ihre Algorithmen die Postings und Kommentare auf Keywords durchsuchen und was durch Menschenhand gelöscht wird. Ein Algorithmus hat einfach kein Herz und erkennt die Verbindungen zwischen bestimmten Dingen, so wie ein Mensch das kann, und löscht deshalb auch weniger. Wenn Netzwerkbetreiber nicht gewährleisten, dass Meldungen rechtzeitig überprüft werden können, dann müssen sie andere Systeme installieren, um Extremsituationen zu verhindern. Man kann doch nicht die Verantwortung von sich schieben, wenn Nacktfotos von Mädchen geteilt oder Menschen bis zum Suizid gemobbt werden, so wie es bei der Ärztin Lisa-Maria Kellermayr der Fall war. Ihr Suizid ging durch alle Medien, es entstanden zwar wieder Forderungen auch an die Social-Media-Plattformen, aber es passiert leider nichts. In der Öffentlichkeit bleibt einzig im Kopf, ihr Tod hatte doch irgendwas mit dem Internet zu tun.«

Es geht zu langsam voran, war ich mir mit Lili einig. Trotzdem oder gerade deshalb mache ich weiter. Ich habe die Hoffnung nicht aufgegeben, dass sich irgendwann mehr bewegt. Der Safer Internet Day (SID) ist ein Baustein, dessen Motto »Together for a better internet« ich mit jeder Zelle unterschreibe. Ich persönlich hatte den SID erst nach meinem Shitstorm wahrgenommen. Dabei findet der Aktionstag für mehr Onlinesicherheit und für ein besseres Internet für Kinder und Jugendliche seit fast 20 Jahren immer am Dienstag der zweiten Februarwoche statt. Jedes Mal steht ein anderes Schwerpunktthema im Fokus, so drehte sich 2023 zum Beispiel alles um »exzessive Internetnutzung«. Auch ich war wieder für eine Podiumsdiskussion eingeladen. Der SID wird in Deutschland von Klicksafe organisiert. Hinter dem Deutschen Awareness Centre der EU stehen die Medienanstalt Rheinland-Pfalz und die Landesanstalt für Medien NRW. Kim Schneider von Klicksafe erklärte mir, dass die gemeinnützige Organisation über öffentliche Gelder finanziert und mit etlichen Akteuren kooperiert – von Ministerien, Hochschulen bis hin zu Verbraucherzentralen und Konzernen wie Telekom und Google: »Unser Ziel ist es, Onlinekompetenzen zu fördern und besonders junge Menschen kompetenter und kritischer im Umgang mit dem Internet zu machen«, schrieb Kim. Der SID gehört zum Aushängeschild der Initiative. »Der SID ist über die EU hinaus bekannt, sodass heute weit mehr als hundert Staaten in der ganzen Welt teilnehmen und diesen Tag nutzen, über digitale Sicherheit und Internetkompetenz zu diskutieren und zu informieren. Die Resonanz ist enorm. Von EU-Seite wird ein übergreifendes Thema gewählt, das viel Spielraum für eigene nationale Aktionen bietet. Unsere Events sind größtenteils in Berlin, um die politischen und medialen Akteure zu erreichen. Jedes Land setzt den SID anders um. Das Internet Centre in Großbritannien zum Beispiel kooperiert mit Sportverbänden und Fußball-Clubs. Es gibt aber auch Länder, die den SID ›ruhiger‹ umsetzen wie mit einem fachorientierten Webinar«, schrieb mir Kim.

Es geht bei Klicksafe in erster Linie um Aufklärung, Aufmerksamkeit und Achtsamkeit für die sensiblen Themen im Internet. Ein wichtiger Adressat von Klicksafe ist aber die Bundesregierung, denn hier werden die Gesetze für die Zukunft geschmiedet. Der Ausschuss für Digitales spielt dabei eine Rolle als Impulsgeber. Er ist ein 34-köpfiges Gremium, das sich aktuellen netzpolitischen Themen widmet und Gesetzesentwürfe fachübergreifend diskutiert. Tabea Rößner von Bündnis 90/Die Grünen ist zurzeit die Vorsitzende. Ich spreche mit ihr, wie die Politik mit Hatespeech umgehen sollte und wie wir alle wieder lernen, respektvoll miteinander im Netz zu diskutieren.

>> **Frau Rößner, haben Sie selbst schon Hatespeech erlebt?**

Als Politikerinnen sind wir generell stärker betroffen. Dabei sind oftmals die Grenzen zwischen legitimer Meinungsäußerung und Hatespeech schwierig zu bestimmen. Als ich meine Kandidatur für die Oberbürgermeisterwahl in Mainz bekannt gab, kommentierten das viele mit kotzenden Emojis. Auch wenn das noch kein Hatespeech sein mag, ging es ja nicht um eine Meinung, die mit Argumenten belegt war. Das macht was mit einem. Es wurden im

Netz auch viele Unwahrheiten über mich verbreitet, wie zum Beispiel, dass ich gar nicht in Mainz wohnen würde. Am Wahlkampfstand haben mich Menschen immer wieder darauf angesprochen. Auch wenn das Gerücht anfangs nur auf den sozialen Medien verbreitet wurde, erreichte es irgendwann die breitere Öffentlichkeit.

» Nur was für Folgen hat das für unsere Demokratie?

Wir beobachten, dass immer mehr Menschen es scheuen, sich öffentlich zu äußern oder sich sogar ganz aus den sozialen Medien zurückziehen. Das kann ich verstehen. Nur dann werden manche Stimmen leiser oder verstummen ganz, und man überlässt Hatern das Feld. Das bedeutet aber letztlich, dass bestimmte Meinungen oder Perspektiven auf sozialen Netzwerken nicht mehr vorkommen. Das beeinträchtigt den freien Meinungsbildungsprozess, weil manche Positionen ein Übergewicht bekommen und andere gar nicht mehr geäußert werden. Desinformation und Hass können sich so stärker verbreiten. Das ist eine Gefahr für die Demokratie.

» Werden Politiker mehr vor Hatespeech und digitaler Gewalt geschützt als der »normale« Bürger?

Als öffentliche Person steht man anders im Fokus. Das erste Urteil des Berliner Landgerichts zu Renate Künasts Klage wegen Beleidigungen und Verleumdungen auf Facebook stellte Politikerinnen nahezu schutzlos. Das ist gerade bei Politikerinnen, aber auch bei vielen Frauen, die digitale Gewalt erfahren haben, wie eine Bombe eingeschlagen. Der

Fall Renate Künast hat für eine große Öffentlichkeit gesorgt und gezeigt, dass man sich als Politikerin aber nicht alles bieten lassen muss. Ich bin Renate Künast dankbar, dass sie so hartnäckig am Ball geblieben ist, bis das Urteil korrigiert wurde. Politiker und Politikerinnen sind mehr als andere digitaler Gewalt ausgesetzt und müssen sich als öffentliche Personen mehr, aber – wie der Fall Künast gezeigt hat – eben auch nicht alles gefallen lassen.

>> **»Das ist doch meine Meinung« – damit werden oft Hatespeech und Fake News legitimiert. Gerade in der Diskussion um die Impfpflicht gegen COVID-19 gingen die Lager extrem auseinander, und der Ton wurde immer schärfer.**

Covid-19 hat unsere Gesellschaft stark polarisiert, wie sich im öffentlichen Diskurs gezeigt hat. Die Gesellschaft war verunsichert, die Debatten wurden sehr emotional geführt, und es gab viele Falschinformationen. Bereits diejenigen, die skeptisch waren und Maßnahmen auch einmal kritisch hinterfragt haben, wurden voreilig in die Ecke der Querdenker und Querdenkerinnen gestellt. Auch ich habe das zu spüren bekommen, als ich mich öffentlich gegen eine allgemeine Impfpflicht ausgesprochen habe. Selbst aus dem linken Spektrum waren die Reaktionen sehr heftig. Was ich aber beobachte und bedenklich finde: Viele sind nicht mehr bereit, einen Schritt zurückzugehen und zu schauen, was möglicherweise eine vernünftige Frage oder berechtigte Kritik ist. Und das, obwohl sich im Nachhinein manches als richtig herausgestellt hat, was zuvor als falsch bezeichnet wurde. Die Bereitschaft, auch die andere Seite zu hören und deren Argumente zu wägen, ist aber eine wichtige Voraussetzung für den Diskurs einer zivilisierten, demokratischen Gesellschaft.

> **Wie können wir eine gesunde Diskussionskultur wieder in die sozialen Medien bringen?**

Indem wir genau aus solchen Fehlern lernen. Gerade in kritischen Situationen ist es die Aufgabe einer informierten Öffentlichkeit, Probleme offen anzusprechen und sachlich und vernünftig zu diskutieren. Doch dabei tun wir uns sehr schwer. Besonders bei brisanten Ereignissen fehlt es in den sozialen Medien an Sachlichkeit, viele sind gleich mit Emotionen und starken Meinungsäußerungen unterwegs. Differenzierte Betrachtungen sind aber in kurzen Tweets nicht möglich. Wir müssen eine Diskussionskultur mit den neuen Instrumenten entwickeln und auch erlernen. Ich kann mich noch an die Zeit erinnern, als wir alle das erste Mal eine Mail verschickt haben. Auch da gab es schon das Problem, dass sich der eine oder die andere Absenderin im Ton vergriffen hat. Ähnliches beobachte ich jetzt in den sogenannten sozialen Netzwerken. Doch wie finden wir in einer fragmentierten Welt im Netz, wo man sich nur in seiner eigenen Bubble bewegt und sich gegenseitig bestärkt, zu einer Öffentlichkeit, die unterschiedliche Perspektiven zu Wort kommen lässt und wo es wirklich zu einem Austausch kommt, damit der Meinungsbildungsprozess informiert stattfinden kann? Es ist eine schwierige Aufgabe, diesen öffentlichen Diskurs im Netz wieder auf ein richtiges Niveau zu heben. Stattdessen werden die sozialen Netzwerke genutzt, um Tweets mit Desinformation oder Hatespeech zu verbreiten. Wo es notwendig ist, muss der Kommunikationsprozess im Netz durch Regulierung, ggf. auch mit den Mitteln des Strafrechts, zivilisiert werden. Dabei darf aber in das hohe Gut der Meinungsfreiheit nicht zu stark eingegriffen werden. Da die Balance zu finden ist enorm schwer. Das ist ein schmaler Grat, auf dem wir uns bewegen, denn keiner will ein Wahrheitsministerium, das kontrolliert, was geäußert werden darf und was nicht.

›› Was könnten Politiker besser machen?

Alle in verantwortlichen Positionen sollten sich das Leitbild eines wahrhaftigen und vernünftigen Dialogs stärker vergegenwärtigen. Wir alle sollten gleichermaßen öfter überlegen, wie wir eine Meinung äußern, ohne dass es zu Hatespeech und Überreaktionen kommt. Und wir müssen den Meinungsbildungsprozess offenhalten. In Krisenzeiten kommt es jedoch oft zu einer Verengung der Meinungsvielfalt. Medien und politisch Verantwortliche müssen diese Verengungen im Blick haben und den Diskurs wieder öffnen. Wir Politiker und Politikerinnen müssen auch selbst bereit sein, unsere Positionen sachlich zu begründen, Widerspruch zuzulassen und Fehler einzugestehen. Wir müssen auch auf die Hater zugehen, und wo es möglich ist, den Dialog suchen.

›› Wie können wir dann gegen Desinformation angehen?

Hier sehe ich die Qualitätsmedien und ganz besonderes die öffentlich-rechtlichen Sender in der Pflicht. Sie sind der Wahrheit verpflichtet, haben hohe Anforderungen an journalistische Standards und arbeiten nach dem Vieraugenprinzip. Das Bewusstsein sollte aber noch stärker ausgebaut werden, dass sie eine Quelle für gute Informationen sind. Sie müssen sich weiterentwickeln und Konzepte erarbeiten, wie sie den öffentlichen Diskurs im digitalen Raum noch besser gestalten können, denn der Meinungsbildungsprozess findet ja inzwischen mehr im Netz statt als im Analogen. Und es ist natürlich auch eine Aufgabe der Bildung, damit sich die Menschen allen Alters digitale Kompetenzen erwerben können, um Desinformation zu erkennen.

» **Brauchen wir noch mehr Gesetze, die Menschen gegen Hatespeech schützen? Und welche Rolle spielen dabei die Plattformen?**

Wir haben in erster Linie ein Problem mit der Durchsetzung bestehender Gesetze. Hasskriminalität wird insgesamt viel öfter gemeldet und mehr verfolgt, aber es hängt letztendlich daran, wie effektiv soziale Plattformen ihre gesetzlichen Verpflichtungen erfüllen. Das bezieht sich nicht nur auf die Zusammenarbeit mit Staatsanwaltschaften, sondern auch auf die Löschung von Hasskommentaren. Effiziente Rechtsdurchsetzung hängt nicht zuletzt davon ab, wie viele Menschen die Plattformbetreiber einstellen, um Inhalte einzuschätzen und Hassnachrichten zu löschen. Zudem brauchen die Inhaltsprüfer und -prüferinnen eine gute Ausbildung, damit sie diese Inhalte auch richtig einordnen können. Meta hat zum Beispiel auf Facebook Gewaltbilder aus der Ukraine löschen lassen. Das ergibt aber keinen Sinn in einem Land, wo Gewalt den Alltag beherrscht und wichtige Informationen über die Kriegshandlungen ausgetauscht werden müssen. Weil Plattformen auch gegen Inhalte vorgehen, die gegen ihre eigenen Community-Standards verstoßen, ist oft nicht ersichtlich, was nach welchen Regeln gelöscht wird oder warum Accounts gesperrt werden. Hier brauchen wir dringend mehr Transparenz. Es ist ein schmaler Grat zwischen Informationsfreiheit, Meinungsfreiheit und etwa dem Schutz von Persönlichkeitsrechten. Denn es darf auch nicht zum Overblocking legitimer Meinungsäußerungen kommen. Um zu verhindern, dass Plattformbetreiber zu viele Inhalte sperren und löschen, nur um keine Bußgelder zu riskieren, sind mittlerweile Verfahren vorgesehen, die dazu führen sollen, dass fälschlich gelöschte Inhalte schnell wieder eingestellt werden. Denn letztlich nützt ein wichtiger Beitrag in einer aktuellen Debatte nichts, wenn er erst nach Wochen wieder verfügbar ist.

>> **Es hat sich auf europäischer Ebene viel getan. Der Digital Services Act tritt 2024 in Kraft und wird das deutsche Netzwerkdurchsetzungsgesetz ersetzen.**

Der Digital Services Act wird momentan als das neue Grundgesetz für das Netz gefeiert. Ich bin etwas verhaltener. Denn einige Regelungen des Netzwerkdurchsetzungsgesetz, die wir sinnvoll finden, fallen zukünftig weg. So wird es nach dem DSA beispielsweise keinen nationalen Zustellungsbevollmächtigten mehr geben, sondern nur noch auf EU-Ebene. Problematisch finde ich auch, dass die EU-Kommission als Hoheitsträger selbst Aufsichtsbefugnisse in Bezug auf die sehr großen Plattformen bekommt. Das erscheint mir bezüglich der Inhalteregulierung kaum mit der notwendigen Staats- oder Unionsferne vereinbar. Die Staatsferne ist ein wesentliches Prinzip unseres Mediensystems, das nach den Erfahrungen aus unserer Vergangenheit entwickelt wurde, um staatlichen Missbrauch der Medien zu verhindern. Wir müssen genau beobachten, wie das in der Praxis läuft. Und die europäischen Mitgliedstaaten müssen selbst zum Teil neue Aufsichtsstrukturen schaffen sowie einen nationalen Digitalen-Dienste-Koordinator einrichten. Neben der Zusammenarbeit mit der Kommission hat er weitere wichtige Aufgaben, zum Beispiel die Benennung von vertrauenswürdigen Hinweisgebern und Hinweisgeberinnen und außergerichtlichen Streitbeilegungsstellen, oder die Bearbeitung von Datenzugangsanfragen bei den großen Plattformen, die der DSA für die Zivilgesellschaft und Forschungszwecke ermöglicht. Zudem müssen wir schauen, ob und ggf. welche Regelungsmöglichkeiten uns als Mitgliedstaaten noch verbleiben. Wir prüfen jetzt mit den Ministerien, wo es Regelungslücken gibt und ob wir Teile des Netzwerkdurchsetzungsgesetzes in das digitale Gewaltschutzgesetz und in das Demokratieförderungsgesetz überführen können Es sollen beispielsweise Initiativen gefördert und gestärkt werden, die sich gegen Hasskriminalität und für die Demokratie einsetzen.

» Für Onlineplattformen mit mehr als 45 Millionen Usern soll die Kommission die Regulierungsstelle sein. Ist das sinnvoll?

Ich halte es, wie gesagt, für problematisch, dass die EU-Kommission über Aufsichtsbefugnisse verfügt. Das ist mit der notwendigen Staats- bzw. Unionsferne in bestimmten

Regelungsbereichen kaum zu vereinbaren. Ich hätte mir daher auf europäischer Ebene eine unabhängige Digitalagentur für diese Aufgaben gewünscht und halte das als mittelfristiges Ziel weiterhin für sinnvoll. In jedem Fall muss die Kommission nun die Kompetenzen aufbauen und liefern, sie steht unter starker Beobachtung.

›› Ziehen die europäischen Länder an einem Strang?

Der digitale Raum kennt keine Landesgrenzen. Deshalb war der Wunsch und Wille für eine gemeinsame europäische Linie früh da. Es gab aber Differenzen darüber, wie stark man regulativ eingreifen sollte. Dabei geht es immer auch um die Frage, wie viel Verantwortung wir den Plattformen überlassen und wie stark die Aufsichtsbehörden ihnen gegenüber sein müssen. Es geht aber immer auch um Fragen der Finanzierung, denn die Umsetzung des DSA und die neu einzurichtenden Aufsichtsstrukturen auf europäischer wie auf nationaler Ebene kosten viel Geld. Und bei der Idee einer unabhängigen Digitalagentur waren sich die Mitgliedstaaten wie gesagt auch nicht einig. Letztlich wissen aber alle, dass es insbesondere eines starken gemeinsamen Handelns bedarf. In der Vergangenheit hat man zu oft gesehen, wie wenig die zuständigen Aufsichtsbehörden in den Sitzländern der Plattformen tatsächlich durchgesetzt haben. Das soll sich jetzt endlich ändern.

Natürlich stehe ich dahinter, dass unsere Meinungsfreiheit geschützt werden muss. Und ich kann absolut nachvollziehen, dass sich Politikerinnen und Politiker auf europäischer Ebene schwertun, den richtigen Mittelweg zwischen

Regulierung und der Gefahr von Overblocking zu finden. Aber Hatespeech hätte definitiv weniger Chancen, wenn die Netzwerkbetreiber wenigstens ihren Verpflichtungen nachkommen würden, die sie sogar selbst unterschrieben haben. Die sechs größten Plattformen haben schon 2016 den Verhaltenskodex der Europäischen Kommission zur Bekämpfung illegaler Onlinehassrede, den sogenannten »EU-Code of Conduct on Countering illegal Hatespeech« unterzeichnet. Sie müssen demnach alle als illegal gemeldeten Inhalte innerhalb von 24 Stunden löschen. Alles, was offensichtlich gegen das Gesetz ist, muss raus, dazu gehören auf jeden Fall antisemitische Äußerungen. Erst im Herbst 2022 hatten Abgeordnete des EU-Parlaments und ein Abgeordneter des kanadischen Parlaments 125 antisemitische Posts auf Facebook, Twitter und YouTube gemeldet. Einen Tag später waren nur wenige Posts entfernt worden. Auf Nachfrage der Journalisten gab nur Meta ein Statement ab. Es müsse noch mehr daran gearbeitet werden, hieß es lapidar.[56]

Doch je länger Hassrede im Netz bleibt, umso größer ist ihre Reichweite. Ich frage mich ernsthaft, wie es sein kann, dass die Plattformen es nicht einmal mit der vielgerühmten künstlichen Intelligenz schaffen, offensichtlich antisemitische Äußerungen innerhalb eines Tages zu löschen? Und was steht eigentlich in den Kriterienkatalogen der Plattformen, die ihnen bei der klaren Abgrenzung von Hassrede helfen? Aber das sind Fragen, auf die auch Politiker keine Antwort bekommen. Was ich in allen Interviews heraushören konnte: Konzerne wie Meta oder Twitter machen Milliardengeschäfte mit unserer Kommunikation, kümmern sich auf der anderen Seite nicht genügend um den Schutz ihrer User, entziehen sich, wo es geht, gesetzlichen Vorgaben, unterstützen nur bedingt die Strafverfolgung und nehmen es billigend in Kauf, dass Menschen Cybermobbing ausgesetzt sind. Was online nicht in den Griff zu kriegen ist, wäre offline niemals denkbar. Ich stelle mir vor, eine Restaurantbesitzerin würde achselzuckend an der Bar stehen, während ein Kunde dem anderen eins aufs Maul gibt. Sie schmeißt weder den Schläger raus, noch hilft sie der Polizei, den Täter zu fassen, gibt keinen Einblick in die Aufzeichnungen der Überwachungskamera, erzählt aber allen, es würde ganz viel getan, während das blutende Opfer sich selbst überlassen ist und den Krankenwagen rufen muss. Ich glaube, diese Restaurantbesitzerin würde wegen unterlassener Hilfeleistung ziemlich schnell ihre Konzession verlieren und vor Gericht landen.

Mein Blick geht in die Zukunft. Irgendwo weit am Horizont wartet schon das Metaverse. Auf den Medientagen in München 22, wo ich selbst als Speakerin eingeladen war, stellte Marie-Teresa Weber, Public Policy Managerin bei Meta, diese Zukunftsvision des Internets in rosigen Farben dar. Mark Zuckerbergs Projekt, das Milliarden verschlingt, soll demnach irgendwann das Netz revolutionieren. Intern werde die Metaverse-Technologie schon eingesetzt, »Das ist so, als würde der Kollege direkt mir gegenübersitzen«, schwärmte sie. Nur ein Gimmick? Ich schwanke zwischen Faszination und leiser Furcht. Ich stelle mir vor, wie wir uns in vielleicht gar nicht so ferner Zukunft eine VR-Brille aufsetzen, um in dreidimensionalen »Horizon Worlds« zu wandeln, in denen die reale Welt mit der virtuellen verschmilzt und wir mit Avataren sprechen, die dem menschlichen Ebenbild verblüffend ähnlich sehen. Science-Fiction ist es nicht. Doch die Voraussetzung ist doch, dass wir noch mehr Daten von uns preisgeben, noch gläserner werden. Und was passiert dann mit diesen Daten? Sicherer macht es das Netz sicher nicht, vielleicht eher unberechenbarer.

Auch Politikerinnen wie Tabea Rößner schauen hin. Erst im Frühling 2022 besuchte die Whistleblowerin Frances Haugen den Digitalausschuss der Bundesregierung. Drei Jahre hat sie als leitende Produktmanagerin beim Meta-Konzern gearbeitet und die sogenannten »Facebook-Files« veröffentlicht. Die geleakten Dokumente offenbarten, dass man sich in Zuckerbergs Konzern sehr wohl über die schädlichen Folgen der Algorithmen besonders für Kinder und Jugendliche im Klaren ist. Frances forderte deshalb eine strengere Regulierung und mehr Schutz für die jüngeren Nutzer. Es braucht Regeln, darüber sind sich scheinbar die meisten einig – nur nicht Meta. Frances Haugen schlägt zum Beispiel eine Algorithmenethik vor, damit Achtjährige nicht mit gewaltverherrlichenden Live-Videos und polarisierenden Inhalten bombardiert werden. Beim angekündigten Metaverse befürchtet Haugen, dass Zuckerbergs Konzern keinen Bedarf für mehr Sorgfalt sieht. »Der digitale Raum wird dann zum billigen Ersatz für persönliche Verbindungen«, sagte sie im Digitalausschuss.

Ich teile die Sorge von Frances Haugen, denn hier zeichnet sich noch etwas anderes ab. Wir haben noch gar keine Vorstellungen davon, was ein Metaversum mit uns als Menschen und als Gesellschaft machen könnte. Je mehr ich mich da reindenke, umso mehr Fragen kommen auf. Müssten wir nicht erst einen rechtlichen Rahmen schaffen, bevor neue Technologien unser Leben auf den Kopf stellen? Wir kommen doch schon jetzt mit der Gesetzgebung und der Durchsetzung dieser Gesetze schwer hinterher. Ich sehe noch Rechtsanwalt Chan-jo Jun, wie er einen alten braunen Lederband von 1870 aus dem Bücherregal holt. Er schlägt Seite 222 des mehr als 150 Jahre alten Bundesgesetzblattes auf. Da steht zum Beispiel unter § 184: »Wer unzüchtige Schriften, Abbildungen oder Darstellungen verkauft, verteilt oder sonst verbreitet, oder an Orten, welche dem Publikum zugänglich sind, ausstellt oder anschlägt, wird mit Geldstrafe bis zu einhundert Thalern oder mit Gefängnis bis zu sechs Monaten bestraft.« Darunter regelt im vierzehnten Abschnitt der § 185, was dem Angeklagten bei Beleidigung drohte. Sie wurde damals mit 200 Thalern geahndet. Noch heute regeln diese Gesetze unser kommunikatives Miteinander. Sie entstanden in einer Zeit, als noch Postkutschen auf unseren Straßen fuhren. Jetzt sind sie die juristische Grundlage für Klagen im Digitalzeitalter. Pornografie war damals also auch schon ein Thema. Nur dachte der Gesetzgeber an einen Marktplatz in einer Stadt oder einem Dorf. Damals hat sich ja keiner vorstellen können, dass irgendwann mal ein Mann in den Niederlanden in der Lage sein könnte, mit der Veröffentlichung eines Nacktfotos eine Jugendliche im fernen Vancouver in den Tod zu treiben.

Der Suizid von Amanda Todd 2012 hat übrigens dazu geführt, dass es in Kanada seit 2015 eines der strengsten Cybermobbinggesetze gibt. Verstöße können zivil- und strafrechtlich verfolgt und mit einer Freiheitsstrafe bis zu fünf Jahren bestraft werden. Lili erzählt mir, dass die Debatte um den Selbstmord der 16-Jährigen und der vielen anderen Suizidfälle im Jahr 2012 auch in Österreich dazu geführt hat, dass Cybermobbing ein Strafbestand ist.[57] Ich finde es bedenklich, dass es erst einen so dramatischen Fall braucht, damit sich Gesetzgeber zu härteren Strafen und neuen Regelungen durchringen.

Wismar, Demonstration der »Nationalen Jugend«

»Entschuldigung wofür demonstrieren Sie heute?«

»Geht dich ein Scheiss Dreck an.«

»Warum machen Sie das, warum gehen Sie auf die Straße?«

»Geh nach Hause, nach Afrika!«

»Warum soll ich nach Afrika gehen? Ich bin doch hier geboren. Was wollen Sie damit bewirken?«

»Wir wollen Sie nicht haben.«

»Mein Trick war ja, Fragen zu stellen. Die Art und Weise, wie du deine Angst loswerden kannst, ist eigentlich relativ einfach: Du musst versuchen herauszufinden, wer steht dir gegenüber, wer ist das. Und wie kannst du das herausfinden? Du stellst Fragen. Ich habe einfach sehr, sehr viele Fragen gestellt, und die Art und Weise, wie er geantwortet hat, hat mir diese Person nachgezeichnet. Diese Leute sind in ihrem Kreis, und keiner von außen stellt Fragen. Und in diesen Gruppen – ob es der Ku-Klux-Klan ist, ob es die Nazis sind, ob es der IS ist –, in diesen Gruppen werden keine Fragen gestellt. Das heißt also, wenn die sich verändern wollen, dann geht das nur mit der Frage von außen, und da wir das nicht machen, verändert sich nichts.«[58]

Mo Asumang, 2017

Mo Asumang wurde 1963 in Kassel als Kind einer deutschen Mutter und eines ghanaischen Vaters geboren. Sie war eine der ersten Moderatorinnen mit dunkler Hautfarbe im deutschen Fernsehen. Inzwischen ist sie Dokumentarfilmerin.

KAPITEL 10: »DU FÄRBST AB!«

WIE GEFÄHRLICH ES IST, RASSISMUS ZU IGNORIEREN, UND WARUM WIR AUF RECHTEN HASS IM NETZ REAGIEREN SOLLTEN

Sie hieß Rachel, war sehr zierlich und hatte lange blonde Haare. Wir waren zwar keine Freundinnen, aber auch keine Feindinnen. Einmal in der Woche ging ich zum Ballettunterricht. Auch Rachel war mit ihrer Freundinnenschar dort. In ihrem Tutu sah sie aus wie eine zarte Prinzessin. An einem Nachmittag übten wir einen Tanz ein, auf den ich mich besonders gefreut hatte. Rachel und ich standen uns gegenüber, wir sollten uns an die Hände nehmen und sie hochhalten, damit die anderen Mädchen unter dem Bogen durchtanzen konnten. Doch plötzlich schaute mich Rachel an, wich zurück und wollte mich nicht anfassen. Ich ging auf sie zu und streckte ihr freudestrahlend die Hand entgegen. Doch Rachel kullerten die Tränen die Wangen runter. Ich verstand gar nicht, was los war. Die Ballettlehrerin sah zu uns rüber. »Was ist denn los?«, fragte sie. »Ich will sie nicht anfassen, ich will nicht«, rief Rachel mit tränenerstickter Stimme. »Sie färbt ab«, sagte sie und zeigte auf mich. Ich war erstarrt, begriff nicht, was vor sich ging. Die Lehrerin schickte mich hinaus in den Garten. Dort kletterte ich auf das Trampolin, das direkt vor der großen Fensterfront zum Ballettraum stand, und fing an, wild auf und ab zu hüpfen. Das beruhigte mich. Durch das Fenster beobachtete ich, wie Rachel lachte, als wäre nichts gewesen. Sie hielt eine ihrer Freundinnen an der Hand. Ich schien wie ausgeblendet. Ich schaute auf meine Finger und meine Arme, ich betrachtete meine dunkle Hautfarbe. Auf einmal verstand ich, dass mich Rachel anders sah. Nicht als Lijana, sondern als ein Mädchen mit einer anderen Hautfarbe. Doch was viel schwerwiegender war, sie hatte Angst davor, dass ich sie beschmutzen könnte. Und ich begriff, dass ich gerade ausgegrenzt wurde, weil ich bin, wie ich bin. Auf einmal war es ein Raum voller hellhäutiger Mädchen in weißen Kleidern, ein weißer Raum, wo ich keinen Platz hatte. Dabei hatte ich mich bisher immer selbst weiß gefühlt. Ich war in der gleichen Stadt geboren wie Rachel, sprach die gleiche Sprache, besuchte die gleiche Schule. Und trotzdem war ich aus ihrer Sicht anders. Diese Erkenntnis traf mich aus dem Nichts, und die Szene grub sich tief in mein Gedächtnis ein.

Doch etwas anderes beschäftige mich ebenso stark. Ich fühlte mich bestraft, obwohl ich nichts Böses getan hatte. Aus welchen Beweggründen auch immer, die Lehrerin hatte den einfachsten Weg gewählt. Anstatt mit Rachel zu reden, den Anlass wahrzunehmen, allen Mädchen zu erklären, dass wir eine Gruppe sind, unabhängig von der Hautfarbe, wurde ich einfach weggeschickt. Die Botschaft war fatal, denn sie zeigte Rachel und ihren Freundinnen, dass Ausgrenzung völlig okay und immer ein Mittel der Wahl ist.

Leider erlebte ich immer wieder Situationen dieser Art, mal in der Schule und mal auf der Straße. Dahinter verbarg sich dieser unbewusste Alltagsrassismus, der sicher nicht immer böse gemeint, aber trotzdem schmerzhaft war. Er kam in Form einer Geburtstagskarte mit dem Text »Ich finde es toll, dass du so selbstbewusst sein kannst trotz deiner Hautfarbe!«.

Ein anderes Mal waren es die hautfarbenen Malstifte, die mir meine Mitschülerinnen nicht geben wollten. »Nein, du brauchst diesen Stift nicht. Nimm den braunen, damit haben wir gerade die Erde gemalt«, sagten sie. Daraufhin habe ich voller Empörung geantwortet: »Ich bin lieber braun. Rosa ist die Farbe von Schweinen.« Heute weiß ich, dass das definitiv die falsche Antwort war. Aber als Grundschülerin wusste ich mir nicht anders zu helfen. Doch auch auf dem weiterführenden Gymnasium bekam ich zu spüren, dass ich angeblich nicht reinpasste. Als pädagogische Maßnahme sollte ich in der 7. Klasse in die Parallelklasse versetzt werden. Weil ich beispielsweise durch den Schulflur rannte, obwohl das Rennen dort verboten war, oder weil während des Unterrichts mein Handy klingelte. Das war auf dem selbst ernannten Elitegymnasium nicht gern gesehen. Ein Tag vor meinem Wechsel kamen meine zukünftigen Mitschüler in unseren Klassenraum und kritzelten an die Tafel »Wir wollen euren Dreck nicht. Behaltet ihn selbst!« und gingen wieder. Ich war sprachlos. Sie kannten mich doch gar nicht. Schließlich nahm ich mir ein Herz, ging mit meinen Freundinnen rüber, fragte nach. Da stellte sich heraus, dass sie vom Schulleiter aufgehetzt worden waren. Er war damals schon für seine rechten Ansichten stadtbekannt, aber keiner tat etwas dagegen.

Ich fühlte mich machtlos in diesen Momenten, und es war eine schwierige Zeit. Immer war ich die Größte, war sehr laut – und eben eine der wenigen Dunkelhäutigen. So ergaben sich immer wieder neue zweifelhafte Zwischenfälle. Irgendwann beschloss meine Mutter mitten im Schuljahr: »Du gehst da nicht mehr hin, wir geben morgen deine Bücher ab.« Die Kinderpsychologin, zu der wir hinterher gingen, kannte ähnliche Geschichten von anderen Schülern dieses Gymnasiums und riet uns, an die Öffentlichkeit zu gehen. Doch ich wollte nicht im Mittelpunkt stehen, erst recht nicht gegen einen gebildeten Schulleiter antreten, der in der Stadt ein gewisses Standing hatte. Die Angst, dass ich dadurch noch mehr Nachteile haben könnte, überwog. Aber wir bekamen von der Psychologin eine Bescheinigung, dass ich die Schule verlassen durfte. Am Ende hat mich diese Erfahrung nur stärker und ehrgeiziger gemacht. Mein Abitur schloss ich schließlich mit 1,9 auf einem beruflichen Gymnasium mit Schwerpunkt Wirtschaft ab. Mit dem Wissen um »Black Lives Matter« würde ich heute ganz anders reagieren. Auch mit meinem Vater spreche ich viel über Rassismus, über den offenen, verdeckten und auch den unbedachten. Eine der letzten Begebenheiten passierte, als ich ihn vor Kurzem besuchte und mit ihm in ein Café bei ihm ums Eck zum Frühstücken ging. Die Frau mit dem Bäckerei-T-Shirt sprach tiefstes Hessisch. Selbst ich musste mich konzentrieren, um sie zu verstehen. Sie stand neben meinem Vater und fragte mich: »Und was trinkt er?« Mein Vater sagte ruhig: »Ich spreche Deutsch, ich verstehe Sie.« Wir alle drei lachten, und sie entschuldigte sich. Ich bestellte ein Käsebrötchen. Und sie fragte mich nochmals: »Was will er?« Wieder sprach sie in der dritten Person über ihn, obwohl sie direkt neben ihm stand. Mir wurde bewusst, dass mein Vater in diesem Raum keine Stimme hat. Er lebt seit 40 Jahren in Deutschland, er spricht fließend diese Sprache, wenn auch mit Akzent. Trotzdem ist es sein Alltag, wie ein Ausländer behandelt zu werden. Doch genau das sollte es nicht mehr geben. Wir alle leben im 21. Jahrhundert, reden von Globalisierung, reisen um die Welt, diskutieren über Diversity, aber es kommt in den Köpfen nicht an.

Besonders im Netz, hinter der Wand der Anonymität, gedeiht der Rassismus. Als sich mein Shitstorm langsam steigerte, beobachtete ich, wie sich die Beschimpfungen gegen mich veränderten. »Du Affe, geh in deinen Busch!« war der Klassiker. Tausendfach schickte man mir Affenemojis oder kommentierte so meine Bilder. Die Botschaft war, dass man mich nicht als Mensch, sondern als Tier wahrnahm. Als ich diese Posts zum ersten Mal las, traf es mich wie damals bei Rachel. Schmutzig. Weniger wert sein. Nicht dazugehören. Gedanken- und Gefühlsblitze schossen durch meinen Kopf und Körper, als ob sich viele meiner Erfahrungen wiederholen würden. Als ich durch die Kommentare scrollte, wurde mir schnell klar, dass das keine einzelne Stimme war. Ab einem gewissen Zeitpunkt zielte die Hälfte aller Posts, Beschimpfungen und Beleidigungen auf meine Hautfarbe ab. »Du schwarze Hure« oder »Du bist so dunkel wie Scheiße«. Auch meine Mutter wurde mit reingezogen. »Du hast ein Kind mit einem schwarzen Mann, du bist einfach eine Hure.« Es waren Worte, die sich wie mit dem Messer in mein Herz einritzten. Ein Teil des Mobs jagte mich, weil sie mich nicht mochten, so wie ich in GNTM gezeigt wurde, der andere Teil wegen meiner ugandischen Wurzeln.

Es kam mir so absurd vor. Ich bin in Kassel geboren, ich schreibe und spreche besser Deutsch als viele, die mich angeschrieben haben. Ich bin stolz darauf, in diesem Land zu leben, genauso wie auf meine familiären Wurzeln in Uganda, obwohl ich meine Familie dort noch gar nicht persönlich kenne. Nächstes Jahr will ich nach Afrika fliegen, um endlich meinen Großvater, meine Cousins und Cousinen das erste Mal zu umarmen. Meine Geschwister und ich haben uns immer als moderne Weltbürger gefühlt, nicht nur als Deutsche. Ich gehöre zu dem menschlichen Band, das Europa mit Afrika verbindet. Mein Vater kam in den achtziger Jahren aus Uganda mit einem Stipendium nach Kassel, schloss mit Bestnote ab, arbeitet seitdem hier als Ingenieur. Doch das schien plötzlich nichts zu bedeuten.

Ich reagiere inzwischen extrem sensibel auf rassistische Anfeindungen. Das liegt nicht nur an meinen bisherigen Erlebnissen. Ich komme aus einer Stadt, die durch zwei grausame Straftaten rechtsextremer Gewalt über Landesgrenzen hinaus bekannt geworden ist. Von mir daheim ist es nicht weit zum Halitplatz. Hier steht ein Mahnmal für Halit Yozgat. Der türkischstämmige junge Deutsche hatte in der Holländischen Straße ein Internetcafé eröffnet. Er war ein junger Mann voller Hoffnung und Tatendrang. Eigentlich wollte er am 9. April 2006 nur kurz in seinem Café vorbeischauen, als zwei gezielte Pistolenschüsse seinen Träumen und seinem Leben ein Ende setzten. Er war das neunte Opfer der Terrorgruppe Nationalsozialistischer Untergrund innerhalb von sechs Jahren. Die Täter kamen vor Gericht, ganz Deutschland verfolgte über Jahre den NSU-Prozess. 2017 gab es ein Urteil, aber keine vollständige Aufklärung. Während die Hauptangeklagte Beate Zschäpe vor dem Münchener Gericht in Revision ging, fielen in Kassel wieder Schüsse. Es war Hochsommer, als 2019 der Rechtsextremist Stephan Ernst den Regierungspräsidenten Walter Lübcke in seinem Garten erschoss, mit einem Schuss aus einem Revolver. Es war wieder eine Hinrichtung, diesmal aber die eines Politikers, der sich nur wenige Jahre zuvor unermüdlich um die Unterbringung syrischer Flüchtlinge gekümmert hatte.

Der Mordfall Walter Lübcke hat auf dramatische Weise gezeigt, dass Online- und Offline-Welt, Extremismus und Hetze im Netz nicht mehr voneinander getrennt werden können. Viel schlimmer, sie wirken wie ein wechselseitiger Brandbeschleuniger. Ernst und sein Komplize hatten Lübcke während einer Bürgerversammlung im Herbst 2015 gefilmt. Der CDU-Politiker sprach damals auf der Infoveranstaltung über ein Flüchtlingsheim, das in Kürze eröffnet werden sollte.[59] Ein Video, hochgeladen 2016, zeigt die Szene auf dieser Infoveranstaltung, bei der sich der Kasseler Regierungspräsident den Zorn der rechten Szene auf sich gezogen hatte. Die Stimmung im Saal heizte sich auf, das Publikum reagierte polemisch mit provokanten Zwischenrufen wie »scheiß Staat«. Lübckes Satz »Wer diese Werte nicht vertritt, kann dieses Land jederzeit verlassen« ging viral. Sein späterer Mörder sah darin einen Beleg dafür, dass das deutsche Volk durch Ausländer ersetzt werden solle. Dabei waren Lübckes Äußerungen, die im Netz verbreitet wurden, völlig aus dem Zusammenhang gerissen. Nur ein Teil seiner Antwort auf diesen Zwischenruf wurde im Internet veröffentlicht und entfachte so einen Shitstorm, der Anfeindungen und Morddrohungen gegen Lübcke nach sich zog.

Zuletzt hatte Erika Steinbach, Ex-CDU-Abgeordnete und heute Leiterin der AfD-nahen Desiderius-Erasmus-Stiftung, im Februar 2019 auf Twitter einen Blogpost verbreitet, der diese Szene erneut aufgriff, und so eine neue Welle des Hasses losgetreten. Die Politikerin hat auf Twitter rund 85 000 Follower.

Nur vier Monate später nach ihrem Post griff Stephan Ernst zur Waffe und fuhr zu Lübckes Haus. Danach kursierten im Netz hämische Kommentare. »Gut das das Schwein tot ist hat er verdient.« »Ab und zu trifft es mal die Richtigen.« Diese Posts halten mir vor Augen, was auch mir hätte passieren können.

Nach Lübckes Tod passierte noch etwas anderes, aber sehr Wertvolles. Eine Gegenbewegung entstand. Viele schienen erkannt zu haben zu sein, wie sehr rechtspopulistischer Hatespeech die öffentlichen Diskussionen im Netz vergiftet. Traf sich die rechte Szene früher in Kneipen oder in Kameradschaften, ist es jetzt die Onlinewelt, bei der die Behörden sich schwertun, sie zu beobachten. Lose Netzwerke, WhatsApp-Gruppen, die russische Facebook-Alternative VK, Instagram und YouTube sind die Kommunikationskanäle der Neonazis, um sich auszutauschen, Störfeuer zu legen oder Propaganda zu streuen.[60]

Nach dem Tod von Lübcke ermittelte schließlich nicht nur die Polizei, sondern auch die Zentralstelle zur Bekämpfung von Internetkriminalität. Es gab bundesweit Razzien gegen etliche Beschuldigte, die Hasskommentare veröffentlicht hatten. Der Rechtsapparat wurde aktiv. Denn ab jetzt war offensichtlich, wie Gewalttaten an der Tastatur in reale Gewalt münden können. Bisher eine unterschätzte Gefahr. Wenn man von Hunderttausenden von Menschen im Netz gehasst und verfolgt wird, ist die Wahrscheinlichkeit einfach da, dass sich in dieser Masse nur einer findet, der die rote Linie überschreitet. Das war auch meine Angst während meines Shitstorms.

In vielen Köpfen hat sich aber festgesetzt, Kassel sei eine rechtsextreme Hochburg. Doch meine Heimatstadt ist definitiv nicht mehr ein Hotspot von Rechtsextremisten als andere Städte auch. Das hat weniger mit der Stadt zu tun, denn das Internet ist überall. Jemand wie Stephan Ernst, der als Familienvater über Jahre unauffällig gelebt hat, hätte nicht zur Waffe gegriffen, wenn er nicht davon überzeugt gewesen wäre, dass andere ihn für seine Tat beklatschen würden.[61] Und diese Zustimmung kam aus dem Netz. Es kann also theoretisch überall passieren, wo jemand ins Kreuzfeuer von Antisemiten, Rassisten und Andersdenkenden gerät.

Stephan Ernst wurde im Januar 2020 zu lebenslanger Haft verurteilt, als ich vor der Kamera bei GNTM stand und kurz bevor ich selbst mit Rassismus und Morddrohungen im Netz konfrontiert wurde. Das war auch ein Grund, warum mich eine tiefe Angst überkam. Wenn ein Politiker nicht vor dem Hass von rechts geschützt werden kann, wie sollte ich mich sicher fühlen? Es sind eben keine leeren Drohungen, dachte ich immer wieder. Kurz nach dem GNTM-Finale wurde ich vom ZDF angeschrieben, denn der Sender arbeitete an einer Dokumentation über den Lübcke-Mord. Es war hochsommerlich warm, als ich mich mit dem Filmteam hinter dem Kassler Regierungspräsidium zum Interview traf.

Eine Frage der Redakteure machte mich besonders stutzig. »Hat die Produktionsfirma einen Vorteil darin gesehen, dass du dunkelhäutig bist?« Sie wollten von mir wissen, ob es ein Teil des Erfolgsrezeptes von GNTM sei, Menschen mit Migrationshintergrund negativ darzustellen.

Im ersten Moment war ich schlicht überfordert mit diesem Gedanken. Ich konnte mir nicht mal ansatzweise vorstellen, dass ein Mensch, eine Produktionsfirma oder gar eine Show mit so hohen Einschaltquoten so menschenverachtend und berechnend sein könnte, wie die Fernsehjournalisten vermuteten. Ich dachte lange darüber nach und erwiderte schließlich: »Ich weiß es nicht, aber ich kann es nicht ausschließen.«

Auffällig ist aber, dass in mehreren GNTM-Staffeln dunkelhäutige junge Frauen Shitstorms erleben mussten.[62] Auch die Syrerin Soulin Omar kämpfte 2021 mit Bodyshaming im Netz.[63] Ich hatte darin zwar nie einen kausalen Zusammenhang mit Rassismus erkannt, sehe es aber als äußerst problematisch, dass eine Show, die sich Diversity auf die Fahne schreibt, sich nicht entschiedener gegen den Rassismus, der während der Ausstrahlung aufkommt, wehrt. Sind es nicht gerade diese millionenschweren Unternehmen, die sich eine Zivilklage gegen gewaltandrohende Rassisten leisten könnten? Ich habe mich immer wieder gefragt, wie man sich diesem rechten Hass entgegenstellen kann. Es war ein Zufall, der mich weiterbrachte.

Ein Jahr nach dem ZDF-Interview hatte ich eine spannende Begegnung vor dem einzigen Hotel in dem kleinen Ort Kusel in Rheinland-Pfalz. Ich stand noch vor dem Eingang, als ein Taxi vorfuhr und Mo Asumang ausstieg. Wir hatten kurz Blickkontakt und waren uns sofort sympathisch. Was uns verband, war nicht nur das gleiche Ziel, die afrikanischen Wurzeln und die gleiche Heimatstadt Kassel. Wir begegneten uns ausgerechnet in Kusel, an einem Ort, wo erst kurz zuvor im Januar 2022 zwei Polizisten erschossen worden waren, deren Tod im Netz eine Welle der Hetze ausgelöst hatte. Wir waren aber aus einem anderen Grund dort. Mo und ich besuchten in dem kleinen Ort mit nicht einmal 6000 Einwohnern unterschiedliche Schulen, um Jugendliche aufklären – ich über Cybermobbing, Mo über Rassismus.

Mo ist nicht nur Schauspielerin und Moderatorin, sondern hat mehrere Dokumentarfilme über Rassismus in Deutschland gedreht. »Die Arier« ist einer ihrer bekanntesten.[64] Eine Szene ist mir besonders im Gedächtnis geblieben. Mo hatte sich unter eine Demonstration von Neonazis gemischt. Es waren nicht nur Menschen mit Glatze und einschlägigen Tattoos, auch Menschen, denen man die innere Gesinnung nicht von außen ansah. »Wogegen seid ihr? Worum geht es euch?«, fragte Mo einzelne Männer und Frauen. Sie kommt mit einigen Demonstranten ins Gespräch, diskutiert mit ihnen. Sie als Dunkelhäutige. »So welche wie dich wollen wir hier nicht«, erwiderte ein Mann.

Mich hat das sehr beeindruckt, denn dazu gehört viel Mut, sich ausgerechnet unter eine Gruppe von Menschen zu mischen, die dich als Hassobjekt betrachten. Als Botschafterin der Antidiskriminierungsstelle des Bundes fährt Mo kreuz und quer durch Deutschland zu Vorträgen und Film-Workshops, um Menschen etwas an die Hand zu geben, damit sie Andersdenkenden entgegentreten können – aber ohne Wut oder Gewalt. Als ich mit ihr sprach, erhoffte ich mir Antworten auf viele Fragen, die mich beschäftigten:

» **Rassistische Ausgrenzung zieht sich wie ein roter Faden durch mein Leben. Ich habe das Gefühl, dass Rassismus heutzutage als »normal« angesehen wird.**

Absolut. Auch mich begleitet Rassismus schon mein ganzes Leben. Als ich zwei Jahre alt war, wurden ich und meine Mutter wegen meiner Hautfarbe aus der Wohnung geworfen. Als Schülerin sprach man mir die Zugehörigkeit zu diesem Land ab, und als Studentin hat ein Rassist meinen Kopf auf ein Taxidach geschlagen.

» **Erlebst du auch digitale Gewalt?**

Permanent. Es wird versucht, mir ständig Angst einzujagen. Diese Angriffe sind besonders schlimm, denn sie kommen aus einem unkenntlichen Raum heraus, wo die Aggressoren sitzen. Dieses Diffuse macht es aber noch schlimmer. Sie reagieren auf meine Filme und sagen, dass es dumm ist, was ich erzähle. Regelmäßig bekomme ich Morddrohungen.

» **Wie reagierst du darauf?**

Ich kann gar nicht alles lesen, aber ich versuche oft, darauf zu antworten. Ich versuche, ein Gespräch zu beginnen. Viele schreiben sinngemäß »Geh zurück nach Afrika!«. Dann frage ich »Warum sagst du das?«. Dabei bleibe ich ganz bei mir, meiner inneren Haltung und bei dem, was ich mir wünsche – nämlich eine Welt des Dialogs zu schaffen. Ich versuche immer wieder, in die Argumentation des anderen einzutauchen und mich damit auseinanderzusetzen und in dem anderen etwas zu wecken. Ich will aus tiefstem Herzen, dass der andere mich als Menschen erkennt, und sich so bei ihm etwas im Inneren bewegt. Einfach nur zu sagen, das ist Mist, was du sagst, bringt wenig.

» **Wie schaffst du es, diese innere Klarheit und den Abstand aufzubauen?**

In meinen Workshops zeige ich zuerst meine Filme wie »Die Arier« oder meine Dokumentationsreihe über Andersdenkende auf 3sat. Die Teilnehmenden sehen die Szenen, wie ich vor einem Rassisten oder Homophoben stehe, der mich schwer anpöbelt, und fragen mich danach, wie ich so ruhig bleiben konnte. Dass ich so reagieren kann, das war nicht immer so. Das ist ein langer Prozess über Jahrzehnte, und ich habe in der Zeit auch viel mit mir gekämpft. Ich bin durch die Hölle gegangen und habe wirklich alles probiert. Anfangs hatte ich so viel Wut im Kopf und im Körper, dass ich zurückangefeindet und -geschimpft habe. Dann bin ich auch in die innere Isolation gegangen. Das hat aber alles nicht zu einer Lösung geführt. Schließlich habe ich mich auf meine inneren Wertvorstellungen besonnen. Irgendwann kam ich zum Schluss, ich will mich nicht mehr verbiegen oder verstecken, sondern offenbleiben. Dann habe ich geschaut, was passiert, wenn ich offenbleibe. Diese Haltung hat mein Gegenüber am meisten irritiert. Dafür musste ich aber alle meine Ängste erst mal überwinden.

›› Was war die wichtigste Erkenntnis auf diesem Weg?

Früher sind diese Anfeindungen über mich hereingebrochen und haben mich gelähmt. Doch diese Passivität hat mich nicht weitergebracht. Irgendwann bin ich in die Aktion gegangen, ich wollte aus dieser Passivschleife herauskommen. Ich habe gemerkt, wenn ich einen Dialog anschieben kann, dann geht es mir besser. Ich habe gemerkt, dass viele gar nicht genau reflektieren, was sie sagen oder schreiben. Wenn man diejenigen sachlich fragt, dann kommt häufig auch etwas zurück. Es gibt aber auch andere, die geben gleich auf, wenn du ein Battle beginnst.

Selbst in einem Neonazi sehe ich auch einen Menschen, und ich will nicht, wie viele es tun, mit dem Finger auf ihn zeigen, mich abwenden, sondern mit ihm oder ihr reden. Nur wenn ich mit ihm spreche, kann er auch in mir einen Menschen erkennen. Wichtig ist es, bei sich selbst anzusetzen. Denn es hat auch viel damit zu tun, wie du mit dem Getriggert-Werden durch die Anfeindungen umgehst. Deshalb schaue ich zuerst bei mir hin, und überdenke, wie ich mich verbessern kann.

›› Wie gefährlich schätzt du Hatespeech für den einzelnen Betroffenen und unsere Demokratie ein?

Es ist extrem gefährlich. Hass im Netz eröffnet eine neue Dimension, weil das Zwischenmenschliche wegfällt. Du siehst nicht das Gesicht, die Mimik und kannst nicht mit einem Lächeln jemandem entgegentreten oder Augenkontakt aufnehmen, um erst mal eine Verbindung aufzubauen. Beim Cybermobbing kommt es mehr auf den Betroffenen selbst an.

Das Gegenüber kann man im digitalen Raum meist nicht ändern. Man muss sich deshalb anders zur Wehr setzen, denn der Dialog ist schwerer.

>> **Was für eine Rolle spielen die stumme Masse und auch jeder Einzelne?**

Ich habe vor Jahren eine Fahrgastumfrage in einer Straßenbahn gemacht und dabei auch einen Rassisten angesprochen. Er hat gar nicht geantwortet, sondern ist mir einfach an die Gurgel gegangen und hat mich gewürgt. Die anderen Fahrgäste haben nichts unternommen, die einen haben ihre Zeitung weitergelesen, die anderen haben einfach weggeschaut. Egal ob auf der Straße oder in der digitalen Welt, es ist immer auch eine Frage der Zivilcourage. Der Rückhalt der Umgebung zählt. Ein erster Schritt ist immer, dem Betroffenen Hilfe anzubieten. Dann kann man in der Gruppe mit dem Aggressor ins Gespräch gehen. Ein Weg wäre auch, dem Gegenüber zu vermitteln, dass andere Menschen andere, vielleicht bessere Erfahrungen mit Menschen mit dunkler Hautfarbe gemacht haben. Es ist wichtig, Gesicht zu zeigen, und dabei eine positive Einstellung zu behalten. Das ist nicht leicht, aber machbar.

>> **Was sollten wir in Zukunft besser machen?**

Wir haben den Staat und unsere Gesetze, die uns schützen. Aber darauf sollten wir uns nicht allein verlassen. Es wird Zeit, dass wir erkennen, dass wir auch als Gesellschaft für diese Demokratie verantwortlich sind, jeder Einzelne von uns. Es gibt viele gute Beispiele. Ohne das ehrenamtliche Engagement von Millionen hierzulande würde unser Land zusammenbrechen. Es gibt so viele Bürger, die nach den Flüchtlingswellen aus Syrien oder der Ukraine Menschen bekocht oder auch ihre Wohnungen zur Verfügung gestellt haben. Auf diese positiven Impulse sollten wir viel mehr den Fokus legen. Jeder von uns sollte sich immer wieder bewusst werden, dass er sich engagieren kann. Wenn der Einzelne aktiv wird, kann das uns allen helfen. Wer aber in der Demokratie schläft, geht das Risiko ein, eines Tages im Faschismus aufzuwachen.

>> **Du hast den Verein Mo:Lab gegründet. Was ist der Ansatz?**

Warum bringen einen Rassisten, Antisemiten, Islamfeinde, Homophobe, Frauenfeinde, oder andere Menschen so oft aus dem Gleichgewicht? Weil viele nicht gelernt haben, gleichzeitig stark und offen zu sein. Dabei braucht die Gesellschaft das Engagement aller. Wir wollen eine Community von Menschen aufbauen, die mit Dialog, Mut und Haltung eine wehrhafte Demokratie unterstützen wollen. Das kann man aber lernen. In unseren Trainings nehme ich die Teilnehmenden auf meine damalige innere Reise mit, die ich hinter mir habe. Eine zentrale Frage ist dabei, wie man mit der eigenen Angst umgeht. Ich zeige aber auch, dass jeder Schritt auch ein Scheitern bedeuten kann. Aber ich erkläre, woran ich damals gescheitert bin, um so neue Wege aufzeigen. Ich arbeite dafür mit Frank Labitzke zusammen, einem Verhaltenstrainer. Er hat früher auch als Streetworker gearbeitet und kennt sehr gut die Situation, wie man auf Andersdenkende zugeht. Dabei kombinieren wir diese innere Entwicklung auch mit Köperübungen, um so die negative Energie, die von außen kommt, in etwas Positives umzuwandeln.

Die Begegnung mit Mo hat mich motiviert. Es wird nicht für alle der Weg sein. Besonders im Netz ist die Kommunikation zunehmend gestört, verstecken sich die Stummen ebenso wie die Mitläufer, die mit Likes die Stimmung anheizen. Das ist einer der Gründe, warum rassistische Äußerungen einfach gebilligt und übergangen werden. Doch das ist gefährlich für uns alle.

Ich nehme für mich mit, in Zukunft viel lauter zu werden und mich einzumischen. Auch wenn mehr als 10 Prozent der Deutschen AfD wählen, sich viele Deutsche nicht der alltagsrassistischen Automatismen bewusst sind, bin ich überzeugt, dass die Mehrheit in unserem Land hinter den demokratischen Grundwerten steht. Nur sehen viele noch nicht die Notwendigkeit, dass wir diese Werte gegen den Keim des Hasses verteidigen müssen – zusammen.

Fakt ist, dass es sich bei Rechtsextremen um eine Minderheit handelt. Aber sie sind gut organisiert und nutzen das Netz geschickt. Es befinden sich unter ihnen deutlich mehr gewaltbereite Täter. Wir sind mehr, zeigen es aber nicht. Nur wenn viele aufstehen, mit dem Ansatz von Mo in die Diskussion gehen, dann erkennt diese Gruppe, dass sie eine breite Front vor sich hat. Vielleicht wäre Walter Lübcke nicht ermordet worden, wenn viele ihre Stimme gegenüber den Pöblern erhoben hätten, die 2015 nach der Versammlung zu den Flüchtlingsunterkünften auf YouTube, Insta und Telegram Stimmung gemacht haben. Wir scheinen vergessen zu haben, dass Social Media das Wort »sozial« beinhaltet. Im Duden ist das Wort erklärt. Dort steht: »dem Gemeinwohl, der Allgemeinheit dienend; die menschlichen Beziehungen in der Gemeinschaft regelnd und fördernd und den Schwächeren schützend« und als Synonym das Wort »hilfsbereit«. Das sollten wir uns täglich bewusst machen.

KOMPLIMENTE REGEN

Du bringst mich zum Lachen, wenn es mir schlecht geht.

Du bist der schlauste Mensch, den ich kenne.

Du hast eine beruhigende und warme Ausstrahlung.

DU HAST DICH TOLL ENTWICKELT.

Anfangs warst du noch schüchtern und jetzt bist du mein bester Freund und total cool.

Du bringst immer die ganze Klasse zum Lachen.

DU BIST IN ALLEN SPORTARTEN GUT.

Du kannst coole Zaubertricks.

Mit Schulklassen mache ich gern Übungen zur Selbstwahrnehmung und Selbstliebe. Diese beende ich mit dem sogenannten »Komplimenteregen«. Jeder bekommt einen Zettel auf den Rücken geklebt. Dann schreibt man jedem etwas Persönliches und Schönes darauf. Am Ende hat man ein ganzes Blatt voll mit wunderbaren Aussagen.

- Du malst die schönsten Bilder.
- Du bist so hilfsbereit, dank dir bin ich besser in der Schule.
- Ich find's cool, dass du ein Hausschwein hast.
- **DEIN LACHEN IST ANSTECKEND.**
- Du kannst dich gut in andere hineinfühlen.
- Du bist der Erste, den ich um einen Rat fragen würde.
- Du bist mega selbstbewusst und einfach du selbst.
- Dich bringt nichts aus der Ruhe.
- **DU KANNST SUPER TANZEN.**
- **DU BIST SO KREATIV.**

KAPITEL 11: ES GEHT NICHT NUR UM MEDIENKOMPETENZ

WARUM PRÄVENTION AN SCHULEN VIEL WICHTIGER SEIN SOLLTE UND WIESO ELTERN VERANTWORTUNG ÜBERNEHMEN MÜSSEN

An dem Tag in Kusel, als ich Mo traf, sollte ich eine Gesamtschule besuchen. Die Lehrerin, die meinen Besuch organisiert hatte, holte mich ab. Ich merkte, wie angespannt sie hinter dem Steuer saß und sprach sie an. Sie erzählte mir, dass es mehrere heftige Cybermobbingfälle an ihrer Schule gab. In den Klassenchats wurde sich immer wieder über die gleichen Mitschüler lustig gemacht, die sehr unter der Ausgrenzung litten. Auf der Schultoillette hatte man sogar anonyme Zettel mit Selbstmordankündigungen gefunden, worauf die Schule sofort mit Interventions- und Präventionsmaßnahmen reagiert hatte.

Die Chats der Schüler waren voll mit homophoben Kommentaren. Nun gilt es unter Jugendlichen heutzutage nicht gleich als homophob, wenn ein Kumpel zum anderen sagt: »Hey, das ist ja richtig schwul.« Doch hier war es anders. Zwei Schüler standen unter Verdacht, die Zeilen gepostet zu haben, und im Gespräch mit ihrer Lehrerin hielten sie mit ihren Ansichten nicht hinterm Berg. Homosexualität war für sie »abartig«, und sie empfanden eine tiefe Abneigung gegenüber Homosexuellen.

Für die Lehrerin war das eine Herausforderung. Sie war Anfang 30, sehr engagiert und wusste über die Hintergründe von Ausgrenzungsmechanismen genau Bescheid. Sie hatte etliche Schulprojekte ins Leben gerufen wie Anticybermobbingwochen, einen Instagramaccount und Aufklärung über digitale Medien. Aber sie wollte noch mehr machen. Mein Enthüllungsvideo brachte sie auf die Idee, mich für eine weitere Präventionsmaßnahme zu buchen. Nun erhoffte sich die Schule, auf diese Weise bei den Schülern mehr Interesse für das Thema Cybermobbing zu wecken.

Nach meinem Ausstieg aus dem Finale hatte ich mir lange überlegt, was ich genau tun könnte, um gegen Cybermobbing zu kämpfen. Eine kirchliche Organisation in Kassel, die sich der Cybermobbingprävention widmet, bot mir eines Tages an, sie bei ihren Schulbesuchen zu begleiten. Schon an meinem ersten Tag war ich erstaunt, wie schnell ich Zugang zu den Schülerinnen und Schülern hatte. Ich war wie ein Türöffner für das Thema, denn die Teenager kannten mein Gesicht aus dem Fernsehen und fanden es einfach spannend, dass ich plötzlich im Klassenraum stand und extra zu ihnen kam, um zu erzählen, wie es sich anfühlt, von einem Shitstorm getroffen zu werden. Ich war mit ihnen auf Augenhöhe, denn ich nutzte die gleichen Plattformen und war nur wenige Jahre älter als sie. Ihre Lehrer luden hingegen seltener ihre Filme auf TikTok hoch oder posteten Reels, und wenn sie dann vom Lehrerpult aus plötzlich über Umgangsformen auf Social Media sprachen, erschien das weniger glaubhaft.

Die Schülerinnen und Schüler sahen in ihrem Mathelehrer mehr den Typen, der vorn an der Tafel Formeln erklärt. Und welche Lehrkraft hat heute noch Zeit und Raum für Aufklärungsarbeit zu Themen wie Cybermobbing, wenn es gar keine Lücke mehr im übervollen Lehrplan gibt? Mir wurde klar, hier kann ich etwas bewirken und junge Menschen wirklich erreichen. In den folgenden Monaten informierte ich mich, fragte Peter Sommerhalter nach sinnvollen Übungen, begleitete die Kassler Gruppe immer wieder zu Schulprojekten und machte mir dabei Gedanken, wie ich die Botschaft »Love always wins« an die Jugendlichen weitergeben könnte.

An der Realschule Plus in Kusel sollte ich an diesem Schultag vier Klassen besuchen. Pro Klasse blieben mir gerade 90 Minuten Zeit, also eine Spielfilmlänge. Das vergeht wie im Flug. Obwohl ich das gleiche Programm in jeder Klasse absolvierte, war ich überrascht, wie unterschiedlich die Jugendlichen auf mich reagierten. Jede Gruppe hatte ihre eigene Dynamik. Mir fiel es zuerst bei den Fragen auf, die von den 13- und 14-Jährigen auf mich einprasselten. Die einen wollten alles über meinen Hund oder meinen Lieblingssong wissen, während die anderen ganz auf meine Erfahrungen mit Social Media konzentriert waren. Eine Klasse jedoch fiel aus dem Rahmen, dort waren die Schüler vor allem auf materielle Dinge fokussiert: Wie viel verdient Heidi? Was fährst du für ein Auto? Wie hoch ist die Gage eines Models? Erst hinterher erfuhr ich, dass es hier die meisten Mobbing- und Cybermobbingvorfälle gegeben hatte.

Ich begann jedes Mal damit, dass ich von meinem Erlebnis berichtete, wie es mir mit den Attacken der Hater ergangen ist. Jedes Mal lag eine angespannte Ruhe in der Luft, und Augen und Ohren waren weit und offen. Dabei hatte ich im Hinterkopf, dass vor mir sowohl Betroffene als auch Mobber, Mitläuferinnen und stumme Zuschauer saßen – und ich musste sie alle erreichen. Wichtig war, keiner sollte sich als Opfer oder Täter outen oder fühlen. Jeder konnte in meiner Betroffenengeschichte seine Perspektive erkennen oder sich auch in andere Rollen reinfühlen und hinterher darüber reden. Doch das allein reicht nicht. Für mich ist es enorm wichtig, dass Teenager sich über ihre inneren Stärken mehr bewusst werden. Deshalb drehten sich die Übungen, die ich danach mit den Jugendlichen machte, um die Selbstwahrnehmung. Und ihr Selbst- und Fremdbild. Wie oft schauen wir in den Spiegel und können gar nicht sagen, was wir an uns mögen. Ist es die Nase, der Mund oder der Bauch? Mir geht es dabei nicht um das, was wir sehen können. »Bitte zeichnet euch selbst. Es geht nicht um ein Porträt im klassischen Sinne, sondern malt mit dem grünen Stift alles, was ihr besonders an euch mögt. Dann nehmt ihr den roten Stift und malt das, was ihr nicht so toll an euch findet«, trug ich den Siebtklässlern auf.

Die Schülerinnen und Schüler beugten sich über ihre Zettel und legten los. Doch keiner malte etwas, was nicht mit dem Äußeren zu tun hatte. Niemand hatte eine Note gezeichnet, weil er Musik macht, oder ein Herz, weil er ein guter Freund sein kann. Alle hatten nur das im Blick, was sie in ihrem Spiegelbild wahrnahmen. Rote oder grüne Nasen, Münder und Bäuche. Erst in der Diskussion danach verstanden die Jugendlichen, dass sie nicht über den Spiegelrand hinausgedacht hatten. Die inneren Schätze waren für die meisten wie unsichtbar. Aber ich merkte auch einen

Unterschied zwischen den Klassen, jede hatte ihre eigene Tendenz zu einer der beiden Farben. Während in der einen Gruppe mehr Grün dominierte, war in anderen mehr Rot auf den Zetteln zu finden. Es war wie eine Landkarte der Überwahrnehmungen oder Unsicherheiten, des Selbstbewusstseins oder der Selbstkritik. In einer Klasse malten viele Jungs alles in Grün und die Mädchen alles in Rot. Gerade sie orientierten sich oft an ihren Freundinnen, die entweder selbstkritisch Rot oder selbstbewusst Grün nutzten.

An diesem Punkt setzte ich an und redete über Selbstliebe. Viele wussten wirklich nicht, was das eigentlich bedeutet. Sich selbst zu lieben, heißt ja nicht, morgens vor dem Spiegel zu stehen und zu sich selbst zu sagen, wie klasse man mal wieder aussieht. Selbstliebe bedeutet, seinen eigenen Wert zu erkennen, sich seiner selbst bewusst zu sein und sich zu akzeptieren, wie man ist. Ich wusste, wie sich die Rotmaler in den vier Klassen fühlten. Während meines Shitstorms hatte ich mich irgendwann selbst als potthässlich wahrgenommen. Meine Beine waren in meinen Augen plötzlich zu fett, meine Brauen zu buschig. Ich fühlte mich unwohl in meiner Haut, die ich als narbig und fleckig empfand. Ich sah kein Model im Spiegel. Mein Innerstes war von meinem Körper abgespalten, was ich in dem Moment aber nicht realisieren konnte. Erst Stück für Stück habe ich meine eigene Attraktivität wiederentdeckt und konnte mein wahres Ich wahrnehmen. Und das war viel mehr als Haut und Haar. »Du musst wissen, wer du bist und was du kannst, dann kannst du dich auch selbst wieder schön finden«, erklärte ich den Schülerinnen und Schülern. Um überhaupt diesen Gedanken zu verstehen und nachzuvollziehen, machte ich eine weitere Übung mit ihnen.

»Ich bin besonders, weil ...«, sagte ich. »Bitte vervollständigt den Satz. Aber ihr dürft nur etwas über euren Charakter und die Persönlichkeit hinschreiben.« Wieder beugten sich alle über das Blatt Papier. Ein Junge mit Goldkette fiel mir besonders auf. Er redete viel von dicken Autos und hatte auch eine dicke Lippe. Er fühlte sich wie der Chef und trat auch so auf. Scheu kannte er nicht, ganz im Gegenteil. Er war als Erster fertig. »Ich bin besonders, weil ich ein Hausschwein habe«, las er laut vor. Dann zeigte er Fotos herum, auf denen er mit dem kleinen Schwein auf seiner Coach chillte. Ich war perplex, denn das war das Letzte, was ich gerade von ihm erwartet hatte. Doch was sagte das über den Jungen aus? In seiner Hingabe zu seinem Schwein spiegelte sich nicht nur seine Tierliebe, sondern auch sein unkonventioneller Geist wider. Aus dem Macker war auf einmal ein Musterherrchen mit Herz und Witz geworden.

Weiter hinten saß eine Mädchenclique. Zwei von ihnen schauten mich unsicher an, während sie ihre Stifte verlegen zwischen den Fingern drehten. Ich beobachtete die beiden, ging dann zu ihnen rüber. »Tauscht einfach den Sitzplatz und eure Rollen, und ergänzt für die andere den Satz«, riet ich ihnen. »Du bist besonders, weil du gut Fußball spielen kannst«, schrieb das eine Mädchen. »Du bist besonders, weil du mich zum Lachen bringst«, stand nach einer Minute auf dem Zettel der anderen. Beide konnten über die andere etwas sagen, waren aber nicht in der Lage, über sich selbst etwas Besonderes preiszugeben. Sie konnten weder wahrnehmen, was an ihnen so einzigartig war, noch es in Worte fassen. Das fand ich unfassbar schade. Denn wie einzigartig ist es, als pubertierendes Mädchen sich in einem typischen Jungensport zu beweisen. Beide hatten ihren gegenseitigen Respekt für den Charakterzug des anderen gezeigt. Das berührte mich. Es gibt Schlaue, Leise, Witzige, Auffällige – wenn wir alle gleich wären, gleich aussehen würden, wären wir nicht schön, weil es keine Unterschiede gäbe.

Wir zeigen viel zu selten unserem Gegenüber unseren Respekt. Deshalb gab es in jeder Runde einen krönenden Abschluss. Ich nenne ihn »Komplimenteregen«, er wird auch »warme Dusche« genannt, ein Klassiker in der Präventionsarbeit. Jeder bekommt einen Zettel auf den Rücken geklebt, und jeder schreibt jedem etwas Persönliches und Schönes darauf. Am Ende hat man ein ganzes Blatt voll mit wunderbaren Aussagen. Man weiß zwar nicht, was von wem kommt, aber man hat ein Kaleidoskop voller Komplimente auf einen Blick. Freundinnen schrieben auch »Hey bitch«, was aber nicht als Beleidigung gemeint war. Doch wir dürfen nicht vergessen, wie schmal die Grenze zur Respektlosigkeit sein kann. Und die Hemmschwelle ist manchmal niedriger als gedacht. Sprache ist ein mächtiges Werkzeug, was uns heute, im digitalen Zeitalter, noch bewusster wird. Deswegen ist es so wichtig, dass wir darauf achten, wie wir sprechen und Dinge formulieren.

»Es ist okay, wenn man jemanden nicht mag, aber wir haben immer die Möglichkeit, demjenigen einfach aus dem Weg zu gehen. Du musst nicht jedem, den du nicht magst, auch sagen, dass du ihn nicht magst. Du kannst ja weiterscrollen, auf eine andere Seite gehen«, erklärte ich den Teenies. Ich hatte als Betroffene gelernt, den Pfeilen aus dem Weg zu gehen. Jetzt versuchte ich, mögliche Täterinnen und Mitläufer dafür zu sensibilisieren, dass sie gar nicht erst Pfeil und Bogen in die Hand nehmen müssen. »Du weißt nicht, wie der Pfeil ankommt. Sei vorsichtiger mit deinen Äußerungen. Du musst nicht jedem deine Meinung sagen.«

Ich bin tief im Herzen eigentlich ein großer Fan von Ordnung und Aufräumen. Das gleiche Prinzip verfolge ich auf Social Media. Löschen, Melden oder Blockieren gehören für mich zur Pflege meines Accounts. »Dein Profil ist deine Miniwelt, es ist wie deine eigene Wohnung. Dort musst du ja auch niemanden reinlassen, den du nicht magst. Kommt jemand in deine vier Wände und pöbelt nur rum, schmeißt du ihn ja auch raus.« Ich zeigte den Schülerinnen und Schülern, wie einfach man die Beiträge von jemandem stumm schalten kann. »Heute heißt es ja gern, jeder muss sich Kritik und Meinungen gefallen lassen. Doch in einer Social-Media-Welt, wo die Grenzen schnell überschritten werden, muss man aufpassen«, fuhr ich fort. »Die meisten folgen der Schwimm-mit-dem-Strom-Mentalität. Wer eigentlich etwas Positives posten und gegen Beleidigungen angehen will, folgt oft lieber seiner inneren Sperre. Steht in der Kommentarleiste zu viel Negatives und Fieses, verstummen die guten Stimmen, weil sie denken, sie stehen allein gegen eine Masse. Wenn ich aber auf meinem Account die negativen Kommentare rauslösche, passiert das Gegenteil. Die Hater stehen vor einer Positivwand. Je mehr Komplimente dastehen, umso mehr halten sie sich mit Beschimpfungen zurück. Auch wenn viele sich noch kritisch äußern, der Ton wird milder.« Viele Schülerinnen und Schüler hatten sich über diese Sogwirkung nie Gedanken gemacht, und viele gaben zu, dass sie genauso handelten. Ein großer Teil wusste auch nicht, dass man auf Instagram und TikTok die Möglichkeit hat, Wörter auszufiltern. Oder sie nutzen die Funktion schlicht nicht. Als ich während des Shitstorms so viele Affenemojis bekommen hatte und ständig das Wort »Affe« auftauchte, habe ich einfach einen Filter aktiviert. Ab sofort verschwanden die Affen aus meiner Kommentarleiste. Die Funktion »Einschränken« gehört zu meinen Favoriten. »Da entscheidest du, ob ein Kommentar veröffentlicht wird oder nicht. Der Absender kann aber nicht einsehen, was du machst«, erklärte ich den Schülerinnen. »Für den Absender bleibt der Kommentar auf meinem Account sichtbar, für die Öffentlichkeit verschwindet er aber. So umging ich, dass ein Hater sich animiert fühlte, immer wieder zu schreiben.«

Heute nehme ich auch meine Umgebung anders wahr und beobachte, wie gerade Kinder mit den neuen Medien umgehen. Inzwischen sehe ich in Restaurants, wie Dreijährige ein I-Pad in die Hand bekommen, um zu spielen und zu fotografieren. Wenn ich in eine Grundschule gehe, sehe ich bei den meisten Mädchen und Jungen ein Smartphone im Ranzen. Nur was macht das mit den Kindern, wenn man ihnen so früh den Zugang zum Internet ermöglicht? Meist sind die Jungen und Mädchen auf ihren Streifzügen durchs Internet allein. Ich bezweifle, dass die meisten Eltern wirklich die Zeit haben, sie dabei zu begleiten. Väter und Mütter machen sich oft extreme Sorgen darum, wie lange ihr Sohn oder ihre Tochter im Netz unterwegs ist. Doch das allein reicht nicht. Ich habe immer noch die Stimme meiner Mutter im Ohr, die mir früher jeden Tag sagte: »Lijana, nicht so lange. Um zehn Uhr legst du das Handy aus der Hand!« Heute bin ich ihr dankbar. Auch dass sie mir ab und zu über die Schulter geschaut hat, was ich da eigentlich treibe. Inzwischen erkenne ich, wie wichtig dieser Support ist. Das ist wie beim Schwimmen. Als ich das erste Mal im Freibad war, hat mich meine Mutter auch nicht ins Wasser geworfen und ist mit den Worten »aber nicht zu lange im Wasser bleiben« weggegangen. Das Bewusstsein für die Gefahren im Netz zu schärfen, gehört dazu und funktioniert nur schrittweise.

Bleiben wir beim Beispiel mit dem Schwimmen. Ich musste auch erst ins Kinderplantschbecken und habe Schwimmflügel bekommen. Irgendwann habe ich mein Seepferdchen gemacht. Als ich mich endlich ins tiefe Wasser getraut habe, paddelte ich möglichst am Beckenrand entlang, damit ich mich notfalls immer an Land retten konnte. Und wenn mich ein anderer unter Wasser gedrückt hat, bin ich hinterher zum Bademeister gegangen. Ich hatte mit der Zeit also gelernt, mich sicher zu bewegen und wusste immer, an wen ich mich wenden kann, wenn ich geärgert wurde. Warum machen wir das mit den ersten Klicks im Netz nicht genauso? Auch im Internet und in den Medien können wir ertrinken. Wenn ich aber gelernt habe, mich innerlich darauf einzustellen, was alles passieren kann, können mich zwar auch Attacken treffen, aber ich weiß, was im Notfall zu tun ist. Weiß ich, wo der Feuerlöscher ist und wie die Nummer der Feuerwehr heißt, kann ich schneller aktiv werden. Habe ich einen Notfallplan im Kopf, dann gibt mir das Sicherheit, auch wenn mir die Situation Angst macht.

Doch im Netz vergessen wir oft alles, was wir eigentlich aus dem Alltag wissen müssten. Nach dem Angriff auf meinen Hund und dem Vorfall beim Joggen habe ich mich immer wieder geärgert, dass ich so leichtfertig mit meiner Adresse umgegangen bin. Hätte ich mir früher bewusst gemacht, was man alles mit meinen Fotos und Videos anstellen kann, wäre ich wahrscheinlich auch vorsichtiger gewesen.

Unser Leben ist inzwischen wie ein riesiges digitales Fotoalbum. Doch welcher Jugendliche macht sich Gedanken über rechtliche Konsequenzen, geschweige denn über das, was mit den Bildern passieren könnte, die er oder sie so unbeschwert durchs Netz schickt? Auf Social Media entstehen ganze Lebensbilderwelten. Die Dimension ist gigantisch. Auf Instagram sind weltweit zwei Milliarden User aktiv unterwegs, davon sind Dreiviertel der Nutzer jünger als 30 Jahre alt und laden jeden Tag 100 Millionen Fotos oder Videos hoch. Täglich wird 4,2 Milliarden Mal das Herzchen unter diesen vielen Posts angeklickt.[65] Auf WhatsApp schreibt und verschickt fast jeder vierte Mensch Schnappschüsse oder leitet Urlaubsfotos von anderen einfach weiter. Unfassbar riesige Datenberge haben sich allein auf den Servern von Google angesammelt, der Konzern gab an, dass er dauerhaft 4 Billionen Fotos gespeichert hat. Und dabei ist noch nicht einmal von Videos oder Animationen die Rede.[66] Deepface, eine von Facebook entwickelte Software, erkennt mit fast 98-prozentiger Genauigkeit Gesichter in einem Bruchteil von Sekunden. Wir sind ständig für alle sichtbar. Aus diesem unendlichen Pool an Bildmaterial bedienen sich auch Cybermobber, um dann ganz leicht in wenigen Minuten mit Deepfake-Programmen etwas Neues zu erschaffen. Auch meine Fotos wurden missbraucht. Auf vielen Hassseiten wurde ich mit verzerrter Fratze gezeigt, Bilder von mir wurden verfremdet. Ich hatte die Macht über das Abbild meines Ichs verloren. Fotos und Videos von mir waren nur noch Material für die Hater, um aus mir ein Unwesen zu gestalten. Umso wichtiger ist es mir, darauf hinzuweisen, wie leichtfertig wir mit Film- und Fotomaterial umgehen. Mit ein paar Klicks können Gesichter getauscht, Worte oder Gestiken von Personen imitiert werden, die in Wirklichkeit so nie gesagt wurden und passiert sind. Mithilfe künstlicher Intelligenz werden Deepfakes kreiert. So ist es ein Leichtes, einen Pornofilm zu erschaffen, wo das Gesicht eines Kindes auf andere Körper montiert wird. Der perversen Fantasie sind da rein technisch keine Grenzen gesetzt. Doch keine Mutter oder kein Vater will Bilder des eigenen Kindes verfremdet oder gar im Darknet wiederfinden. Trotzdem vertrauen sie bei der Nutzung von Phones und Pads dem guten Geist, der schon darüber wacht, dass nichts passiert.

Schaut man genau hin, dürfen Kinder und Jugendliche unter 16 Jahren nicht so einfach alle Plattformen nutzen. Die Datenschutz-Grundversorgung (DSGVO) regelt, dass das nur mit einer Einwilligungserklärung ihrer Eltern möglich ist. Dazu kommen die AGBs der verschiedenen Plattformen. Denn manche Betreiber legen ein Mindestalter für die Nutzung ihrer Dienste fest. So darf aktuell ein Jugendlicher TikTok und Instagram erst ab 13 Jahren nutzen. Ich erinnere mich an die Zeit, als ich vor meinem 18. Geburtstag in den Club gehen oder Kinofilme mit einer Altersfreigabe ab 16 schauen wollte. Ohne Ausweis und Mutti-Zettel ging nichts. Doch im Internet ist freie Fahrt für alle. Bedenken bei den Eltern? Fehlanzeige. Wenn es aber zu Cybergrooming, Sexting oder Cybermobbing kommt, ist der Aufschrei groß. In den vergangenen Monaten hörte ich in vielen Interviews immer wieder, wie wichtig es ist, dass Kinder, Schüler,

Lehrer und Eltern zusammen mehr Verständnis und Sensitivität für den Umgang mit den digitalen Medien entwickeln müssten. Das Wort »Medienkompetenz« fällt permanent. Bücher zur medialen Kompetenz gibt es en masse. Amazon spuckt allein dazu mehr als 300 Titel aus. Doch was das genau ist, wissen trotzdem die wenigsten. Auch beim Wort »Cybermobbing« zeigt der Onlineshop 597 Ergebnisse an. Ich scrolle mich durch ewige Listen mit bunten Buchtiteln. Die meisten sind Ratgeber und Materialien für Schulen wie »Gewalt im Netz verantwortungsbewusst begegnen (5. bis 10. Klasse)« oder »Interventionsarbeit in der Sekundarstufe 1« oder »Der große Ratgeber für Eltern zur Mobbing-Prävention«. Viele Cover zeigen ein Kind, zusammengekauert auf dem Boden, meist neben einem Schulranzen, einsam, allein und traurig. Es ist ein Wald an Informationen.

Ich brauche eine wissenschaftliche Sicht auf die Dinge und frage Professor Herbert Scheithauer. Er ist Psychologe und lehrt an der Freien Universität Berlin. Seit mehr als 25 Jahren befasst sich der Entwicklungs- und Pädagogische Psychologe mit Gewaltprävention im Kindes- und Jugendalter, er gehört zu den wichtigsten Experten im Bereich Cybermobbing und ist auch international vernetzt. Scheithauer war einer der Ersten in Deutschland, der in diesem Forschungsbereich tätig war. Anfangs stand das traditionelle Schulhofmobbing mit Schubsen, Treten und jemand Ausschließen im Mittelpunkt. Aktuell wird das identitätsbasierte Bullying weltweit untersucht. Darunter versteht man, dass jemand wegen seiner Religionszugehörigkeit, einer Behinderung, wegen seines Geschlechts oder der sexuellen Orientierung gemobbt wird. Auch das gehört leider zum Alltag in deutschen Schulen. Scheithauers empirischer Ansatz hat einen praktischen Bezug. Mit seinem Team hat er mehrere Präventionsprogramme entwickelt, wie das Programm »Medienhelden«, das sich mit Cybermobbing an Schulen beschäftigt. Er erklärt mir, warum Medienkompetenz uns besser schützen kann.

>> **Herr Professor Scheithauer, wie gut sind Lehrerinnen und Lehrer vorbereitet, wenn es zu Cybermobbing kommt?**

In jedem Bundesland sieht die Lehrerausbildung anders aus, und Cybermobbing spielt hier keine große Rolle, stattdessen müssen die Lehrkräfte auf eine Fortbildung oder ihre eigenen Kenntnisse hoffen. Wir haben in vielen Bereichen gut fortgebildete Lehrkräfte, aber es fehlt an qualitativ-wissenschaftlich fundierten, strukturierten und vor allem nachhaltigen Konzepten, die auch wiederkehrend durchgeführt werden, um Schüler zu erreichen. Bei vielen Projekten und Materialien für die Fort- und Weiterbildung wissen wir nicht, wie sie wirken und welche Effekte sie haben. Wenn unsere Schulen zudem nur evaluierte Interventions- und Präventionsprogramme nutzen würden, könnten wir große Fortschritte machen und Geld einsparen. Doch hier fehlt oft der Weitblick. Es kommt ja auch keiner auf die Idee, in die Apotheke zu gehen und zu sagen, ich habe Kopfschmerzen, und dann steht eine Verkäuferin im bunten Hemd hinter dem Tresen und bietet alles Mögliche, inklusive Tangokurse, an. Ich will ein Mittel nehmen, von dem ich weiß, dass die Wirkung wissenschaftlich belegt ist und es die Kopfschmerzen lindert.

>> **Ist das nicht nachlässig?**

Mir erzählte letztens eine Schülerin: »Wenn ich geschlagen werde, dann kriege ich ein blaues Auge. Das ist schlimm, aber es heilt ja wieder ab. Wenn ich aber über Monate ausgeschlossen werde, jeden Montag in der Schule höre, wie sich die anderen Mitschüler am Wochenende getroffen haben, und nur ich war nicht dabei, dann tut das so weh.« Das hat mich bewegt. Ausgrenzung und Cybermobbing wirken beschämender, als Erwachsene meist denken, es kann einfach nur brutal sein. Leider gibt es immer wieder an Schulen schockierende Einzelfälle, Suizidfälle, die in den Medien veröffentlicht werden. Der Aufschrei ist anfangs sehr groß, doch hinterher passiert nicht viel. Ich sehe es kritisch, dass diese Fälle medial breitgetreten werden. Hier braucht es mehr Sachlichkeit. Es gibt so viele Betroffene, Tag für Tag, Jahr für Jahr. Da müssen wir doch nicht erst auf die schlimmen Fälle warten, damit etwas geschieht. Wir dürfen nicht hinnehmen, dass Hunderttausende Jugendliche Opfer von Cybermobbing und Mobbing werden. Wir kennen Biografien von Betroffenen, die über Jahre in der Schule gemobbt wurden und sagen, das war die schlimmste Zeit ihres Lebens. Das darf eigentlich niemandem passieren und verdeutlicht die Verantwortung, die wir haben: gute Konzepte und Maßnahmen dagegen einzusetzen.

>> **Wie stehen Mobbing und Cybermobbing in Verbindung?**

Das Zusammenspiel vieler Faktoren kann in Cybermobbing münden. Es ist die Kunst in der Intervention und Prävention, die Komplexität zu erkennen und darauf einzugehen, dass es eben nicht den einen einzigen Grund gibt, der zu Cybermobbing führt. So hat jede Klasse eigene soziale Normen. Sie betreffen die Gruppe und auch die Schule. Ebenso spielt das Klima in der Klasse oder die Zusammensetzung der sozialen Rollen mit rein, denn neben den sogenannten Tätern und dem sogenannten Opfer gibt es auch die Verteidiger, die merken, dass etwas nicht stimmt, und intervenieren könnten. Zu den Risikofaktoren, die Cybermobbing in einer Gruppe begünstigen, zählen zum Beispiel der Mangel an sozialen Kompetenzen, gewisse Gruppendynamiken und Hackordnungen oder bestimmte familiäre Hintergründe der Schüler. So kennen wir auch Risikofaktoren, die jemanden zu höherer Wahrscheinlichkeit zum Täter oder auch Opfer von Cybermobbing werden lassen können. Wir wissen zum Beispiel aus vielen Längsschnittstudien, dass Kinder von Tätern später auch selbst wieder Gefahr laufen, selbst Mobber zu werden, wenn es keine Unterbrechung dieses Kreislaufes gibt. Sie haben im familiären Kontext oft Gewalt als Mittel der Wahl erlebt, übertragen sie auf den Schulkontext und können so selbst zu Mobbern werden. Gibt es keine Aufarbeitung und professionelle Hilfe, dann übertragen sie dieses Verhalten schlimmstenfalls wieder auf ihre Kinder, wenn sie eine Familie gründen. Die Verhaltensmuster werden quasi an die nächste Generation weitergegeben.

» Was muss nach einem Vorfall in einer Klasse geschehen?

Es gibt nicht den einen Weg, denn das Vorgehen richtet sich immer nach den individuellen Ursachen. Generell muss man schauen, was kann mit den einzelnen Betroffenen getan werden und was muss auch im sozialen Miteinander passieren. Selten kann ein Schüler sich die Klasse aussuchen, er muss in dieser Gruppe also lange Zeit mit den anderen zurechtkommen. Nach einem schweren Mobbingvorfall ist es auch wichtig, mit den Mitschülern zu arbeiten, unter anderem auch daran, dass sie gar nicht mehr auf die Idee kommen, in dem Betroffenen weiter ein Opfer zu sehen. Deshalb sprechen wir auch möglichst nicht von Opfern und Tätern, wenn wir mit Schülern arbeiten, sondern lieber von Schülern, die Mobbing erlebt haben, um sie nicht weiter zu stigmatisieren. Wir wollen ja nicht die Personen, sondern das Verhalten ändern. Wir arbeiten in der Gruppe an den sozialen Beziehungen und den sozialen Normen, damit die betroffene Person wieder hinterher respektiert und integriert wird, eine Stellung in der Gruppe hat und Freunde gewinnt.

» **Warum tun sich Schulen bei der Prävention so schwer?**

Leider gibt es nach wie vor keine nationalen Strategien für die Umsetzung von Präventionsprogrammen. Jede Schule in Deutschland sollte eigentlich eine Anti-Mobbing-Maßnahme haben, und wissen, was zu tun ist, wenn zum Beispiel ein Cybermobbingfall auftritt. Doch jede der insgesamt 22 000 Schulen entscheidet selbst über ihren Ansatz und ob und welche Präventionsprogramme sie nutzt. Die Themen und Angebote sind vielfältig, sie reichen von Angst-, Sucht- bis hin zur Gesundheitsprävention. Viele Schulleitungen sind deshalb natürlich überfordert, ihnen fehlt die Orientierung, was sie alles anbieten oder gar leisten sollen. Es fehlt zudem an einer guten Beratung. Meines Erachtens braucht es eine Stelle in jedem Bundesland, die eine Richtung vorgibt. Denn jede Schule hat andere Problemfelder, liegt vielleicht in einem schwierigen Viertel oder hat in manchen Bereichen jahrelang keine Prävention verfolgt. Doch es gibt zu wenig informierte Ansprechpartner auf Landesebene, die etwas vorantreiben können und wollen. Wir überlassen hier zu viel dem Zufall. Schließlich muss man sagen, dass viele Schulen gern mehr tun würden, es aber angesichts der aktuellen Personallage und weiterer Aufgaben, die Schule zu bewältigen hat, schlichtweg nicht schaffen, zum Beispiel Lehrkräfte für Fortbildungen freizustellen oder mittel- und langfristige Konzepte im Schulprogramm zu verankern. Es braucht also auch mehr Ressourcen, solche wichtigen Aufträge für die Gesellschaft leisten zu können.

>> **Wo setzt Ihr Programm »Medienhelden« an?**

Es wird für die Prävention genutzt und hilft, wenn schon Formen von Cybermobbing oder Mobbing an einer Schule zu beobachten sind. »Medienhelden«[87] ist wie ein Curriculum, das sich über ein ganzes Schulhalbjahr – und gern auch darüber hinaus – erstreckt. Bestenfalls ein Team aus Lehrkraft und Schulsozialarbeiter arbeitet einmal pro Woche mit den Jugendlichen, die in die siebte bis zehnte Klasse gehen. Es stärkt Onlinefertigkeiten zum Schutz vor Cybermobbing sowie soziale und mediale Kompetenzen. Wir bieten Fortbildungen für die Lehrkräfte an, begleiten sie bei Problemen in der Programmumsetzung. Viele

Schulen haben aber nicht die zeitlichen Kapazitäten und mögen lieber Projekttage. Hier haben wir ein abgespecktes Angebot. Doch der positive Effekt ist geringer. Zudem bieten wir begleitende Maßnahmen an, zum Beispiel auch, um die Eltern einzubeziehen.

›› Was bewirken qualitativ gute Präventionsprogramme?

In Schulklassen, wo nichts gemacht wird, zeigt sich die Tendenz, dass es in unterschiedlichen Bereichen leicht schlechter wird, es mehr Probleme gibt und die sozialen Kompetenzen ab- beziehungsweise nicht zunehmen. Wir haben beobachtet: Wo das Curriculum umgesetzt und auch die Eltern einbezogen wurden, zeigten sich nachweisbare Verbesserungen. Die Fälle von Cybermobbing gingen signifikant zurück. Durch die Arbeit mit der Gruppe wurden Ausgrenzungen einzelner Jugendlicher seltener, die Schüler fühlten sich insgesamt wohler. Sie klagten sogar zum Beispiel weniger über Kopfschmerzen und gingen wieder mit mehr Spaß in die Schule.

›› Was ist genau Medienkompetenz, und wofür brauchen wir sie, wenn wir Cybermobbing verhindern wollen?

Wir müssen daran arbeiten, dass Jugendliche sich selbst schützen können und vorausschauend im Netz handeln, und dafür brauchen sie mehr Medienkompetenz. Die Frage ist, was der Einzelne darunter versteht. Viele junge Menschen sagen, sie kennen sich doch mit Medien aus. Da würde ich ein Veto einlegen. Um Medien kompetent zu nutzen, reicht es nicht zu wissen, wie man Apps benutzt oder eine Grafik mit einem Programm erstellt. Es kommt darauf an, wie intensiv und lange wir digitale Medien nutzen, ob wir sie zum Beispiel richtig, also umsichtig, einsetzen, die Inhalte richtig interpretieren oder uns schützen können. Das fängt damit an, ob wir einen Virenscanner auf dem Computer haben, um unsere Daten zu schützen. Besonders junge Menschen müssen dafür sensibilisiert werden und verstehen, wie sehr sie sich auf Social Media gläsern machen – und das oft ganz freiwillig. Es sollte einfach niemand unkontrolliert Zugriff auf ihre Fotos haben, um sie schlimmstenfalls dann zu malträtieren.

Psychologen definieren Medienkompetenz über die Nutzung hinaus. Wie bewege ich mich in Medien und interpretiere die Inhalte? Habe ich verstanden, was Kommunikation über Medien bedeutet? Wie kritisch betrachte ich das, was ich konsumiere, und erkenne ich Fake News und kann Realität und Fiktion auseinanderhalten? Nutze ich Social Media auf angemessene Art und Weise, ohne dass ich andere ausgrenze und verletze? Und verstehe ich, wie andere meine Inhalte wahrnehmen? Diese Kompetenzen sind komplex. Das kann man nur über Jahre hinweg lernen. Im Schulunterricht werden diese Fähig- und Fertigkeiten aber meines Erachtens nicht genug gefördert. Es muss nicht unbedingt ein Fach geben für Medienkompetenz, wäre aber sinnvoll. Es kann helfen, wenn wir im Matheunterricht oder in anderen Fächern die Inhalte anders, mit anderen Methoden, vermitteln. Wir nennen das sozialemotionales Lernen. Dabei geht es darum, das Miteinander zu stärken, Empathie, Kooperationsbereitschaft oder Rücksichtnahme zu fördern. Die Bildungspläne und

-materialien sind darauf zu wenig abgestimmt. Oder wir finden zwar in Schulgesetzen usw. das Ziel formuliert, die Maßnahmen sind aber nicht Teil der Lehrkräftebildung oder fallen aus anderen Gründen in den Schulen dann »hintenüber«.

>> **Gehört das alles nicht auch zur Kindererziehung?**

Ich würde mir wünschen, dass Eltern ihren Aufgaben in dieser Hinsicht stärker nachkommen. Sie sind verantwortlich, auch dafür, wie ihre Kinder Medien nutzen. Man kann einem Zehnjährigen kein Smartphone ohne Sicherungssoftware in die Hand geben und hoffen, dass er das schon alles richtig macht. Viele Väter und Mütter sagen oft, damit kenne ich mich nicht aus. Es gehört aber zu ihren Zuständigkeiten, sich kundig zu machen und zu überlegen, wie Medien in der Familie genutzt werden. Eltern sind auch ein Vorbild. Viele sitzen selbst den ganzen Tag am Handy, untersagen es aber den Kindern. Leider besuchen auch viele Mütter und Väter keine Veranstaltungen in der Schule und interessieren sich zu wenig dafür, wie ihre Söhne und Töchter im Netz unterwegs sind.

>> **Können wir uns mit Selbstliebe gegen Cybermobbing schützen?**

Wir wissen aus der Forschung, dass diejenigen, die ein niedriges Selbstwertgefühl haben, eher Opfer oder Täter werden können. Self-Caring, sich selbst zu mögen, ist deshalb ein wichtiges Element der Prävention. Wer sich mag, nicht alles annimmt, was über einen im Netz kursiert, leidet auch weniger darunter. Das ist ein Teil der Resilienz. Doch ebenso muss man wissen, wie man das Problem löst. Wer weiß, was zu tun ist, wenn etwas passiert, kann schlimme Erlebnisse wie Ausgrenzung auch besser bewältigen. Man muss aber auch daran glauben, dass man etwas bewirkt und löst. Gerade in der Jugend und Pubertät ist das Selbstbild sehr fragil, und das Selbstwertgefühl ist brüchig und angreifbar. Deshalb arbeiten wir viel mit dem Ansatz der Positiven Psychologie. Viel zu oft sehen wir nur die Defizite bei einem Menschen, aber weniger das, was ihn liebenswert macht.

Das Gespräch mit Professor Scheithauer hat mir gezeigt, wie viele Defizite wir im System haben. Es gibt keine einheitliche Linie bei der Prävention, und die Schulen gehen ganz unterschiedliche Wege. Doch was heißt genau nachhaltig? Womit kämpfen diejenigen, die sich in den Schulen um die Intervention und Prävention kümmern? Ich spreche mit Fabian Herr. Der Diplom-Pädagoge wird dann von Schulleitern angerufen, wenn es lichterloh brennt, sich Siebt- oder Achtklässler auf Insta so mobben, dass Betroffene sich selbst verletzen oder Mädchen weinend vor einer Lehrerin stehen, weil Bilder von ihr im Darknet aufgetaucht sind. Fabian arbeitet dann mit Schulpsychologinnen, Sozialarbeitern und Lehrerinnen zusammen. Er ist wie ein Feuerwehrmann, der die sozialen Brände löscht. Doch Fabian will viel lieber die Schwelbrände verhindern. Deshalb hat er die »Initiative gegen Cybermobbing« gegründet. Er erzählt, wie oft er bei Lehrern und Eltern auf Vorurteile stößt und wie steinig der Weg manchmal ist, um für gute Projekte finanzielle Unterstützung zu bekommen:

»Wir sind direkt an den ›Quellen‹ des Cybermobbings – in den Schulen, aber auch in Vereinen, Betrieben und Familien. Wir sind überall dort, wo das Zusammenleben zu Spannungen führt und Mobbingvorfälle im realen wie auch im virtuellen Raum entstehen. Ständig höre ich die Frage, wie konnte es dazu kommen und was hätte man tun müssen, um es zu verhindern. Seit Jahrzehnten untersuchen nun schon Verhaltensforscher das Problem. Ob der Individual- oder Umweltansatz – wir kennen die Erklärungen und wissen, was dazu führen kann, dass jemand zum Mobbingtäter oder -täterin wird. Ständig werden Ideen ausgearbeitet und Statistiken erstellt. Wir könnten, müssten, sollten etwas unternehmen. Doch stattdessen wollen die Schulen und die Eltern meist nur, dass man einfach einen Schuldigen findet und dann das Thema mit Sanktionierungen als ›gelöst‹ betrachtet. Dieses Muster zieht sich durch die ganze Gesellschaft. Doch nur weil wir einen Mobber mal bestrafen, verschwindet das Problem Mobbing nicht.

Zu sehr lassen wir uns bei der Bekämpfung von Cybermobbing auch von althergebrachten Denkmustern leiten. Ich höre zu oft, die Technik, das Internet oder die Smartphones seien an allem schuld. Die Technologie an sich ist aber neutral, auch der digitale Raum ist per se nicht gefährlich. Aber der Mensch macht sie erst zu einer Gefahrenquelle. Doch hier scheuen wir, existierende Normen, Regeln und Grenzen wirklich strikt durch- und umzusetzen. Ebenso oft höre ich, Cybermobbing sei ein Jugendproblem und die Teenager werden ja immer schlimmer. ›Die Jugend von heute liebt den Luxus, hat schlechte Manieren und verachtet die Autorität. Sie widersprechen ihren Eltern, legen die Beine übereinander und tyrannisieren ihre Lehrer‹, schrieb schon Sokrates um rund 400 vor Christus. Seit der Antike schimpft immer die ältere Generation über die jüngere. Aber inzwischen wissen wir ja, Cybermobbing ist überall, wo Menschen zusammenkommen, und es hat nichts mit dem Alter oder dem Geschlecht zu tun.

Was uns mehr Sorgen macht, ist die Einstellung zum Mobbing bei den Schülern. Das erschwert unsere Arbeit. Früher konnten wir mit der Nachfrage, wie es einem selbst gehen würde, wenn jemand mit einem so umgeht, den Täter einfangen. Die meisten reagierten mit ›Ja, stimmt, ich möchte auch nicht so behandelt werden‹. Heute bekommen wir meist die Antwort, das Opfer habe es ›verdient‹. Doch die Jugendlichen sind daran nicht nur selbst schuld, dass sie so denken. Hier die alleinige Verantwortung bei den Heranwachsenden zu suchen, ist zu einfach. Denn ein Mensch wächst in einer Familie, im Umfeld, im Kindergarten und in der Schule zu einem Erwachsenen heran und entwickelt auf diesem Weg diese Einstellungen. Es ist also ein komplexes Wechselspiel, an dem viele Menschen beteiligt sind. Übrigens bekommen wir ähnliche Antworten genauso von Erwachsenen, es ist also keine Haltung, die wir nur bei Jugendlichen wahrnehmen. Eltern erwarten immer mehr von den Schulen, dass sie wichtige Werte wie Sozialkompetenz vermitteln. Wie kann aber die Schule einen Jugendlichen, der sich unempathisch oder gar asozial verhält, in einen mitfühlenden Menschen verwandeln? Das ist nicht die alleinige Aufgabe der Lehrkräfte. Jugendliche brauchen Vorbilder. Wie der deutsche Neurologe und Psychiater Oswald

Bumke es formulierte: ›Erziehen heißt Vorleben. Alles andere ist höchstens Dressur.‹

Wir denken bei unserer Arbeit an die lange Strecke und wollen strukturell etwas verändern. Denn eine Präventionsmaßnahme ist keine lebenslange Heilung, zudem es immer wieder zu Mobbing und Cybermobbing kommen kann. Ein Schulleiter stellte uns die Frage, ob unser Projekt auch nachhaltig sei. ›Was bedeutet denn für Sie Nachhaltigkeit?‹, fragte mein Kollege zurück und erklärte: ›Sie möchten, dass Ihr Schulhof sauber wird von Laub, Dreck und Abfall? Dann können Sie mich beauftragen. Wenn diese Arbeit erledigt ist, wird ihr Schulhof sauber sein, bis der nächste Wind neue Blätter auf den Platz weht. Aber es muss regelmäßig gekehrt werden. Wenn ich Ihnen dafür zu teuer bin, können Sie nach der Grundreinigung durch mich auch gern selbst kehren. Ich zeige Ihnen auch die Stellen, wo noch Laub liegt. Das sind Orte, an denen Sie nie Schmutz vermutet hätten. Ich werde Sie auch darauf hinweisen, wenn Ihr Besen abgenutzt ist und nicht mehr ordentlich fegt. Aber je nach Jahreszeit werden Sie ein anderes Kehrwerkzeug gebrauchen, je nach Art des Unrates. Im Frühjahr ist das ein Straßenbesen, ein Laubrechen im Herbst und der Schneeschieber im Winter. Wenn Sie merken, dass Sie zwar viel Zeit investieren, aber das trotzdem nichts nutzt, braucht es mehr. Ich empfehle dann, mehr Müllbehälter aufzustellen und dafür zu sorgen, dass die Schüler, die etwas auf ihren Hof werfen, regelmäßig erinnert werden, dass der Abfall in die Mülleimer gehört. Wenn Sie dann nach drei Jahren feststellen, Ihr Schulhof sieht länger sauber aus und Sie haben deutlich weniger Arbeit mit dem Kehren, hat sich

Ihre Arbeit gelohnt. Das ist nachhaltig. Einmalige Aktionstage alle paar Jahre und für ein paar Stunden mal in der Klasse etwas über Cybermobbing zu erzählen, das verpufft. Aber gehört das Kehren zu Ihren Aufgaben als Lehrer oder Schulleiter und haben Sie dafür Zeit? Dafür gibt es Institutionen, Vereine wie wir, die passende Hilfsangebote schaffen, Anleitungen zur richtigen Müllentsorgung an die Hand geben. Die Nachhaltigkeit unserer Arbeit liegt in der Zusammenarbeit und in Ihren Händen. Nicht in meinen allein.‹

Manche Lehrer denken, dass es mit ein paar Unterrichtsmaterialien getan ist. Aber Cybermobbing ist etwas, was sich mitunter in Jahren in einer Schulklasse entwickelt, und das können auch wir nicht an einem Nachmittag ändern. Dahinter stehen langwierigere Maßnahmen, wo man intensiv arbeitet. Das gehört in die Hand von Profis, denn Übungen wie der Indentifikationskreis und Rollenspiele funktionieren nicht allein, sondern bauen aufeinander auf. Man braucht eine bestimmte Abfolge von Maßnahmen. Zudem darf man auch nicht im falschen Moment mit einer Übung aufhören, sonst gibt es negative Effekte. Erkennen und Helfen, schnell und sicher, danach auch Vorbeugen und Dranbleiben, das sollten immer die Grundpfeiler eines ganzheitlichen Ansatzes sein.

Doch wir müssen auch die Öffentlichkeit stetig sensibilisieren. Das ist ein mühsames Vorhaben. Wir haben oft ein offenes Ohr bei Politikern gefunden, wurden vom Landtag und Landesministerien, die für Bildungsthemen zuständig sind, eingeladen. Allen war das Thema Mobbing sehr wichtig. Wir hatten hinterher oft das Gefühl, kaum war die Presse wieder weg, schwand auch die Dringlichkeit. Alle fanden unsere Konzepte überzeugend, leider reichte es nicht für eine Förderung. Die Folge ist: Betroffene und Schulen bleiben auf den Kosten sitzen, und nehmen deshalb zu selten die Hilfe in Anspruch, die sie bräuchten.

Wie wahllos Gelder wiederum verteilt werden, konnten wir auch in unseren früheren Arbeitsstellen immer wieder beobachten. Mein Kollege und ich haben öfters Anträge für die Europäischen Sozialfonds ausgefüllt. Immer war die Hoffnung groß, dass unsere jahrzehntelange Kompetenz ausreicht, damit wir für konkrete Projekte finanziell unterstützt werden. Wir haben wochenlang an jedem Detail geschliffen. Die Absagen waren ernüchternd. Zeitgleich bekamen wir aber Anfragen von Organisationen, die europäische Gelder erhalten hatten, obwohl sie keine Expertise in der Beratung oder Prävention bei Cybermobbing hatten. Sie baten uns um Hilfe und wollten unsere Beratung, damit sie ihre Projekte überhaupt verwirklichen konnten, wir sollten auch die Mitarbeiter schulen. Sie konnten nicht umsetzen, was sie eigentlich versprochen hatten. Auf Nachfrage, wie sie denn überhaupt an die Förderung gekommen seien, war die Antwort umso erschreckender. Die Vereine bezahlen spezialisierte Firmen, die diese Anträge ausarbeiten. Ich finde es besorgniserregend, dass es anscheinend nicht genügend auf die Qualität eines Konzeptes ankommt, sondern auch die Qualifikation der Antragsteller dahinter nicht genau überprüft wird. Es wird anscheinend nur auf die perfekte Formulierung eines Antrages geachtet. Worte lassen sich kaufen, das tatsächliche Wissen und die Umsetzbarkeit dahinter werden nicht genügend überprüft.

Nur wenn wir dem Präventivgedanken einen höheren Stellenwert geben, stellt sich Erfolg ein. Jeder Mensch, der unter Cybermobbing und Mobbing leidet, jedes Opfer, das sich umbringt, ist ein K.o.-Kriterium. Packen wir das Problem jetzt nicht an, wird das weitreichende Folgen für die gesellschaftliche Entwicklung haben, und es wird immer schwieriger, den Müll vom Schulhof runterzukehren.«

Die Gespräche mit Professor Scheithauer und Fabian haben gezeigt, dass auch hier im pädagogischen Kontext das passiert, was ich in Brüssel schon erlebt hatte: Es gibt zu viele, die über Cybermobbing reden, aber immer noch zu wenige, die handeln. Leider gibt es auch zu wenige qualifizierte Menschen, die Betroffenen direkt helfen. Bei Millionen Opfern ist das kein Wunder. Das gemeinsame Ziel einer Sozialgesellschaft sollte aber doch sein, den Betroffenen in ihrer Situation schnell zu helfen und ihnen auch zur Seite zu stehen.

Aber wir haben noch zu viele Schwachstellen im System. Im Gesundheitssektor bauen Politiker, Ärztinnen und Krankenkassen doch auch auf Prävention. Damit eine Gesellschaft gesund bleibt, brauchen wir alle mehr soziale Kompetenz. Das ist eine Investition in unsere Zukunft. Wenn wir von Kindesbeinen an lernen, in der Gruppe zu denken und zu handeln, hat Ausgrenzung weniger Raum. Und das sollte uns eigentlich jeder Cent wert sein, denn wer will schon gern in einer Welt leben, wo jeder stetig Angst haben muss, dass er womöglich das nächste Opfer von Cybermobbing werden könnte.

»LIEBE KRITIKER, WIR MACHEN GENAUSO WEITER WIE BISHER.«

Heidi Klum im Finale 2022, wenige Tage nach dem Enthüllungsvideo über GNTM

Markierung @heidiklum

> Ich bin kein Kritiker, Du sagst selbst, Du bist unsere Modelmama, also bin ich Dein Modelkind. Ich wurde so traumatisiert durch die Ausstrahlung Deiner Show, dass ich Suizidgedanken hatte und seitdem in Therapie bin. Möchtest Du das auch in Zukunft für Deine Modelkinder? Falls nicht, ich bin immer für Dich da, um zu besprechen, wie wir Deine Show gestalten können, ohne vereinzelte Teilnehmerinnen zu traumatisieren. Love Always Wins! Deine Lijana

Gefällt 92.515 weiteren Personen
3,5 Millionen Mal aufgerufen

Direct Message an @heidiklum vom 16.11.2022

»Hey Heidi, ich schreibe gerade ein Buch zum Thema digitale Gewalt, welcher ich während der Teilnahme an Deiner Show bekanntlich immens ausgesetzt war. Daher bist Du und Deine Show ein wesentlicher Bestandteil meiner Geschichte im Buch, welche ich äußerst kritisch beleuchte. (...) So möchte ich Dir die Möglichkeit geben, ein Statement für das Buch zu schreiben beziehungsweise mir einige Fragen zu beantworten.« Viele Grüße, Lijana

KAPITEL 12: LOVE ALWAYS WINS! DER WEG NACH VORN

WARUM WIR NUR GEMEINSAM DEN KAMPF GEGEN CYBERMOBBING GEWINNEN UND WIE SELBSTLIEBE EIN SCHLÜSSEL DAFÜR SEIN KANN

Alle Hasskommentare unter jedem Bild in meinem Instagram-Account, die ich nicht geschafft habe, zu löschen, sind noch da. Sie sind nur nicht sichtbar. Ich muss nur auf den Button klicken »Kommentare wieder aktivieren«. Ich habe es vor Kurzem getan und mich dem Hass von damals wieder gestellt, mir die Nachrichten der vielen unbekannten Menschen noch einmal durchgelesen. Zwischen dem ganzen Hass, fand ich einen wunderbaren Post von mila_und_marlie: »Es ist wirklich widerwärtig, was PRO7 da macht. Jedes Jahr ziehen sie eine junge Seele mit gezielten Fragen, Schnitt und Verzerrungen in den Abgrund und das nur für die Quote. Dabei würde das Konzept der Sendung auch ohne diesen Irrsinn interessant sein. Sogar viel interessanter, ginge es mehr um Mode und Castings. Es tut mir furchtbar leid für deine Familie, aber auch für dich. Ich sende dir ganz viel Liebe, Mut und wünsche dir immer Sonne im Herzen. Du bist so ein positiver Mensch, wie mir scheint. Lass dir das nicht nehmen. Nach jedem Tief geht es auch wieder bergauf.«

Danke, mila_und_marlie! Ohne euch hätte ich wahrscheinlich aufgegeben. Wie mutig es von euch war, sich der Masse von Hatern entgegenzustellen, das schätze ich sehr. Das ist so, als wenn Tausende eine Treppe runterlaufen, und ein Mensch nach oben gehen will. Aber genau, das müssen wir tun. Viel mehr Menschen müssen die Treppe hochgehen, anstatt stehen zu bleiben und zuzuschauen. Nur diese Masse kann einen Weg ebnen, dem andere folgen können. Auf meiner Reise habe ich gesehen, dass sich an etlichen Ecken etwas tut. Bei den Gesprächen und Interviews stellten wir fest: Wir alle haben das gleiche Ziel. Ob Staatsanwälte, Politikerinnen, Psychologen, Pädagoginnen, Hilfsorganisationen, Künstlerinnen und natürlich wir Betroffene – wir wollen mehr Respekt!

»Wir machen genauso weiter wie bisher.« Das, was Heidi im Finale 2020 gesagt hat, passt nicht dazu. Wegschauen funktioniert nicht. »Es wird schon gutgehen.« Auch diesen Satz müssen wir in Zukunft streichen. Er hat keinen Platz mehr in TV-Shows, bei der Gesetzgebung für die Regulierung von Netzwerkbetreibern, bei der Verfolgung der Täter, in den Medien und zuletzt auch in den Schulen und in jeder Familie. Einen kleinen Hoffnungsschimmer brachte die Ausstrahlung der ersten Folge von GNTM 2023. Heidi Klum nahm überraschend Stellung zu meinen Vorwürfen und der weiterer ehemaliger Teilnehmerinnen. Aber auf einen Dialog warte ich bis heute vergeblich. Was mir fehlt, ist Prävention und Coaching für die Teilnehmerinnen, damit sich meine Geschichte nie mehr wiederholt.

Der Einsatz für mehr Respekt und Sicherheit im Netz ist kein leichter. Ganz im Gegenteil – es ist ein sehr steiniger Weg, der lang ist und auf dem viele zusammenarbeiten müssen. Und deshalb marschiere ich weiter, weil jeder kleine Erfolg viel mehr wert ist als ein großer Rückschlag. Das haben mir die mutigen Aktionen gezeigt, wie die Klage der Politikerin Renate Künast gegen Facebook, der Einsatz von Anwalt Jun gegen Twitter oder das Engagement der Mutter, die sich für ihre Tochter Sarah eingesetzt hat. Auch Menschen wie Peter und Fabian von der »Initiative gegen Cybermobbing« oder Professor Scheithauer und sein Team leisten Sisyphusarbeit an den Schulen. Und sie alle machen trotzdem weiter.

Übrigens hat Heidi nie auf irgendetwas von mir geantwortet, was ich schade finde. Denn es zeigt mir, wie wenig wir zusammen an einem Tisch sitzen und gemeinsam gegen diesen Hatespeech ankämpfen. Von den Heidis dieser Welt wünsche ich mir wirklich mehr Einsatz. Zeigt euch und tut etwas! Damit meine ich auch die Politik. Es geht nicht nur wie in Brüssel darum, sich zu einer Veranstaltung in einem Raum zu treffen, sondern noch stärker und schneller an den Lösungen zu arbeiten, denn das Internet ist schneller, als uns allen lieb ist. Ideen wie das Metaverse stehen schon sichtbar am Horizont, und dafür brauchen wir jetzt schon Antworten.

Es lohnt sich tausendfach, für mehr Sicherheit im Netz zu kämpfen, denn sie schützt auch unsere Freiheit im virtuellen Raum. Und das sollte alles Geld dieser Welt und auch unsere Kraft wert sein, um verkrustete alte Strukturen wie im Polizeiapparat oder in Gesetzen, die dieser Zeit nicht mehr gerecht werden, zu reformieren. Wir haben keine Zeit zum Zuschauen und Abwarten, wie Hatespeech einzelne Menschen oder Gruppen kaputtmacht und letztendlich auch die Gesellschaft unterminiert.

Ich habe wieder mit dem Influencer Twenty4Tim gesprochen. Als es ihm besser ging, schickte er mir eine Sprachnachricht, wie wichtig er es findet, dass sich auf Social-Media-Plattformen etwas ändert:

»Ein wichtiger Schritt gegen Cybermobbing ist für mich, die Daten jedes Einzelnen in den sozialen Netzwerken zu kontrollieren. Das bedeutet konkret, dass man sich nur noch mit einem aktuellen Personalausweis anmelden darf. Damit lassen sich Konten von Personen auch dauerhaft sperren. Menschen, die sich gegen die Nutzungsbedingungen verhalten, können sich so nicht mit einem neuen Account anmelden. Auch das Alter sollte viel genauer kontrolliert werden. Außerdem erwarte ich, dass jede App Hatespeech blockiert. Es sollten erst gar keine negativen Kommentare verfasst werden können. Das muss die App direkt erkennen und löschen. Ja, es gibt die Funktion, dass man selbst Wörter auf eine schwarze Liste setzt, die andere nicht kommentieren können. Aber wie viele Wörter soll man da täglich draufschreiben? Man wird ja mit allen möglichen Beleidigungen konfrontiert. Meiner Meinung nach muss die App die Kommentare selbst einschränken. Das ist sehr, sehr wichtig! Essenziell ist auch das Thema Aufklärung. Wir müssen aktiv in Schulen gehen. Den Schülerinnen und Schülern erklären, was Cybermobbing mit den Menschen macht und ihnen das anhand von Extrembeispielen zeigen. Präventionskurse an Schulen, Aufklärungsunterricht bis hin zum eigenen Schulfach – all das halte ich für unabdingbar.«

Und Twenty4Tim steht mit seinen Forderungen nicht allein. Das Netz ist so kostbar: Auf Knopfdruck kann ich Menschen finden, die zu mir passen, die wie ich in meiner Community auch, sich für mehr Respekt einsetzen. Wir lassen uns inspirieren von Impulsen rund um den Globus. Wir können auf so viel Wissen dieser Welt zurückgreifen. Und überall können wir hier lesen und nachvollziehen, was Hatespeech mit uns macht. Doch nutzen wir diese Möglichkeiten richtig? Wir können uns nicht nur vernetzen, sondern auch im Guten etwas bewegen. Das Netz ist ein tolles Tool, auch für die Meinungsfreiheit. Denn hier ist Raum für jeden. Es ist ein Schatz, den wir auch genauso behandeln sollten. Oberflächlichkeit, Desinformation und Hass sollten hier nicht den Ton angeben.

Das sehe ich auch als meine Aufgabe als Mindset-Influencerin. Der Dunkelheit muss man mit Licht begegnen. Selbstwert und Selbstvertrauen sind meiner Meinung nach die persönlichen Stützpfeiler, die uns gegen dieses eine Prozent schützt. Vor einigen Monaten habe ich auf meinem Social-Media-Kanal zu einem Fotoshooting eingeladen. Wir waren 18 Frauen in einem Kasseler Fotostudio mit dem Fotografen meines Vertrauens Kooshan. Es war ein kunterbuntes Sammelsurium von besonderen Persönlichkeiten. Die elfjährige Sarah, die von ihren Freundinnen in der Schule gemobbt wurde, war mit ihrer Mutter da. Sie stand neben einer jungen Frau, die aus der Ukraine geflüchtet war. Ein russisches Mädchen war dabei, sie unterhielt sich während des Shootings die ganze Zeit mit der Ukrainerin. Skinny bis curvy, mit Rasta oder pinkfarbenen Haare, viel und wenig tätowiert, indische und osteuropäische Wurzeln, groß und klein – jedes Alter, jedes Körperbild, jede Hautfarbe waren in dieser kleinen Gruppe repräsentiert.

Alle waren noch sehr still, bis sie vor die Kamera kamen. Der Fotograf fing an, Witze zu machen. Jede Einzelne gewann an Größe, als sie sich am Set zu bewegen begann, locker wurde und in die Kamera schaute. Doch warum? Während die Mädchen und jungen Frauen vor der Kamera standen, standen 20 andere Frauen um sie herum, feuerten sie an und ermutigten sie mit Sätzen wie: »Das sieht toll aus« oder »Ja, mach weiter so«. Es mag lapidar klingen, aber in der virtuellen Welt haben wir verlernt, den anderen wirklich zu sehen. Zwar bekommen wir Likes und Emojis oder ein Herzchen von irgendeinem Profil, das wir nicht kennen. Das ist so fern, nicht hörbar und fühlbar. Auch bei diesem Shooting waren lauter fremde Menschen vor Ort, genauso wie im Netz. Nur hatten sie eine Stimme und sprachen miteinander, sie freuten sich. Ein Like fühlte sich echt an. Was ist realer? Ein Daumen-hoch-Zeichen für ein Foto, das man daheim gemacht hat, oder der Applaus, wenn man den Mut hatte, sich wie die elfjährige Sarah selbstbewusst vor einen Fotografen zu stellen. Begegnung ist mehr, als sich auf Insta oder Facebook zu zeigen. Wir vergessen das zu gern im Rauschen des Alltags. Mein Ziel bei dem Shooting war, dass sich die Frauen nicht schöner fühlen und so ihr Selbstbild stärken, sondern dass sie sich selbst und ihr Verhalten vor der Kamera und in der Gruppe betrachten. Es ging nicht nur darum, den Mut zu haben, sich vor andere hinzustellen und von den Umgebenden bewundert zu werden, sondern darum, die Einzigartigkeit in sich und anderen zu erkennen. Denn gerade die Unterschiede machen uns schön und besonders.

Viele wussten gar nicht, wie schlimm es um mich stand, wie sehr mich der Shitstorm und das Cybermobbing getroffen hatten. Heute sehen die Menschen wieder mein wahres Ich und können nach meinem zweijährigen Weg wirklich unterscheiden, was #Fake ist und was echt. Wie oft habe ich den Satz »Du bist ja gar nicht so wie im Fernsehen« in den vergangenen zwei Jahren gehört. Ob Jugendliche, Schulleiterinnen, Influencer, Fashionbrands und Organisationen, sie alle dachten, da kommt die GNTM-Lijana, die Zicke, mit der man es kaum aushält, überhaupt einen Vormittag zu verbringen. Meine Geschichte zeigt aber auch, dass wir uns nicht allein auf virtuelle und mediale Bilder verlassen dürfen.

Meine offene und offensive Art, die bei GNTM oft nur als Negativmerkmal dargestellt wurde, hilft mir jetzt, die Aufmerksamkeit auf etwas zu lenken, was uns alle angeht. Ich habe gemerkt, ich kann Menschen erreichen, bin mit Jugendlichen auf einer Augenhöhe. Mit »Love always wins« kann ich nicht nur den Samen für mehr Selbstliebe säen, sondern auch das Schutzschild junger Menschen stärken. Sicher wird »Love always wins« nicht alle Probleme lösen können, und mein Ansatz ist nur ein Puzzlestück im großen Bild der Prävention, aber als ich aus Kusel wegfuhr, wusste ich, dass meine Botschaft der Selbstliebe und des Respekts bei den jungen Menschen in dem Moment angekommen war. Von Mo habe ich gelernt, wie lehrreich und wichtig es für alle sein kann, wenn man als Betroffene andere mit auf seinen inneren Weg nimmt und ihnen so ein Werkzeug an die Hand geben kann, sich gegen Hatespeech zu wehren. Ich weiß, es ist nur ein Keim. Aber aus einem Keim kann eine Pflanze, ein Baum wachsen. Aus vielen Keimen irgendwann ein ganzer Wald. Ich bin erst am Anfang meines Weges.

Als ich mich auf die Reise machte, war mir klar, ich möchte nicht einfach gegen etwas sein, sondern ich möchte für etwas kämpfen. Und der Name meiner Kampagne, aus der jetzt ein Verein geworden ist, spiegelt genau das wider. Liebe. Denn Liebe war das, was mich gerettet hat. Die Liebe meiner Familie, die Liebe meiner Followerschaft und vor allem die Liebe zu mir selbst. Der Hass hat nicht gewonnen, sondern genau diese Liebe. Und damit ich das auch in schweren Zeiten nicht vergesse, habe ich mir vor einigen Monaten »Love always wins« auf die Haut tätowieren lassen. Vielen ist die Wortnähe von »Love always wins« zum Hashtag #lovewins, dem solidarischen Hashtag zur LGBTQ+ Community, aufgefallen. Für mich ist die Überschneidung wichtig, denn ich vertrete die gleichen Werte und stehe hundertprozentig hinter LGBTQ+. Wir müssen viel mehr darauf achten, wie sich eine Minderheit fühlt. Wir haben gelernt, dass Diversity den Fokus auf unser aller Gemeinsamkeiten lenkt, weg vom Stigmatisieren und Vergleichen. Doch GNTM steht genau für das Gegenteil: Konkurrenz statt »echte« Kooperation, Leistungsdruck und Lästern statt Love. Das mag an sich nicht schlimm sein, doch wie man an mir sieht, macht es aus Teilnehmerinnen im schlimmsten Fall Hassobjekte und aus Zuschauern im schlimmsten Fall Hater. Auch wenn ich ein Teil der Generation GNTM bin, so stehe ich nicht mehr für diese Wertvorstellung ein. Anstatt auf dem Laufsteg zu modeln, zeige ich hier mein Innerstes statt mein Äußeres, und will so jungen Menschen helfen, mit digitaler Gewalt umzugehen. Und jede, die bei GNTM in Zukunft mitmacht, sollte sich der Gefahr bewusst sein, bevor sie in einen weißen Fiat steigt.

Lilli von saferinternet.at hat mir die Augen geöffnet, wie stark der Graben zwischen den Generationen ist. Viele denken, nur weil Erwachsene inzwischen auch Billie Eilish hören, wir die gleichen Filme schauen, wir uns gemeinsam für Modetrends begeistern können und generationsübergreifend in Sneakers rumlaufen, sind die Gräben nicht so tief. Dem ist aber nicht so. Es stehen sich hier zwei Wertesysteme gegenüber. Wir nennen die ältere Generation auf Social Media auch gern »Boomer«. Der Begriff umfasst alle stereotypischen veralteten ›das haben wir aber schon immer so gemacht‹-Ansichten. Sie stehen der Gen-Zs gegenüber. Die »Generation Z« bezeichnet die nach 1995 Geborenen. Dazu gehöre auch ich. Wir sind technikaffin, immer online, aber auch ungeduldig. Es geht uns alles zu langsam. Wir setzen uns für Natur, Gleichheit in der Gesellschaft sowie körperliche und geistige Gesundheit ein. Dieser Generationsgraben muss geschlossen werden, damit wir auch im Kampf gegen Hass im Netz gemeinsam vorgehen können. Mein Ziel ist es, Brücken zu bauen, damit wir uns gegenseitig mehr zuhören und jeder aus seiner Kommmunikationsbubble herauskommt.

Ich kenne noch ein Leben ohne Social Media. Als ich klein war, standen meine Freunde noch vor der Tür und haben geklingelt. Ich musste aufhören zu telefonieren, damit meine Schwester das WLAN benutzen konnte. Und wenn ich unterwegs Bravo-Hits hören wollte, habe ich noch eine CD in den Walkman eingelegt. Meine Nichte Marie ist sieben Jahre jünger als ich und kennt das alles nicht. Sie ist mit Social Media groß geworden und kann sich ein Leben ohne Smartphones nicht vorstellen. Meine Eltern waren informiert über das, was ich mit dem Handy gemacht habe.

Heute wissen viele oft nicht, was ihre Kinder in ihren Internetblasen machen. Hier muss dringend etwas passieren.

Es liegt aber auch an uns allen, den Respekt im Netz wieder aufzubauen. Diskutieren heißt auch zuhören, auf Argumente eingehen, fragen und sachlich bleiben. Wir sollten uns alle jedes Mal hinterfragen, ob eine scharfe Kritik wirklich notwendig ist. Ich muss nicht jedes Outfit, jeden Tanzstil und jeden kleinen Fehler kritisieren, den ein anderer tut. Auf Social Media machen wir es ständig, und das oft bei sehr überflüssigen Dingen wie GNTM. Aber bei den wichtigen Themen unserer Zeit blenden sich viele mit guten Meinungen aus, machen beim öffentlichen Diskurs nicht mehr mit. Verändert es wirklich die Welt, wenn ein GNTM-Model nicht nach den Gesetzmäßigkeiten der Show agiert? Worüber regen wir uns an einem Donnerstagabend vor dem Fernseher eigentlich auf? Wo müssen wir eigentlich hinschauen?

Das Cybermobbing hört nicht auf, auch wenn ich es nicht lese. Ich bin der festen Überzeugung, dass es keine Lösung ist, sich aus der virtuellen Welt zu verabschieden und zurückzuziehen, denn das kann mir im realen Leben genauso passieren. Für mich war immer klar, ich lasse mich nicht aus Insta vertreiben. Aus den schlimmsten Erfahrungen kann etwas Gutes erwachsen. Ohne das Cybermobbing, das ich erlebt habe, wäre ich heute nicht hier und hätte nie dieses Buch geschrieben. Ich habe Cybermobbing nicht einfach nur überstanden, es ist zu einem Teil meiner Lebensgeschichte geworden, einem Teil von mir. Wenn ich heute aus dem Fenster schaue, sehe ich meinen Fiat mit dem roten Dach. Mit ihm fing die Reise an. Er bleibt mein treuer Begleiter, denn er ist ein Symbol für meinen Aufbruch in neue Zeiten.

EPILOG

Während meines Studiums entdeckte ich den Account von Pamela Reif, sie ist die größte Fitness-Influencerin Deutschlands mit mittlerweile mehr als neun Millionen Followern. Pamela kommt aus Karlsruhe, postet jeden Tag Rezepte für gesunde Mahlzeiten und gibt Einblick in ihre Sportroutine. Ihr Leitsatz und ihre Lebensphilosophie, dass gesunde Ernährung zu einem gesunden Leben gehört, habe ich übernommen und mein Essverhalten umgestellt. Was ich noch gelernt habe? Influencer können wirklich etwas bewegen – bei jedem Einzelnen. Was Pamela bei mir geschafft hat, will ich bei meinen Followern auslösen, und ich möchte andere Influencer dazu bewegen, die Idee von »Love always wins« weiterzutragen.

Influencer haben oft einen schlechten Ruf, aber es ist jeder einzelne User, der ihnen die Reichweite schenkt, mit Klicks, Likes und Reaktionen. Und wenn andersherum Influencer ihre Reichweite nutzen, können sie den Mindset unserer Gesellschaft positiv verändern, für Werte einstehen und natürlich gemeinsam eine Wand gegen den Hass im Netz bauen. Gemeinsam können wir einiges bewegen und Social Media revolutionieren. Ich habe mich deshalb mit befreundeten Influencern und weiteren Menschen, die in der Öffentlichkeit stehen, zusammengetan, um aufzustehen gegen die Wand des Hasses. Wir freuen uns über jeden Menschen, um für mehr Respekt im Netz zu werben!

Carsten Stahl ist nicht nur Schauspieler, Personenschützer und Kampfsportler, er klärt seit 2014 mit dem »CAMP STAHL« über Gewalt bei Jugendlichen auf, dazu gehört auch Cybermobbing. Er schickte mir seine Botschaft:

> »Mobbing ist kein Spaß. Mobbing ist auch nicht harmlos. Mobbing ist ein Serienkiller. Mobbing tötet jeden Tag Menschen in unserem Land und auch in anderen Ländern. In Deutschland wollen sich laut Statistik jeden Tag fünf bis sechs Kinder wegen Mobbing das Leben nehmen und begehen einen Suizidversuch. Im Durchschnitt stirbt an diesen Suizidversuchen ein Kind. Das ist unerträglich und nicht hinnehmbar. Ich war mittlerweile auf über acht Beerdigungen. Ich weiß, wie wichtig es ist, sich frühzeitig Hilfe zu suchen. Zu den schlimmsten Folgen, die durch Mobbing passieren können, gehört zum Beispiel ein Amoklauf wie in Winnenden 2009 oder in München 2016.
>
> Mobbing entsteht durch Gruppendynamiken und Gruppenzwang. Mobbing ist nur möglich, weil einige die Grenzen überschreiten, viele dabei wegsehen, mitmachen und mitlachen. Und vor allem auch, weil Verantwortliche wegschauen und nicht wissen, wie sie Mobbing stoppen sollen. Das größte Problem in unserem Land ist, das Mobbing immer noch verharmlost und totgeschwiegen wird. Cybermobbing ist die schnellste, gefährlichste und extremste Variante von Mobbing, weil sie sich rasend schnell multipliziert.
>
> Bis heute werden kaum Schulleiter und Lehrer zum Thema Mobbing geschult. Präventionsmaßnahmen an Schulen müssen zur Pflicht gemacht werden.

> Mobbing werden wir niemals ganz ausschließen können. Aber wir können es bekämpfen, wir können es eindämmen. Aber das geht nur mit Offenheit, Ehrlichkeit, Prävention und Aufklärungsarbeit auf Augenhöhe, in den Schulen beginnend, und zwar frühzeitig, teilweise schon in den Grundschulen. Mobbing fängt bereits ab der 2. Klasse an, weil viele Schüler schon Handys haben. Das ist leider traurige Realität. Mobbing-Prävention darf sogar schon spielerisch in der Kita beginnen. Ich fordere mehr Aufklärung und offenen Umgang mit diesem Thema. Wie viele Kinder müssen noch sterben? Und wegsehen tun vor allem Menschen, die Reichweite haben, die etwas verändern können, die für das Thema sensibilisieren können. Doch auch sie schweigen. Die Politik schaut weg, weil Prävention Geld kostet, weil Weiterbildung Geld kostet. Die Moral einer Gesellschaft zeigt sich in dem, was sie für ihre Kinder tut. Es ist ein gigantisches Versagen, wenn es um den Kinderschutz in unserem Land geht. Mobbing ist auch Teil der Medienwelt. Bei manchen Comedians wird Mobbing unter dem Deckmantel der Satire betrieben. Man darf natürlich Spaß haben und lachen, aber wenn es unter die Gürtellinie geht und Mobbing entsteht, muss man eingreifen. Deshalb ist es so wichtig, dieses Thema ernst zu nehmen und vor allem von der Politik aus zu handeln.«

Franziska Dully, @franziskaelea, 29 Jahre, Influencerin: Auf ihren Social-Media-Kanälen hat sie rund 400 000 Follower. Besonders inspiriert hat mich ihr Umgang mit Mental Health und die Kraft, die ihr ihre Tiere dabei geben:

»Ich sehe Hass im Netz als großes Problem, da es fast unmöglich ist, einzelne Menschen vor Mobbing zu schützen. Ende 2022 erhaschte mich mit dem Tod meines geliebten Pferdes eine Hate-Welle, und ich wüsste nicht, ob ich dem standgehalten hätte, wenn ich nach acht Jahren im Social-Media-Business mittlerweile nicht schon so erfahren und abgehärtet wäre. Die Menschen glauben immer, als öffentliche Person kommt man schon damit klar, dass es einen nicht trifft oder man ›da drübersteht‹. Dennoch sind wir alle Menschen mit Gefühlen, und man kann sich kaum vorstellen, was emotional auf einen einprasselt, wenn man hunderte Male pro Tag hört, wie scheiße man ist und was man selbst alles falsch macht. Man beginnt irgendwann, diesen Stimmen zu glauben, und das kann einen psychisch total fertigmachen. Ich wünschte, ich hätte einen Lösungsvorschlag für dieses Problem, sehe eine stärkere Zensur in den sozialen Medien aber sehr kritisch. Wo beginnt Hass, und wo hört er auf? Kann man Meinungsfreiheit abwägen?«

Lucy Hellenbrecht, @lucyhellenbrecht, 24 Jahre, Model und Schauspielerin: Auf ihren Social-Media-Kanälen hat sie rund 150 000 Follower. Ich bin beeindruckt von ihrer inneren Stärke und finde ihren offenen Umgang mit dem Thema Transgender so wichtig für die Gesellschaft:

»In meinem Leben habe ich zwei Dinge gelernt. 1. Wenn du mit etwas unzufrieden bist, ändere etwas daran. 2. Wenn du etwas nicht ändern kannst, lerne, es zu akzeptieren. Du kannst nicht beeinflussen, wie andere

> Menschen sich verhalten – haters gonna hate –, aber du kannst immer entscheiden, wie du damit umgehen möchtest. Gib hate nicht die Chance, dich zu beeinflussen.«

Ina und Vanessa, @COUPLEONTOUR, sind ein Ehepaar. Beide Influencerinnen sind 26 Jahre alt. Auf ihren Social-Media-Kanälen haben sie rund sieben Millionen Follower. Ihre lebensfrohe und liebevolle Art erfreut mich immer wieder. Dabei widerlegen sie typische Klischees und zeigen uns, wie sie gemeinsam alle Hindernisse überstehen:

> »Mach das, was dich glücklich macht. Dabei ist es egal, was andere von dir halten und über dich denken. Am Ende des Tages ist es wichtig, dass du das gemacht hast, was dir guttut. Denn denk dran: Man bereut immer die Dinge im Leben, die man nicht getan hat. Dicke Umarmung«

Lukas Pohland, @lukaspohland, 18 Jahre, gründete den Verein Cybermobbing-Hilfe: Ich bin tief beeindruckt darüber, was er bereits alles in seinen jungen Jahren auf die Beine gestellt hat. Seit seinem 13. Lebensjahr engagiert er sich gegen Hass im Netz.

> »Cybermobbing unter Kindern und Jugendlichen ist inzwischen ein immer größeres Problem. Laut aktuellen Studien sind rund 1,8 Millionen Schülerinnen und Schüler davon betroffen. Die Zahlen sind in der Pandemie stark gestiegen. Rund ein Drittel der Betroffenen versucht, das Problem selbst zu lösen. Aus eigener Erfahrung weiß

ich, dass dies kaum möglich ist. Deshalb sollten sich Betroffene Hilfe oder Beratung von außen suchen – das können Eltern, Geschwister, Freunde oder Einrichtungen wie unser Verein Cybermobbing-Hilfe sein. Darüber hinaus müssen die Täterinnen und Täter angezeigt werden, denn sie begehen mit den Beleidigungen, Bedrohungen, Bloßstellungen und Einschüchterungen Straftaten. Aber in Deutschland gilt Cybermobbing bislang leider nicht als eigener Straftatbestand, sondern fällt eher unter Straftatbestände wie Beleidigung. Das reicht nicht, denn es ist ein Riesenunterschied, ob man mich einmal auf der Straße beschimpft oder ich permanenter, öffentlich einsehbarer Bedrohungen und Einschüchterungen ausgesetzt bin. Deshalb fordere ich, Cybermobbing ins Strafgesetzbuch aufzunehmen. In Österreich gibt es einen solchen Paragrafen bereits, in der Schweiz wird daran gearbeitet.

Und was die Prävention betrifft, lohnt sich ein Blick in unser Nachbarland, die Niederlande. Hier ist die Cybermobbing-Prävention fest in den Schulen verankert, und das zeigt sich auch in rückläufigen Fallzahlen.«

AUFKLÄREN, BERATEN, HELFEN: ANLAUFSTELLEN FÜR CYBERMOBBING

HILFETELEFON:

Hilfetelefon Gewalt gegen Frauen: Das Bundesamt für Familie und zivilgesellschaftliche Aufgaben unterstützt auch bei digitaler Gewalt gegen Frauen. Tel.: 0800/0116016, www.hilfetelefon.de

Mobbing-Zentrale: Ärzte, Kliniken, Psychologen bis hin zu Anwälten unterstützen die bundesweite Stelle, die es schon seit mehr als 25 Jahren gibt und Mobbingopfern zur Seite steht. www.mobbing-zentrale.de

Nummer gegen Kummer: Das telefonische Beratungsangebot ist kostenfrei und hilft auch bei kritischen Situationen wie Cybermobbing weiter. Elterntelefon: 0800/1110550, Kinder- und Jugendtelefon: 0800/116111, www.nummergegenkummer.de

BERATUNG:

Cybermobbing-Hilfe: Hier werden Jugendliche von Gleichaltrigen online beraten. Ein ausgebildetes Team steht hierbei den Beratern zur Verfügung. www.cybermobbing-hilfe.de

HateAid: Die Organisation gehört zu den wichtigsten Anlaufstellen für Opfer, die digital angefeindet wurden. Dabei baut die Plattform Kontakte zu Therapeuten und Anwälten auf und übernimmt in einigen Fällen einen Anteil der Kosten. www.hateaid.org

Jugendnotmail: Anonyme Anlaufstelle für Jugendliche mit Sorgen. Das Team hat auch Experten, die speziell auf geäußerte Suizidgedanken reagieren. www.jugendnotmail.de

JUUUPORT: Hier beraten Jugendliche betroffene Jugendliche. Es geht unkompliziert über ein Onlineformular oder auch per WhatsApp. Es gibt aber auch Onlineseminare für Schulklassen und Jugendgruppen zu Cybermobbing und -grooming, Mediensucht bis hin zu Fake News in Zeiten von Corona. www.juuuport.de

WEISSER RING: Die Opferschutzorganisation für alle, die eine Straftat oder Gewalt erlebt haben, hat mehr als 3000 ehrenamtliche Mitarbeiter mit 420 Außenstellen bundesweit. Neben Onlineberatung gibt es auch telefonische Beratung. www.weisser-ring.de

ANGEBOTE:

Cybermobbing-Prävention: Kreativworkshops rund um das Thema Cybermobbing. www.cybermobbing-praevention.de

Initiative gegen Cybermobbing: Dieser Verein verbindet viele Bereiche in einem. Er bietet nicht nur Cybermobbingkurse für Schulen und andere Interessenten an, sondern arbeitet verstärkt im präventiven Sektor. Gezielte Schulungen der Medien- und Sozialkompetenz werden als Schlüsselelemente eingesetzt. www.initiative.jetzt

Klicksafe: Dahinter steckt eine EU-Initiative, um die Medienkompetenz zu fördern. Sie hat zur Mitmachaktion #lauteralshass aufgerufen. Hinter der Organisation steht die Landeszentrale für Medien und Kommunikation Rheinland-Pfalz und die Landesanstalt für Medien NRW. www.klicksafe.de

LOVE-Storm: Die Kampagne ruft zu mehr Zivilcourage gegen Hass auf. Der Verein bietet auch Workshops, Onlinetrainings und Klassenprojekte an. www.love-storm.de

No Blame Approach: Qualifizierung und Trainingseinheiten im Bereich des No Blame Approachs. www.no-blame-approach.de

STUDIEN:

Bündnis gegen Cybermobbing: Der Verein führt in Kooperation mit Krankenkassen Studien zum Thema Cybermobbing durch. www.buendnis-gegen-cybermobbing.de

JIM-Studie: Die JIM-Studie (Jugend, Information, (Multi-)Media) dokumentiert seit 1998 Jahren die Mediennutzung von Jugendlichen in Deutschland. www.mpfs.de/studien/

INFORMATION:

Internet-ABC: Diese Plattform bietet Informationen über den sicheren Umgang mit dem Internet für Kinder, Lehrkräfte und Eltern an. www.internet-abc.de/

Mobbing-»Schluss damit!«: Ob selbst Opfer, Täter, Mitläufer und Mitleidender – hier haben Menschen, die bereits Erfahrungen mit Cybermobbing gemacht haben, eine anonyme Plattform geschaffen. www.mobbing-schluss-damit.de

No Hate Speech Movement: Die Bewegung setzt sich gegen Diskriminierung und Hass in den sozialen Netzwerken ein. www.no-hate-speech.de

Saferinternet.at: Die Initiative organisiert nicht nur jedes Jahr den Safer Internet Day in Österreich, sie informiert auch ausführlich Kinder, Jugendliche und Eltern über den Umgang mit digitalen Medien, wie den ausreichenden Schutz der Privatsphäre auf Social Media. www.saferinternet.at

MELDESTELLEN:

Hass im Netz: Hasskommentare können beim Portal der Bundeszentrale für politische Bildung gemeldet werden. Hier finden sich auch viele Hintergrundinformationen zum Thema Hatespeech. www.hass-im-netz.info

Hassmelden.de: In dieser App bzw. Website werden Beiträge angezeigt, indem man den Kommentar und die Link-Adresse der betreffenden Website in ein dafür vorgesehenes Fenster kopiert. Die Website kooperiert u. a. mit der Generalstaatsanwaltschaft Frankfurt am Main und dem Hessischen Ministerium der Justiz. www.hassmelden.de

Jugendschutz.net: Die länderübergreifende Stelle gehört zur Kommission für Jugendmedienschutz. Gefährdende Inhalte wie Selbstgefährdung oder sexuelle Gewalt im Netz können hier ebenso gemeldet werden wie Cybermobbingfälle und Hasskommentare. www.jugendschutz.net

REspect!: Die neue Meldestelle beantragt bei Netzbetreibern die Löschung betreffender Beiträge. www.meldestelle-respect.de

TIPPS NEUE MEDIEN:

Kompass social media: Hilfestellungen und Überblick über Social Media. Kurzbeschreibung mit Pro und Contra von Einstellungen, Meldesystem und Datenschutz. www.kompass-social.media

Medien kindersicher: Hier werden Eltern über technische Schutzlösungen für die Geräte, Dienste und Apps ihrer Kinder informiert. www.medien-kindersicher.de

GLOSSAR

MOBBING BEDEUTET, DASS JEMAND

- über einen längeren Zeitraum, systematisch
- wiederholt tyrannisiert, geärgert, schikaniert
- in passiver Form als Kontaktverweigerung mehrheitlich gemieden oder in sonstiger Weise in seiner Würde verletzt wird und
- nicht mehr allein aus der Situation herauskommt.

Mobbing geschieht verbal (z. B. Beschimpfungen), non-verbal (z. B. Vorenthalten von Informationen) oder physisch (z. B. Verprügeln). Oft liegt ein Machtungleichgewicht vor. Es ist keine einmalige Auseinandersetzung.

Cybermobbing bedeutet, dass digitale Medien zum Einsatz kommen, wie Internetseiten (z. B. i-share-gossip); soziale Netzwerke (z. B. Facebook, Instagram, TikTok, Twitter); Messenger (z. B. WhatsApp, Kik, Viber, Line) oder Mail; Videoplattformen (z. B. YouTube, Younow, TikTok, Twitch).

Bloßstellen: vertrauliche Informationen wie die sexuelle Orientierung über jemanden preisgeben

Cybergrooming: sexuelle Belästigung von Kindern und Jugendlichen im Internet

Cybersexismus: sexistische Machtverhältnisse und geschlechtsspezifische Diskriminierung im digitalen Raum

Cyberstalking: ständiges Verfolgen, Beschimpfen und Belästigen von Menschen über einen langen Zeitraum

Cyberthreat: Ankündigung von Gewalttaten wie Vergewaltigung bis hin zu Morddrohungen

Deepfake: echt wirkende Manipulation von Bild- und Videoaufnahmen

Denigeration: gezieltes Bloßstellen der Opfer durch Verbreitung von Fotos und Videos

Dissen: umgangssprachlich für jemanden fertigmachen

Doxing: Zusammentragen persönlicher Daten mit dem Ziel, diese zu veröffentlichen

Exclusion: Ausgrenzung Einzelner aus realen oder virtuellen Gruppen

Flaming: wenn sich beide Seiten gegenseitig beschimpfen und immer wieder Streit provozieren

Hater: Menschen, die bewusst andere Personen anfeinden

Hatespeech: Hassrede, die auf bestimmte Menschen oder Gruppen zielt

Harassement: jemanden wiederholt schikanieren und beleidigende und verletzende Nachrichten schicken

Happy Slapping: jemanden filmen oder fotografieren, während man ihn schlägt oder demütigt, und das verbreiten

Impersonation: sich als eine andere Person ausgeben – mit deren Daten –, um diese dann in Misskredit zu bringen

Online-Enthemmungseffekt: Durch die (vermeintliche) Anonymität im Internet, das Fehlen einer nonverbaler Ebene und die zeitverzögerte Kommunikation eskalieren Konflikte schneller.

Outing & Trickery: Erschleichen von Vertrauen, um dann private Nachrichten und Bilder zu veröffentlichen

Revenge Porn: Wenn jemand intime Videos mit sexuellen Inhalten oder Nacktbilder ins Netz stellt oder weiterverbreitet, ohne dass es der Betreffende weiß. Oft stecken Ex-Partner dahinter, die sich rächen wollen.

Sexting: Verschicken und Tauschen freiwilliger Fotos mit intimen Inhalten

Sextortion: Erpressen mit der Veröffentlichung von Nacktbildern und intimen Videos

Shitstorm: lawinenartige Flut an negativen, beleidigenden und verunglimpfenden Nachrichten bzw. Kommentaren auf sozialen Netzwerken

Verleumden: Lügen und Gerüchte über einen Menschen verbreiten

Mit Unterstützung von
Initiative Jetzt! – Initiative gegen Cybermobbing

DANK

Auch wenn die ganze Welt gegen mich ist, meine Mama hat mir bewiesen, dass sie nie von meiner Seite weichen wird. Ich danke ihr, dass sie mich durch die schwerste Zeit meines Lebens gelotst hat. Ich danke meiner Familie und all denjenigen, die mir den Spiegel vorgehalten haben und mir die #real Lijana gezeigt haben. Ein besonderer Dank geht an Bettina Rackow-Freitag, die mir wie niemand anders dabei half, dieses Buch zu erarbeiten und daran zu wachsen. Ich danke Peter Sommerhalter, der mir half, mein Schutzschild wieder aufzurichten, der gesamten »Initiative gegen Cybermobbing«, die mich bei diesem Projekt unterstützt hat, und allen, die mir ihre Zeit für Interviews geschenkt haben. Sie alle an einen runden Tisch in Form eines Buches gebracht zu haben, war eine große Ehre für mich. Und vor allem danke ich jedem Einzelnen von euch. Ihr seid der Grund, warum der Weg für mich und »Love always wins« weitergeht. Und ich würde mich freuen, diesen Weg gemeinsam mit euch zu gehen. Wir sind alle Teil von der Veränderung, die wir brauchen, und besonders auf Social Media geht es um das globale Miteinander. Wir sind Milliarden, aber wir sind auch eins. Deswegen engagiere ich mich nicht nur hier in Deutschland. L.A.W. unterstützt auch Projekte in Uganda, wie die Schule meines Vaters, die er 2006 in seiner Heimat gebaut hat. Auch dort sehe ich meine Zukunft, denn es geht darum, Brücken zwischen den Kontinenten zu schlagen. Aber diese Brücken kann ich nicht allein bauen – auch ihr könnt ein Teil davon werden. Besucht mich dafür auf Social Media oder unterstützt den Verein Love Always Wins e.V.
Social Media: Lijana Risen
Hier kannst du den Verein unterstützen:
www.lovealwayswins.de

ANMERKUNGEN

1 https://video.prosieben.de/serien/germanys-next-topmodel-by-heidi-klum/videos/staffel-15-episode-1-maedchen-models-muenchen
2 https://www.mactechnews.de/news/article/iPhone-Sucht-bei-Kindern-Apple-reagiert-auf-offenen-Brief-168674.html
3 https://www.horizont.net/medien/nachrichten/-Statistik-der-Woche-Zuschauerzahlen-von-Germanys-Next-Topmodel-seit-2006-105999
4 https://www.stern.de/kultur/tv/germanys-next-topmodel/gntm--thomas-gottschalk-wirkte-neben-heidi-klum-etwas-verloren-8724606.html
5 https://www.stern.de/amp/kultur/tv/germanys-next-topmodel/gntm--simone-spricht-nach-dem-finale-ueber-das-fiese-mobbing--8723946.html
6 Eidesstattliche Versicherung von Pro7, Landgericht Hamburg
7 https://www.spiegel.de/deinspiegel/germany-s-next-topmodel-das-geschaeft-mit-den-topmodels-a-5ff667d6-3f81-4791-9ea0-0b615ac97b7d
8 https://www.deutschlandfunk.de/die-wirkung-medialer-affekte-faszination-germany-s-next-100.html
9 https://youtu.be/MPZI-fDSf4Y
10 https://www.youtube.com/watch?v=7TUEf-RhHps
11 https://www.ok-magazin.de/tv-streaming/gntm-aufreger-alle-hassen-lijana-64492.html
12 https://www.sueddeutsche.de/kultur/sprache-luegenpresse-ist-unwort-des-jahres-2014-1.2295042
13 https://www.deutschlandfunk.de/die-wirkung-medialer-affekte-faszination-germany-s-next-100.html
14 https://www.stern.de/kultur/tv/germanys-next-topmodel/gntm-2020--prosieben-gesteht-sich-nach-mobbing-an-lijana-fehler-ein-9273540.html
15 https://www.welt.de/vermischtes/article110696617/Ich-hoffe-ihr-seid-nicht-sauer-Auf-Wiedersehen.html
16 https://www.washingtonpost.com/blogs/on-parenting/post/sioux-city-journal-editorial-shines-a-light-on-bullying-same-weekend-bully-comes-out/2012/04/23/gIQAmr0FcT_blog.html
17 https://www.stern.de/panorama/selbstmord-einer-17-jaehrigen-vergewaltigt--gemobbt--in-den-tod-getrieben-3018524.html
18 https://www.spiegel.de/netzwelt/web/suizid-von-amanda-todd-nach-cybermobbing-niederlaender-in-kanada-vor-gericht-a-0263eb9f-645c-4996-b6a2-cac12abab565
19 https://www.tagesspiegel.de/kultur/das-geschaft-mit-der-demutigung-hat-eine-lange-tradition-4230727.html

20 Petermann, Franz/Petras, Ira-Katharina: Cybermobbing im Kindes- und Jugendalter, Hogrefe, 2018, S. 130 ff.
21 https://www.youtube.com/watch?v=vOHXGNx-E7E
22 https://taz.de/Prozess-gegen-Online-Mobber-in-Kanada/!5870223/
23 Wyrwa, Holger: Mobbing nicht mit mir, Goldmann, 2017, S. 58.
24 Petermann/Petras, S. 130 ff.
25 https://www.stern.de/lifestyle/kritik-an-philipp-plein-werbespot-mit-gntm-gewinnerin-jacky-wruck-9280708.html
26 https://www.openpetition.de/petition/online/offener-brief-freetobeonline
27 Petermann/Petras, S. 88
28 Petermann/Petras, S. 86 ff.
29 https://www.nummergegenkummer.de/wp-content/uploads/2022/05/2021_Statistik_KJT.pdf
30 https://www.focus.de/kultur/stars/influencer-twenty4tim-klare-botschaft-an-seine-kritiker-macht-doch-mal-euer-ding_id_77057562.html
31 https://www.ardaudiothek.de/episode/deep-talk-deutschlandfunk-nova/twenty4tim-merkst-du-dass-die-hassnachrichten-was-mit-dir-machen/deutschlandfunk-nova/88031686/
32 https://save-it.cc/biddz/twenty4tim
33 https://www.derstandard.at/story/2000057658578/vergasen-die-schlampe-youtube-star-bibi-im-shitstorm-des-jahres
34 https://www.ewdv-diversity.de/diversity/diversity-was-ist-das/
35 https://www.tk.de/presse/themen/praevention/medienkompetenz/studie-cyberlife-2022-2135612?tkcm=aaus
36 https://www.lmz-bw.de/medienbildung/themen-von-a-bis-f/cybermobbing/verbreitung-von-cybermobbing
37 https://hateaid.org/cybermobbing-am-arbeitsplatz/
38 https://cui-bono.podigee.io
39 Wyrwa, S. 142
40 Ramthun, Alexa: Cybermobbing im Darknet kaufen, 2021 https://www.youtube.com/watch?v=rkw4D90dM_I
41 Stegemann, Jana/Wischmeyer, Nils: »Was immer ich verlange«, Süddeutsche Zeitung, S. 10, 03.12.2022
42 https://www.deutschlandfunknova.de/beitrag/lena-chen-harvard-studentin-wird-opfer-von-revenge-porn
43 www.netzwerk-gegen-gewalt.hessen.de
44 https://tatütata.fail
45 Scherer, Klaus: Kugel ins Hirn, Unterwegs mit Strafverfolgern, Droemer, 2022
46 https://www.mdr.de/video/mdr-imersten-videos/d/video-660764.html
47 https://www.bundesfachverbandessstoerungen.de/PM_Esssto-rung_und_GNTM_2015_end.pdf

48 https://www.faz.net/aktuell/feuilleton/medien/anwalt-chan-jo-jun-kaempft-gegen-facebook-mark-zuckerberg-14807997.html
49 https://www.zeit.de/digital/internet/2022-12/twitter-illegale-inhalte-urteil-gericht?utm_referrer=https%3A%2F%2Fde
50 https://www.welt.de/politik/deutschland/article141406874/Gruenen-Politikerin-Kuenast-geraet-in-Erklaerungsnot.html
51 https://hateaid.org/wp-content/uploads/2022/04/hateaid-bundesverfassungsgericht-fall-kuenast-klage-entscheidung.pdf
52 https://www.sueddeutsche.de/digital/exklusive-sz-magazin-recherche-inside-facebook-1.3297138
53 https://koerber-stiftung.de/mediathek/repraesentative-umfrage-ueber-die-bedrohung-von-kommunalpolitikerinnen/
54 https://www.tagesspiegel.de/politik/hetze-darf-sich-nicht-lohnen-5990596.html
55 https://www.bmfsfj.de/bmfsfj/themen/internationales/internationale-jugendpolitik/internationale-jugendarbeit/das-europaeische-jahr-der-jugend-2022-192910
56 https://www.br.de/presse/inhalt/pressemitteilungen/report-muenchen-hassrede-100.html
57 https://www.profil.at/oesterreich/cybermobbing-neues-strafrecht-hasspostings-5770158
58 https://www.deutschlandfunkkultur.de/moderatorin-mo-asumang-wie-man-rassismus-mit-fragen-100.html
59 https://www.spiegel.de/politik/deutschland/walter-luebcke-was-geschah-bei-der-buergerversammlung-2015-in-kassel-a-1274434.html
60 https://www.fr.de/panorama/kassel-documenta-stadt-eine-nazi-hochburg-zr-13421481.html
61 https://www.fr.de/panorama/kassel-documenta-stadt-eine-nazi-hochburg-zr-13421481.html
62 https://www.tag24.de/unterhaltung/tv/germanysnexttopmodel/frankfurt-germanys-next-topmodel-jasmin-kommentar-shitstorm-model-nachwuchs-hater-982678
63 https://www.watson.de/unterhaltung/stars/170266311-instagram-gntm-kandidatin-soulin-wehrt-sich-gegen-hass-kommentare
64 https://www.bpb.de/mediathek/video/198266/die-arier/
65 https://www.websiterating.com/de/research/instagram-statistics/
66 https://www.googlewatchblog.de/2021/08/google-fotos-nutzer-billionen/
67 www.medienhelden.info

Alle Links wurden final am 20.02.2023 geprüft.